Christian Zentner

Adolf Hitler

Eine Biographie
in Texten, Bildern, Dokumenten

Delphin

© 1989 Delphin Verlag GmbH, München
Alle Rechte vorbehalten
Redaktion: Mathias Forster
Umschlaggestaltung von Manfred Waller, Hamburg
unter Verwendung des Titelbildes von Max Ehlert, Spiegel Verlag, Hamburg
Bildquellen: »Berliner Illustrierte«, Bildarchiv der Österreichischen Nationalbibliothek, Bundes-
archiv, Burda-Druck und Verlag/Bildarchiv, dpa, Albert Hilscher, Heinrich Hoffmann (»Hitler in
seiner Heimat«), Hans Hubmann, Helmuth Kurth, »Nebelspalter«, Lothar Rübelt, »Völkischer
Beobachter«, Weltbild, und Archiv des Verfassers
Satz aus 10/11 Punkt Melior von der Utesch Satztechnik GmbH, Hamburg
Druck und Bindung durch Passavia, Passau
ISBN 3.7735.5417.6

Inhalt

Einleitung

Rechtzeitig vor Hitlers 100. Geburtstag hat Bundespräsident Richard von Weizsäcker im Zusammenhang mit dem »Historikerstreit« unmißverständlich klargemacht, daß Auschwitz, der Mord an den Juden, unvergleichbar sei und sich nicht aufrechnen lasse: »Auschwitz bleibt singulär. Es geschah im deutschen Namen durch Deutsche. Diese Wahrheit ist unumstößlich. Und sie wird nicht vergessen.«

Bei allem Fortschritt der Geschichtsschreibung, eine moralische Revision des Hitler-Bildes wird und kann es nicht geben. Hitler, konstatiert Joachim C. Fest kategorisch, »ist eine der ordinären Verbrecherfiguren der Geschichte, von einer persönlichen Minderwertigkeit ohne Beispiel. Sein Regime muß man sicherlich zu den monströsesten politischen Gebilden seit Menschengedenken rechnen; das schnöde Aufrechnungsgerede über die Autobahnen und die Beseitigung der Arbeitslosigkeit vermag ihm keinerlei moralische Kompensation zu geben. Wer die überlieferten Dokumente aus dem innersten Führungskreis über Eroberung, Ausbeutung und Massenmord, das zynische Geschwätz über Kinderraubzüge oder die neue nationalsozialistische Ehegesetzgebung je zur Kenntnis genommen hat, wird im moralischen Urteil nicht schwanken können«.

Dennoch: In seiner großen Hitler-Biographie fragt Fest, sich in die damalige Zeit hineinversetzend, »wenn Hitler 1938 einem Attentat zum Opfer gefallen wäre, würden nur wenige zögern, ihn einen der größten Staatsmänner der Deutschen, vielleicht den Vollender ihrer Geschichte zu nennen«. Als Hitler nämlich nach seiner Ernennung zum Reichskanzler Erfolg auf Erfolg verbuchen konnte, zeigten sich mehr und mehr Deutsche vom »Genie des Führers« überzeugt.

Nach 1945, als das Verbrecherische seiner Herrschaft allgemein bekannt wurde, mußte sich eine ganze Nation die Frage stellen, wie es zu dieser Katastrophe kommen konnte. Jetzt meldeten sich die Stimmen, die meinten, man hätte diese Entwicklung schon früher voraussehen können, hätte man nur Hitlers Bekenntnisbuch »Mein Kampf« beizeiten gelesen.

Fest steht, daß Hitler in »Mein Kampf« die demokratische Staatsform entschieden ablehnte, einen radikalen rassistischen Antisemitismus vertrat und für das deutsche Volk Lebensraum im Osten forderte. Ebenfalls steht fest, daß er den Krieg wie die übrigen Staatsmänner seiner Zeit als ein legitimes Mittel nationaler Machtpolitik betrachtete. Daß Hitler nach 1933 die Demokratie durch seine persönliche Diktatur ersetzte, war offenkundig. Daß seine Politik zum Krieg und sein Antisemitismus schließlich zur Judenvernichtung führen würden, wurde geschickt verschleiert und kategorisch geleugnet.

Was hatte der gescheiterte Putschist der zwanziger Jahre noch mit dem Staatsmann Hitler gemein? War die abstruse Gedankenführung von »Mein Kampf« nicht als Jugendsünde zu bewerten? Warum sollte man nicht glauben, was Hitler, zur Diskrepanz zwischen seiner »Friedenspolitik« und seinen Ausführungen in »Mein Kampf« befragt, 1936 einem französischen Journalisten antworte?: »Sie wollen, daß ich mein Buch korrigiere wie ein Schriftsteller, der eine neue Bearbeitung seiner Werke herausgibt. Ich bin aber kein Schriftsteller. Ich bin Politiker. Meine Korrekturen nehme ich mit meiner Außenpolitik vor.«

Und in dieser Außenpolitik präsentierte sich Hitler geradezu als der »Friedenskanzler«, der nichts anderes wolle als die Revision des Versailler Vertrages. Die entscheidende europäische Großmacht, England, jedenfalls setzte bis zum Ausbruch des Krieges gegen Polen am 1. September 1939 auf den »friedlichen« Hitler. Nur mit der Billigung Großbritanniens hatte Hitler seine außenpolitischen Erfolge erringen können. Von der Wiedereinführung der allgemeinen Wehrpflicht über die Rheinlandbesetzung, dem Anschluß Österreichs, der Eingliederung der Sudetendeutschen bis zur »Zerschlagung der Resttschechei« duldete Großbritannien die Hitlersche Politik. Daß Hitler ein Diktator war und die Juden diskriminierte, war für London kein Hindernis, sich mit ihm zu arrangieren.

Daß dieser Antisemitismus letztlich zum Völkermord führen würde, war allgemein unvorstellbar. Zwar wünschten nicht wenige Deutsche den Juden, wie Sebastian Haffner anmerkt, einen »Nasenstüber«, aber »Ausrottung, um Gottes Willen!« Bis in den Krieg hinein vollzog sich die Judenverfolgung, die in Hitlers »Mein Kampf« unermüdlich propagiert wurde auf dem Wege kaltherziger, »gesetzmäßiger« antijüdischer Maßnahmen.

Während sich diese Drangsalierung und Entrechtung der jüdischen Bürger in aller Öffentlichkeit abspielte, wurde die zweite Phase der Judenverfolgung, die planmäßige Vernichtung des jüdischen Volkes, streng geheimgehalten.

Die Endlösung sowie den Raub- und Vernichtungskrieg gegen die Sowjetunion, die eigentlichen Ziele des Nationalsozialismus, wagte Hitler als solche niemals offen zuzugeben. Die Juden wurden lediglich zum Arbeitseinsatz nach Osten transportiert, gegenteilige Gerüchte als feindliche Greuelpropaganda abqualifiziert. Und der Krieg gegen Rußland wurde dem deutschen Volk von einer geschickten Propaganda als Verteidigungskrieg dargestellt, als der notwendige Krieg zur »Rettung des christlichen Abendlandes« vor dem »gottlosen Bolschewismus«.

Mit dieser Verschleierung seiner Endziele wurde Hitler zum politischen Betrüger am deutschen Volk und der Welt. Hitler selbst hatte diese Methode der Irreführung zum Prinzip erhoben. Niemals spielte er mit offenen Karten. Niemals wurden seine Mitarbeiter umfassend informiert. Jeder wurde nur insoweit unterrichtet, als dies für den eigenen, engeren Bereich nötig war. So wurde das deutsche Volk, jeder an seinem Platz, zu Teilwissern vernünftiger Zwischenziele, ohne die Wahrheit des Ganzen überschauen zu können. Über die Methode der Irreführung gelang es Hitler, die Kräfte des deutschen Volkes zu mobilisieren und bis zur Erschöpfung auszunutzen.

Wie dies geschehen konnte und was geschah, will unser vorliegendes Buch in seinen wesentlichen Zügen darlegen. Die vorliegenden Texte, Bilder und Dokumente, aufgeteilt in fünf Hauptkapitel und zahlreiche Unterkapitel, die einzelne Schwerpunkte vertiefen, verstehen sich dabei als eine Einführung in »Hitler und seine Zeit«, als ein erstes Fundament des so komplexen Geschehens der Zeitgeschichte, die durch die Person Adolf Hitlers nachhaltig geprägt wurde.

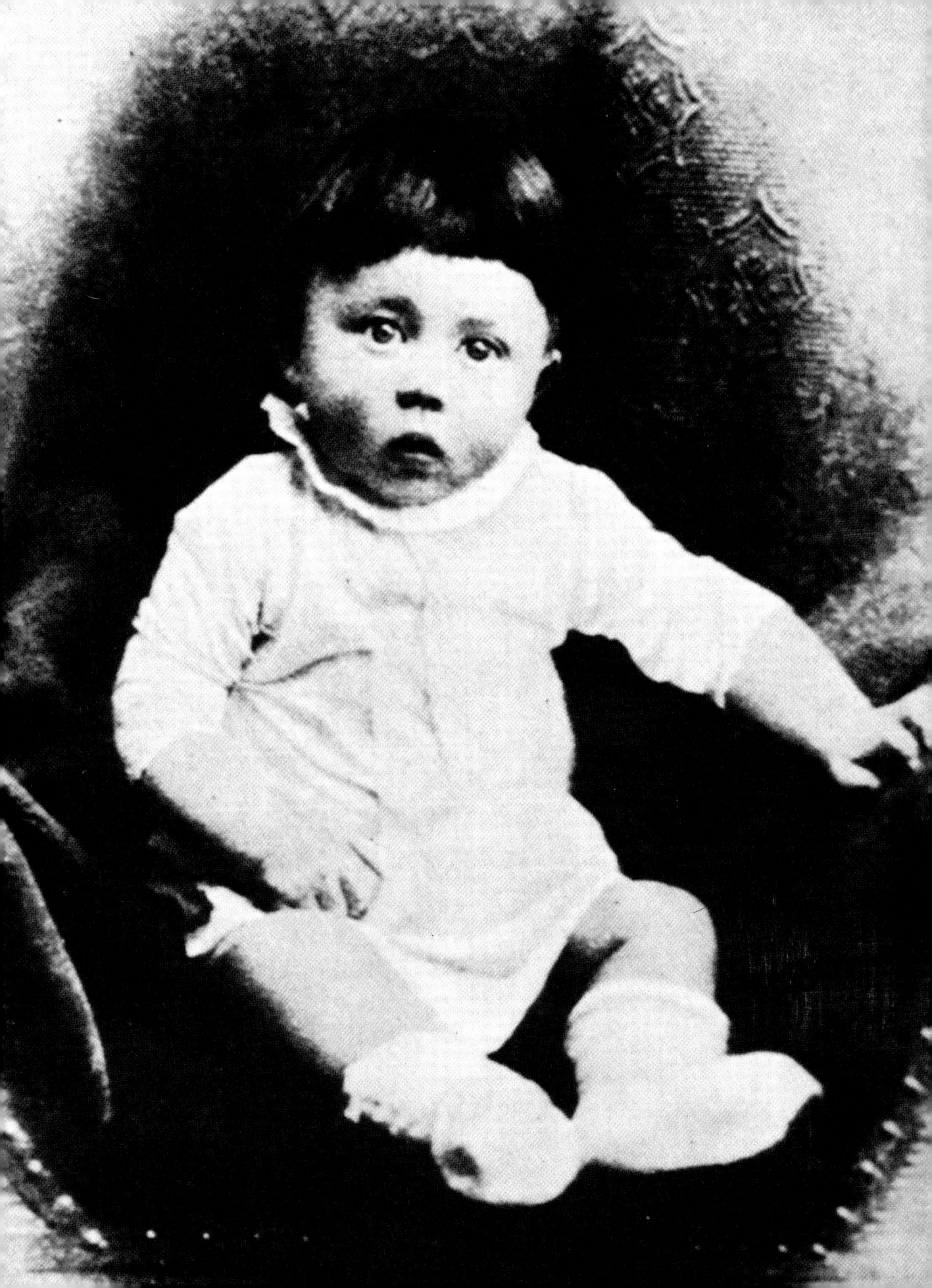

Der Namenlose

»Am 20. April 1889, einem trüben Samstag, das
Thermometer zeigte bei 89% Luftfeuchtigkeit 7 Grad Celsius
über Null«, so beginnt Masers große
Hitler-Biographie, »wurde dem österreichischen Ehepaar
Alois und Klara Hitler um 6 Uhr dreißig nachmittags,
kurz vor der Osternacht, in Braunau am Inn, im
›Gasthof zum Pommern‹, ein Sohn geboren.«
Seine Kindheit und Jugend, als Schüler in Leonding und
Linz, als »Künstler« in Wien und München
sowie seine Soldatenzeit als unbekannter Gefreiter des
Ersten Weltkriegs ließen nicht ahnen,
was der Österreicher Adolf Hitler dereinst in
Deutschland werden würde.

A m 20. April 1889 wurde Adolf Hitler in der kleinen österreichischen Provinzstadt Braunau am Inn an der Grenze zu Bayern geboren.

Sein Vater Alois, aus Strones im ländlichen Waldviertel in Niederösterreich, hatte mit 13 Jahren das ärmliche Elternhaus verlassen, war nach Wien gegangen, hatte das Schuhmacherhandwerk erlernt und sich dann, um »etwas Höheres« zu werden, beim österreichischen Zoll beworben. Durch Fleiß, Willenskraft und persönliche Ausstrahlung hatte er es vom Schuhmachergesellen zum Zollinspektor, vom einfachen Handwerker zum allseits respektierten Beamten gebracht. Für einen Volksschüler aus der Provinz war dieser Aufstieg eine bemerkenswerte Karriere.

Als sein Sohn Adolf geboren wurde, lebte der bereits 52jährige Alois in dritter Ehe mit seiner 23 Jahre jüngeren Ehefrau Klara, geborene Pölzl, einer Kusine zweiten Grades. Sie kam aus Spittal, ebenfalls einem kleinen Ort im Waldviertel, und war Hausangestellte und Kindermädchen. Alois' erste Ehe war kinderlos geblieben. Aus der zweiten stammten Hitlers Halbgeschwister Alois jr. und Angela. Beide Ehefrauen waren verstorben. Bevor Klara Hitler ihren Sohn Adolf zur Welt brachte, hatte sie schon drei Kinder geboren. Zwei starben zweijährig an Diphtherie, eines unmittelbar nach der Geburt. Ein weiteres Kind starb mit 6 Jahren. Klaras letztes Kind, Hitlers Schwester Paula, lebte bis 1960.

Klara Hitler war den Kindern, den eigenen wie den Halbgeschwistern, eine liebevolle Mutter, auch wenn sie ihrem ersten überlebenden Kind Adolf besonders zugetan war. Alois, Klara und die vier Kinder führten ein friedliches und normales Leben. Der junge Adolf wuchs beschützt und behütet heran, spielte und tollte mit den Nachbarkindern herum. Die fürsorgliche Mutter regierte den Haushalt, der Vater ging ins Amt und verbrachte gern die Freizeit lesend oder debattierend im Wirtshaus. Er trank mäßig Bier oder Wein. Wie im Beruf und in der Gesellschaft erwartete er – damals eine Selbstverständlichkeit – auch in der Familie von Frau und Kindern Respekt und Gehorsam.

Als Alois nach Linz versetzt wurde, zog die Familie in ein Bauernhaus außerhalb der Stadt. Mit 6 Jahren kam Hitler 1895 in die nächstgelegene Volksschule nach Fischlham, eine typische Dorfschule aus zwei Klassen, eine für Jungen und eine für Mädchen. Nach dem Schulanfänger Hitler gefragt, erinnerte sich sein damaliger Lehrer, er sei »recht aufgeweckt, folgsam, aber auch recht lebhaft« gewesen. Besonders aufgefallen sei seine mustergültige Ordnung in den Schulsachen. Insgesamt habe der junge Hitler, wie auch seine Halbschwester Angela, die in die gleiche Schule ging, einen guten Eindruck gemacht.

Als der Vater im Juni 1896 nach Lambach zog, besuchte Adolf Hitler die dortige Volksschule. Obwohl die Anforderungen hier größer waren, bereitete der Lehrstoff dem jungen Adolf keinerlei Mühe. Im Abschlußzeugnis des Jahres 1897/98 hatte er in zwölf Fächern die Note 1. In Lambach beeindruckte ihn das dortige Benediktiner-Kloster. Er berauschte sich an dem Prunk der kirchlichen Feste, sang im Knabenchor und wollte später einmal Abt werden. Vom Dienstmädchen borgte er sich zuweilen die Küchenschürze, verwandelte sie in einen Talar und hielt vom Küchenstuhl herab flammende Predigten. Mit seinen Kameraden spielte er Cowboy und Indianer. Für die Nachbarn war er ein »rechter Schlingel«, der immer dort zu finden war, »wo irgend etwas« passierte. Ein Lausbub unter Lausbuben, war Hitler in Lambach wie in Leonding ein anerkannter Rädelsführer.

In Leonding, wohin die Familie im November 1898 zog, aber kam noch etwas hinzu. Hitler entdeckte sein Talent zum Zeichnen. Von nun an wollte er nicht mehr Abt, sondern Künstler werden, ein Berufswunsch, dem sich sein Vater auf das heftigste widersetzte. Überhaupt war Alois Hitler, nach seiner aus Gesundheitsgründen 1895 vorgezogenen Pensionierung, zusehends schwieriger geworden. Streitsüchtig und reizbar hatte er nun, da er nicht mehr im Dienst war, mehr Zeit, sich um die Familie zu kümmern, was nichts anderes hieß, als sie ausschließlich seinem Willen zu unterwerfen. Erstes Opfer dieser kompromißlosen Herrschsucht war Hitlers Halbbruder Alois. Er widersetzte sich dem Vater,

zeigte angeblich zu wenig Respekt und Gehorsam. Mit einer Nilpferdpeitsche versuchte der Vater, das zu ändern. Doch diese Züchtigung sowie die bitter empfundene Bevorzugung seines Halbbruders Adolf durch die Mutter ließen Alois jr. seine Situation so unerträglich erscheinen, daß er – 14 Jahre alt – die Sachen packte und verschwand.

Nun wandte sich die Sorge des Vaters dem Knaben Adolf zu. Künstler, nein, das sollte er bestimmt nicht werden. Er, der es aus dem Nichts zum angesehenen Beamten gebracht hatte, kannte für den Sohn nur eine Bestimmung, er sollte ebenfalls Beamter werden. Hitler hingegen blieb bei seiner Absicht, Künstler, auf keinen Fall aber Beamter werden zu wollen. Zunächst jedoch respektierte er die Entscheidung des Vaters, ihn auf die Realschule nach Linz zu schicken.

Der unbekümmerte, allseits anerkannte leichtlernende Hitler erlebte hier sein erstes Debakel. Die städtischen Mitschüler blickten auf den Dörfler herab. Seine schulischen Leistungen reichten nicht aus. Gleich in der ersten (fünften) Klasse wurde er nicht versetzt. Als Wiederholer tat er sich im nächsten Jahr natürlich leichter. Anstandslos wurde er in die zweite Klasse versetzt, wo die Lernschwierigkeiten jedoch aufs neue begannen.

Auch der Streit mit dem Vater nahm an Heftigkeit zu. Künstler oder Beamter, die Fronten im Hause Hitler verhärteten sich. »Der Vater«, so Hit-

Zolloberamtsoffizial Alois Hitler und seine Frau Klara, geb. Pölzl (S. 10). In »Mein Kampf« charakterisiert Adolf Hitler seine Eltern, den Vater als »pflichtgetreuen Staatsbeamten«, die Mutter als »im Haushalt aufgehend und vor allem uns Kindern in ewig gleicher liebevoller Sorge zugetan«. An anderer Stelle heißt es: »Ich habe den Vater verehrt, die Mutter jedoch geliebt.«

In der Mitte der obersten Reihe Adolf Hitler als 10jähriger Volksschüler in Leonding. Während Hitler in der Volksschule noch durchwegs gute Leistungen erzielte, änderte sich dies mit seinem Übertritt in die Realschule.

ler in »Mein Kampf«, »verließ nicht sein ›Niemals‹, und ich verstärkte mein ›Trotzdem‹.«

Mit dem plötzlichen Tod des Vaters – er starb am 3. Januar 1903 beim Frühschoppen im Gasthaus Stiefler – nahm dieser häusliche Streit ein schnelles Ende. Zwar glaubte Hitlers Mutter, ihren Sohn weiterhin auf die Realschule schicken zu sollen, denn sie wollte den Wunsch ihres Mannes erfüllen und Sohn Adolf doch noch Beamter werden lassen. Doch ohne den Druck des Vaters, innerlich davon überzeugt, zum Künstler berufen zu sein, kümmerte sich der 13jährige Halbwaise um alles mögliche, nur nicht um die Schule. Die Versetzung in die dritte ebenso wie in die vierte Klasse gelang ihm nur durch eine jeweilige Nachprüfung. Aus dem glänzenden Volksschüler war ein mittelmäßig bis schlechter Realschüler geworden.

Mangelnde Intelligenz war mit Sicherheit nicht der Grund für dieses schulische Versagen. Dem Würdegern-Künstler fehlte schlichtweg die Motivation. »Er war«, bestätigte ein Linzer Lehrer, der ihn zwei Jahre lang unterrichtet hatte, »entschieden begabt, wenn auch einseitig, hatte sich aber wenig in der Gewalt, mindestens galt er für widerborstig, eigenmächtig, rechthaberisch und jähzornig. Und es fiel ihm sichtlich schwer, sich in den Rahmen einer Schule zu fügen. Er war auch nicht fleißig, denn sonst hätte er bei seinen unbestreitbaren Anlagen viel bessere Erfolge erzielen müssen.«

Mit dem Versetzungszeugnis der Realschule in der Tasche hätte er die Schulzeit bis zum Abitur fortsetzen können. Dieser Gedanke jedoch schien Hitler schier unerträglich. »Da kam mir plötzlich«, schrieb er in »Mein Kampf«, »eine Krankheit zu Hilfe und entschied in wenigen Wochen über meine Zukunft und die dauernde Streitfrage des elterlichen Hauses.« Eine Lungenentzündung ließ es ratsam erscheinen, den 16jährigen Jungen zunächst nur vorüber-

gehend aus der Schule zu nehmen. Hitler, blutspuckend, von Husten- und hartnäckigen Katarrhanfällen geplagt, überzeugte seine Mutter, daß schon aus gesundheitlichen Gründen ein Büroberuf für ihn nicht in Frage käme und somit auch der weitere Besuch der Oberschule überflüssig sei. Die besorgte Mutter willigte ein. Die zehnjährige Schulzeit Adolf Hitlers war beendet, der spätere Besuch der Kunstakademie in Wien versprochen.

Rein finanziell konnte die Familie Hitler dank der Beamtenpension des Vaters auch nach dessen Tod im gewohnten bürgerlichen Rahmen weiterleben. Vom Druck der Schule befreit, ohne materielle Sorgen, lebte Hitler nun in Linz unbekümmert in den Tag hinein. Er las ein Buch nach dem anderen, zeichnete und besuchte Museen, das Theater und die Oper. Aus dem Cowboy und Indianer spielenden Rädelsführer war ein Einzelgänger und Träumer geworden.

Im Jahre 1905 lernte er seinen Jugendfreund, August Kubizek, kennen, den Sohn eines Tapezierers. Auch dieser wollte ein großer Künstler, ein Musiker werden. Gemeinsam besuchten sie fast jede Aufführung der Oper, gemeinsam schlenderten sie plaudernd durch das nächtliche Linz. Seinem Freund »Gustl« schilderte Hitler die fantastischsten Pläne. Die beiden ergänzten sich bestens. Hitler redete, und Kubizek hörte zu.

Den Gedanken, einen »Brotberuf« zu erlernen, lehnte Hitler nach wie vor energisch ab. Der entsprechende Druck der Verwandtschaft konnte ihm nichts anhaben. 1906 reiste er erstmals nach Wien. Überwältigt vom Glanz und der Pracht der Metropole des Kaiserreichs, kannte Hitler nur mehr das Ziel, hier studieren zu dürfen.

Nach Linz zurückgekehrt, überredete er seine Mutter, ihm diesen Wunsch zu erfüllen. Im Sommer 1907 durfte er sein väterliches Erbe von 700 Kronen abheben und im

September des gleichen Jahres zur Aufnahmeprüfung der Wiener Kunstakademie abermals in die Hauptstadt reisen.

»Ausgerüstet mit einem dicken Pack von Zeichnungen«, schrieb Hitler in »Mein Kampf«, »hatte ich mich damals auf den Weg gemacht, überzeugt, die Prüfung spielend leicht bestehen zu können.« Die Mitteilung, durchgefallen zu sein, traf ihn dann auch »wie ein jäher Schlag aus heiterem Himmel«. Immerhin hatte ihm der Akademiedirektor höchstpersönlich sein Talent für die Architektur bestätigt. Und so wollte Hitler nun »Baumeister« werden.

Inzwischen aber hatte sich der Gesundheitszustand seiner Mutter – sie war an Brustkrebs erkrankt – derart verschlechtert, daß Hitler Ende Oktober nach Linz zurückkehrte. Der jüdische Arzt der Familie, Dr. Bloch, eröffnete dem jungen Hitler den Ernst der Situation.

Aufopfernd und liebevoll pflegte er nun die Mutter. Er schlief neben ihrem Bett in der Küche, dem einzigen Tag und Nacht geheizten Raum, um auch nachts in ihrer Nähe zu sein. Die sterbende Mutter selbst trug ihre Last tapfer und ohne zu klagen. Ihr Sohn aber, so Doktor Bloch, »schien Qualen zu leiden. Seine Züge nahmen einen gepeinigten Ausdruck an, wenn er sah, wie sich das Gesicht der Mutter im Schmerz verkrampfte«. Am 21. Dezember war Klara Hitlers Todeskampf zu Ende. »Nie«, erinnerte sich später Dr. Bloch, habe er »einen jungen Menschen gesehen, der vor Schmerz und Gram so namenlos unglücklich gewesen wäre, wie der junge Hitler«.

Nachdem die Familienangelegenheiten geregelt waren, kehrte Hitler im Februar 1908 nach Wien zurück. Zuvor war es ihm noch gelungen, den Tapeziermeister Kubizek zu überreden, seinen Sohn ebenfalls in Wien studieren zu lassen. Zusammen genossen die Freunde nun das Wiener Kulturleben. So wie in Linz besuchten sie Oper, Theater und Konzerte. Hitler entwarf ein Schauspiel und begann eine Oper zu komponieren. Doch er vollendete nichts. Während Hitler so wieder als Künstler ziellos vor sich hinlebte, übte Freund Kubizek fleißig Klavier. Seine Aufnahmeprüfung ins Konservatorium war ein voller Erfolg. Hitler hingegen schaffte es auch beim zweiten Anlauf nicht, an der Kunstakademie zugelassen zu werden. Architektur konnte er ebenfalls nicht studieren, da ihm hierzu das Abitur fehlte.

Hitler war niedergeschlagen und verzweifelt. Hatte er bislang mit dem geerbten Geld und der Waisenrente leidlich gut auskommen können, geriet er nun finanziell in die Klemme. Um Geld zu sparen, wechselte er mehrmals die Wohnung und fand schließlich vorübergehend in einem Obdachlosenasyl des Arbeiterviertels Meidling Unterkunft. Mit anderen Neuankömmlingen mußte Hitler ein Reinigungsbad nehmen und die Desinfizierung seiner Kleidung über sich ergehen lassen. Obwohl das Heim sauber gehalten wurde, gehörten diejenigen, die hier gelandet waren, die Entwurzelten und die Obdachlosen, zu den gescheiterten Existenzen der Millionenstadt.

Von einem Mitbewohner des Heims, Reinhold Hanisch, wurde der apathisch und deprimiert wirkende Hitler aufgemuntert, sein zeichnerisches Talent ökonomisch zu nutzen. Hitler solle Ansichtskarten malen, die er dann verkaufen würde. Zunächst aber verließ Hitler das trostlose Obdachlosenasyl und übersiedelte ins Männerheim in der Meldemannstraße 27. Im Gegensatz zum Obdachlosenasyl war die neue Behausung ein wohleingerichtetes Junggesellenheim.

Auch die Zusammenarbeit mit Hanisch ging fürs erste gut. Hitler malte Wiener Ansichtskarten, die der Freund in Kaffeehäusern und auf Jahrmärkten verkaufte. Dann aber fühlte sich Hitler um den Verkaufserlös eines Bildes geprellt. Er erstattete Anzeige bei der Polizei, woraufhin

»Nach der Natur – Adolf Hitler IV. Klasse – 10. Juli 1905«, Porträt des 16jährigen Linzer Realschülers, gezeichnet von seinem Klassenkameraden Sturmlechner. Allgemein als nicht untalentiert, doch als über die Maßen lernfaul charakterisiert, endete Hitlers schulische Laufbahn mit dem Zeugnis der mittleren Reife.

13

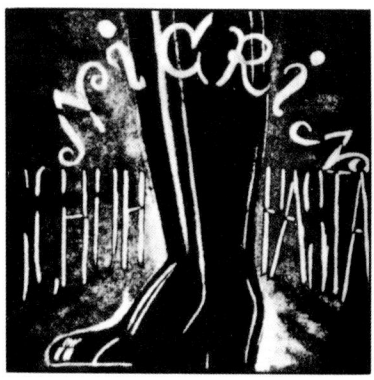

Nicht zuletzt durch die Vermarktung seines zeichnerischen Talents hatte der in seinen Ansprüchen bescheidene Hitler zunächst in Wien und später in München ein ordentliches Auskommen. Hitler malte Gebäude, Landschaften und Personen, Ölgemälde und Aquarelle, Plakate und illustrierte Werbetexte, unter anderem für Kosmetika, Puderfabrikate, Schuhe, Schuhputzmittel oder auch Damenunterwäsche.
Oben: Hitler-Aquarell von 1912, das die Karlskirche in Wien darstellt.
Unten: Für das Schuhputzmittel (Schuhpasta) »Nigrin« fertigte Hitler diese Reklamezeichnung an.

Hanisch zu einer Woche Gefängnis verurteilt wurde. Nun verkaufte Hitler seine Bilder selbst. Außerdem malte er Plakate, Vorlagen für Zeitungsanzeigen und Reklamezettel. Seine Arbeiten brachten ihm schließlich genügend Geld ein, so daß er 1911 auf die ihm noch zwei Jahre zustehende Waisenrente von monatlich 25 Kronen zugunsten seiner Schwester Paula verzichten konnte.

War Hitler zunächst nur vom Traum des großen Künstlers beseelt, so entwickelte sich in ihm doch schon in der Wiener Zeit ein leidenschaftliches politisches Interesse. Wenn es um Politik ging, konnte er sich kaum zurückhalten, dann warf er den Pinsel beiseite und mischte sich temperamentvoll in jede Debatte. Immer wieder sorgte der sonst so ruhige, bescheidene, stets hilfsbereite Hitler nicht nur im Männerheim für hitzige politische Diskussionen und Streitgespräche.

Hinter der herrlichen Fassade des glänzenden Wiens, der Aristokratie und des reichen Bürgertums, waren Hitler, selbst vorübergehend sozial deklassiert, die Not und das Elend der Wiener Arbeiterschaft nicht verborgen geblieben. Deshalb begrüßte er die Gewerkschaften als Zusammenschluß der Arbeiter mit dem Ziel, ihre Lebensbedingungen zu verbessern. Aber er haßte die »marxistischen Führer«, die die Gewerkschaft nur für den Klassenkampf »mißbrauchten«. Er bewunderte den Wiener Oberbürgermeister Dr. Lueger und seine Christlich-Soziale Partei. Dr. Lueger, ein wortgewaltiger Redner, appellierte an die Massen und setzte sich nachdrücklich für das Wohl der einfachen Leute ein. Dieser Erfolg bei den Massen und das soziale Anliegen Dr. Luegers imponierten dem jungen Hitler ebenso wie das nationalistische Programm des Georg Ritter von Schönerer und seine alldeutsche Bewegung, die den Zusammenschluß aller Deutschen in einem Reich forderte. Dr. Lueger und Schönerer waren obendrein wie Hitler

ausgemachte Antisemiten. (Seine Entwicklung zum Judenfeind beschreibt das Kapitel »So wurde ich zum Antisemiten«, Seite 28.)

Zum Antisemitismus und zur Ablehnung des Marxismus gesellte sich in Wien noch Hitlers Verachtung der parlamentarischen Demokratie. Das Parlament in Wien, ein Spiegelbild des österreichischen Vielvölkerstaates, erfüllte ihn mit Abscheu. Die Sozialdemokraten, stärkste Partei, zählten im Parlament 50 deutsche, 23 tschechische, 7 polnische, 5 italienische und 2 ruthenische Abgeordnete. Die Funktionsunfähigkeit der insgesamt »20 Fraktionen«, in Nationalitäten und politische Gruppen zersplittert und zerstritten, das noch dazu in verschiedenen Sprachen vorgeführte Gezetere stießen Hitler ab. Als Bewunderer Wiens war er einst in die Reichshauptstadt gekommen, jetzt, nach 5 Jahren, war ihm dieses »Völkergemisch« aus Tschechen, Polen, Ungarn, Ruthenen, Serben, Kroaten und Juden zuwider geworden. Der Gedanke, für diesen Staat »einst fechten« zu müssen, ließ es ihm ratsam erscheinen, Wien zu verlassen und nach München zu ziehen.

In Wien ordnungsgemäß abgemeldet, verließ Hitler das Männerheim in der Meldemannstraße am 24. Mai 1913 und fuhr mit dem Zug nach München. Seine gesamte Habe führte er in einer Reisetasche mit sich.

Hier mietete er sich in der Schleißheimer Straße 34 ein Zimmer beim Schneidermeister Josef Popp. Ähnlich wie in Wien lebte er nun auch in München. Er malte Bilder und verkaufte sie. Aus der Staatsbibliothek und anderen Bibliotheken der Stadt schleppte er pausenlos Bücher nach Hause. Oft blieb er Tag und Nacht auf seinem Zimmer, um zu lesen. Dann wiederum besuchte er Cafés und Bierlokale, in denen er, leicht Anschluß findend, meistens leidenschaftlich politisierte.

Privat machte Hitler auf Frau Popp den Eindruck eines »österreichischen Charmeurs«. Er war zuvorkommend und freundlich, hielt aber wie im Männerheim auf eine gewisse Distanz. Wiederholte Einladungen der Familie Popp zum Abendessen wurden von Hitler – höflich, aber bestimmt – stets abgelehnt. Obwohl es in München schwieriger war als in Wien, sich als Künstler zu behaupten, führte der in seinen materiellen Ansprüchen bescheidene Hitler hier ein zufriedenes Leben.

Als man ihn von Linz aus in München am 18. Januar 1914 aufspürte und ihn aufforderte, bereits zwei Tage später sich in Linz zur Musterung einzufinden, und er gleichzeitig gerügt wurde, daß er 1909 seiner Meldepflicht nicht nachgekommen sei, reagierte er mit einem geschickt formulierten Schreiben. Er appellierte an das Mitgefühl der heimatlichen Beamten, daß diese ihm erlaubten, seiner Stellungspflicht im nähergelegenen Salzburg nachzukommen. Am 5. Februar wurde Hitler hier gemustert und wegen seines »schwächlichen« Gesamtzustandes als »waffenunfähig« eingestuft.

Froh, dem österreichischen Wehrdienst entkommen zu sein, fuhr Hitler zufrieden nach München zurück, um sein gewohntes Leben weiterzuführen. Dieses Einsiedlerdasein wurde mit dem Ausbruch des Ersten Weltkrieges jäh unterbrochen. Unter der großen Menge, die sich auf dem Münchner Odeonsplatz versammelt hatte und die deutsche Mobilmachung vom 1. August 1914 stürmisch feierte, befand sich auch der begeisterte Hitler. »Ich schäme mich auch heute nicht«, schrieb Hitler in »Mein Kampf«, »es zu sagen, daß ich, überwältigt von stürmischer Begeisterung, in die Knie gesunken war und dem Himmel aus übervollem Herzen dankte, daß er mir das Glück geschenkt, in dieser Zeit leben zu dürfen.«

Den Kriegsausbruch empfand Hitler als eine persönliche »Erlösung«. Sein zielloses Leben bekam endlich einen Sinn. Er wußte nun, wohin er gehörte, und seine einzige Sorge war,

der Krieg könne bereits beendet sein, bevor er selbst zum Kampfeinsatz gelangt wäre. Umgehend meldete sich der »waffenunfähige« Hitler als Kriegsfreiwilliger. Seiner Bitte an König Ludwig III., in ein bayerisches Regiment eintreten zu dürfen, wurde entsprochen. Als einfacher Soldat des 16. Bayerischen Reserve-Infanterie-Regiments – nach seinem ersten Kommandeur Regiment List genannt – wurde er, nur kurz und mangelhaft ausgebildet, mit seinen Kameraden bereits zwei Monate später an die Westfront geschickt. Acht Tage später kam seine Kompanie in der Nähe von Ypern zum Einsatz. Drei Tage tobte das Gefecht. Regimentskommandeur List fiel, sein Stellvertreter wurde schwer verletzt; insgesamt mußte Hitlers Einheit schwere Verluste hinnehmen.

Vier Jahre lang sollte Hitler nun die ganze Härte des Ersten Weltkriegs bis zum bitteren Ende erleben. Als Meldegänger eingesetzt, war er ein außerordentlich tapferer Soldat, der jeden noch so schwierigen Auftrag todesmutig ausführte und häufig auch noch freiwillig für seine Kameraden einsprang. Neben zahlreichen anderen Auszeichnungen erhielt Hitler auch das Eiserne Kreuz beider Klassen. Dennoch blieb er den ganzen Krieg über nur Gefreiter. Zum einen, weil seine Vorgesetzten an ihm keine »Führereigenschaften« entdecken konnten, zum anderen aber, weil Hitler keinen Wert darauf legte, befördert zu werden.

Wie im Wiener Männerheim und bei der Münchner Familie Popp hielt Hitler auch als Soldat zu seinen Kameraden wiederum eine gewisse Distanz. Er galt als »Intellektueller«, der malte, anspruchsvolle Bücher las und es verstand, sich beeindruckend über Kunst, Literatur und Politik auszulassen. Wie einer seiner Vorgesetzten bemerkte, gehörte Hitler zweifellos »zu den ernster veranlagten Menschen«.

Als Hitler am 7. Oktober 1916 am Bein verwundet wurde, kannte er

Das Männerheim in der Wiener Meldemannstraße, in dem Hitler vom Dezember 1909 bis zu seiner Übersiedlung nach München im Mai 1913 wohnte. »In dieser Zeit«, schreibt Hitler in »Mein Kampf«, »bildeten sich mir ein Weltbild und eine Weltanschauung, die zum granitenen Fundament meines derzeitigen Handelns wurden.«

15

»Dieses Hitlerbild von 1914 vervielfältigte
ich in Tausenden und Abertausenden von
Abzügen, die Zeitungen des In- und
Auslandes publizierten es alle. Es wurde
eines der begehrtesten Bilder.«

Heinrich Hoffmann, Hitlers Leibfotograf

nur eine Sorge: »Gelt, Herr Leutnant, ich bleibe bei Euch, bleibe beim Regiment!« In einem Lazarett in der Nähe von Berlin wurde Hitler gesundgepflegt und dann in ein Ersatzbataillon nach München entlassen.

Was Hitler in der Heimat entsetzte, war einerseits die große Not der Bevölkerung, andererseits und in erster Linie aber die gesunkene Moral der Zivilisten wie die der Soldaten. Es empörte ihn, daß einem Frontsoldaten von den jungen Rekruten kein Respekt mehr entgegengebracht wurde. Sein »dringender Wunsch« sei es, schrieb er an seinen Vorgesetzten, »wieder zu meinem alten Regiment und zu meinen Kameraden zu kommen«. Am 14. März 1917 war Hitler wieder an der Front.

Je länger der Krieg dauerte, desto größer wurde die Not. In Deutschlands Städten wurden Katzen (»Dachhasen«) verspeist, wurde Brot aus Sägemehl und Kartoffeln gebakken.

Die großen Materialschlachten mit ihren ungeheuerlichen Verlusten auf beiden Seiten hatten keine Entscheidung gebracht. Zwar konnte im Osten mit der siegreichen Revolutionsregierung unter Lenin am 3. März 1918 in Brest-Litowsk Frieden geschlossen werden, im Westen aber mußte die oberste militärische Führung schließlich einsehen, daß der Krieg nicht mehr zu gewinnen war.

Dem einfachen Frontsoldaten stellte sich die Sachlage natürlich anders dar. Nirgends war es dem Feind gelungen, die deutschen Linien ent-

Zu Beginn des Ersten Weltkrieges, am 2. August 1914, versammelte sich eine riesige Menschenmenge auf dem Odeonsplatz, zwischen Theatinerkirche und Feldherrnhalle, in München und sang begeistert das Deutschland-Lied und »Die Wacht am Rhein«. In dieser Menschenmenge stand auch Hitler.

17

scheidend zu durchbrechen. Noch hatten keine feindlichen Truppen deutschen Boden betreten. Auch die Propaganda verkündete stets nichts anderes als den Sieg. Zu denjenigen, die bis zuletzt an diesen Sieg glaubten, gehörten zweifellos Hitler und mit ihm die moralisch ungebrochenen Frontsoldaten. Ermattet, aber nicht entmutigt, zum Kampf und Sterben bereit, konnten sie es nicht fassen, daß in der Heimat gestreikt wurde, daß sich die Befehlsverweigerungen häuften und sich Offiziere als »Kriegsverlängerer« schmähen lassen mußten. Hitlers Haß und der Haß seiner gleichgesinnten Kameraden galt den »Roten«, den »Pazifisten«, den »Drückebergern«, den »Schiebern«, die den Sieg verspielen würden. Im Oktober 1918 mußte Hitlers Regiment nochmals massivstes Artilleriefeuer über sich ergehen lassen. Der Einsatz von Giftgas folgte, dem auch Hitler zum Opfer fiel. Erblindet wurde er in ein Lazarett nach Pasewalk im Bezirk Neubrandenburg gebracht, wo er bald darauf das Augenlicht wiedererlangte. Hier in Pasewalk erlebte Hitler die deutsche Kapitulation vom 11. November 1918. Für den Frontsoldaten Hitler wie für Millionen Deutsche war eine Welt zusammengebrochen.

Als Hitler 1913 nach München gekommen war, sah er, der Alldeutsche, der den Vielvölkerstaat Österreich haßte, in Deutschland das Gelobte Land. Das kaiserliche Deutschland befand sich am Vorabend des Ersten Weltkrieges auf dem Höhepunkt seiner Macht. Selbstbewußt und kraftstrotzend verfügte es über eine hervorragende Armee. In Forschung, Wissenschaft und Technik wurde Großartiges geleistet. Handel und Industrie florierten. Die industrielle Produktion hatte Frankreich bereits 1870 und nach 1910 auch England überflügelt. Selbst in der Sozialgesetzgebung war Deutschland ohne Beispiel. Und dieses prosperierende und mächtige Deutschland sollte nun den Krieg verloren haben?

Mochten auch noch so viele sich mit dieser Situation nicht abfinden wollen, die verantwortlichen Militärs wußten genau Bescheid. Mit dem Eintritt der USA in den Weltkrieg war es nur mehr eine Frage der Zeit, wann die gegnerische Überlegenheit an Menschen und Material den Sieg erzwingen würde. Unmißverständlich forderten Ludendorff und Hindenburg, die obersten Militärs, den »sofortigen Waffenstillstand«. Auch dem Kaiser war die Lage klar: »Der Krieg muß beendet werden.« Deutschlands Niederlage und die damit verbundene Friedensbereitschaft waren also längst entschieden, bevor die Revolution ausbrach.

Ausgehend von der Meuterei der Hochseeflotte in Kiel, verbreitete sich der Aufstand über ganz Deutschland. Die alten Gewalten wichen ohne Widerstand. Kaiser Wilhelm floh nach Holland. In Berlin verkündete der Sozialdemokrat Philipp Scheidemann am 9. November 1918 die Republik. »Unerhörtes ist geschehen … Das Alte und Morsche, die Monarchie ist zusammengebrochen. Es lebe das Neue! Es lebe die Deutsche Republik!«

Die Macht lag nun bei den Sozialisten. Die Sozialisten wiederum waren in sich gespalten. Die einen wollten ihr Ziel auf demokratischem Wege erreichen, die anderen durch die revolutionäre Aktion. Der Konflikt zwischen den demokratischen Sozialisten unter Friedrich Ebert und den Revolutionären unter Karl Liebknecht und Rosa Luxemburg führte vom 2. bis zum 5. Januar 1919 in Berlin zum bewaffneten Aufstand. Mit Hilfe von Freiwilligenverbänden der alten Armee ließ Ebert den Aufstand blutig niederschlagen. Der Abhaltung von freien und gleichen Wahlen zu einer verfassunggebenden Nationalversammlung am 19. Januar stand nichts mehr im Wege. Unter Führung der SPD erhielten die Parteien, die eine parlamentarische Demokratie befürworteten, eine solide Zwei-Drittel-Mehrheit.

Adolf Hitler als Soldat an der Westfront, November 1914. Dem Dienst in der österreichischen Armee hatte er sich entzogen, weil sie nicht »deutsch« war. Als aber das Deutsche Reich im August 1914 den Krieg begann, meldete sich Hitler in München als Kriegsfreiwilliger. Der Krieg bedeutete für ihn das große, einschneidende Erlebnis; seinen Kameraden konnte er jedoch kaum etwas davon mitteilen. Sie schildern ihn als menschenscheuen, kontaktarmen Sonderling, der sich an den üblichen Späßen nicht beteiligt und Stunden in einsamer Grübelei zubringt.

Friedrich Eberts erste Amtshandlung war
ein Aufruf an die marschierenden Berliner
Arbeiter: «Mitbürger! Ich bitte euch alle
dringend: Verlaßt die Straßen! Sorgt für
Ruhe und Ordnung!»

Da man sich im revolutionären Berlin nicht sicher fühlte, wurde die Nationalversammlung nach Weimar einberufen (daher die Bezeichnung Weimarer Republik für die erste deutsche Demokratie). Friedrich Ebert wurde zum Reichspräsidenten, Philipp Scheidemann zum Ministerpräsidenten (später Reichskanzler) gewählt. In langen Beratungen wurde die Weimarer Verfassung ausgearbeitet, dann mit überwältigender Mehrheit angenommen und schließlich vom Reichspräsidenten am 11. August 1919 in Kraft gesetzt. Deutschland war nun eine freiheitlich-demokratische Republik, der eigentliche Souverän das deutsche Volk.

Trotz einer klaren Mehrheit der demokratischen Kräfte in Deutschland war die junge Republik ungeheuren Belastungen ausgesetzt. Sie war aus der Niederlage geboren, und die Siegermächte taten nichts, um dem neuen Deutschland zu helfen. Im Gegenteil: Das, was dem Kaiser und seinen Generalen, dem »militaristischen Deutschland« zugedacht war, traf nun das demokratische Deutschland mit völlig unerwarteter Härte. Von der drohenden Niederlage getrieben, aber doch dem Friedensprogramm des amerikanischen Präsidenten Wilson vertrauend, hatte sich Deutschland zu Verhandlungen bereit erklärt. Nach Wilson sollte es einen »Frieden ohne Sieger und Besiegte« geben, einen Frieden gleichberechtigter Nationen, auf der Grundlage des Selbstbestimmungsrechts der Völker.

Unter diesen Vorzeichen hätte es sicherlich zu einem annehmbaren Verständigungsfrieden kommen können. Doch Wilsons europäische Verbündete, allen voran Frankreich, hatten ganz andere Pläne. Als die deutsche Waffenstillstandsdelegation unter Leitung des Zentrumspolitikers Matthias Erzberger am 8. November 1918 im Wald von Compiègne mit den Alliierten zusammentraf, wurde ihr keinerlei Verhandlungsspielraum eingeräumt. Die entsetzte Anfrage Erzbergers bei der Obersten Heeresleitung, ob die gestellten Bedingungen – Deutschland hatte sich praktisch total auszuliefern – angenommen werden müßten, wurde bejaht. Jegliches Weiterkämpfen wäre sinnlos. Hindenburg: »Wir sind dem Diktat des Gegners preisgegeben.« Waren die Waffenstillstandsbedingungen schon äußerst hart – die Verantwortlichen für die deutsche Unterschrift wurden bereits als »Novemberverbrecher« diffamiert –, so brachten die Friedensverhandlungen in Versailles ein vernichtendes Resultat. Vom Wilsonschen Geist eines Verständigungsfriedens auf der Grundlage des Selbstbestimmungsrechts der Völker war nichts mehr zu spüren. Insbesondere von Frankreich wurde die Vernichtungsstrategie des Krieges nun mit politischen Mitteln weitergeführt.

Frankreich, das auf alliierter Seite die Hauptlast des Krieges getragen hatte, kannte nur ein Ziel: sécurité, die Sicherheit der eigenen Nation. Frankreichs Ministerpräsident Clemenceau, genannt der »Tiger«, scherte sich nicht im geringsten um die Wilsonschen Ideale. In erster Linie ging es darum, Deutschland, sei es das kaiserliche der Generale oder das republikanische der Demokraten, niederzuhalten, wenn möglich zu zerstückeln, es unter keinen Umständen aber wieder erstarken zu lassen. Ein Deutschland, das Frankreich nochmals bedrohen könnte, sollte es nie wieder geben.

Die einst so stolze Militärmacht Deutschland wurde auf ein 100 000-Mann-Heer beschränkt. Große Teile des Reichsgebietes gingen verloren, und schließlich hatte der Verlierer Deutschland noch die gesamten Kosten des Krieges zu tragen. Begründet wurde diese Zahlungsverpflichtung mit der Alleinschuld der Deutschen für den Ausbruch des Krieges. War Deutschland mit Unterzeichnung des Waffenstillstands bereits wehrlos geworden, so sollte es jetzt auch

Bewaffnete Revolutionäre mit der roten Fahne fahren durch das Brandenburger Tor in Berlin. »Ehe wir nicht die Gewehre umdrehen, wird nichts besser«, war 1919 die Parole. Zumindest in Teilen des deutschen Heeres lebte Wut über den sinnlosen Krieg und seine Urheber. Andererseits war es gerade die unkontrollierte Volksbewaffnung, vor der den Sozialdemokraten am meisten graute. Um sie in Schach zu halten, nahmen Ebert und seine Parteifreunde sogar das Bündnis mit offen antidemokratischen Kräften, die sich als »reguläre Truppen« anwerben ließen, in Kauf.

»Der Ursprung«, Karikatur der amerikanischen Zeitung »St. Louis Dispatch« vom 18. Oktober 1930. Sie zeigt, daß der Versailler Vertrag den Erfolg Hitlers und seiner Partei gefördert hat. Mit Reden zum Thema »Versailles, Deutschlands Vernichtung« konnte Hitler schon 1920 als Agitator seine ersten demagogischen Erfolge erzielen. Der Masse müsse man den gemeinsamen Haß auf diesen Vertrag einbrennen, »aus dessen Gluten dann stahlhart ein Wille emporsteigt und ein Schrei sich herauspreßt: Wir wollen wieder Waffen! Jawohl, dazu kann ein solcher Friedensvertrag dienen!«

noch seine Ehre verlieren. Der berüchtigte Artikel 231 des Versailler Vertrages, der Deutschlands Alleinschuld festlegte, sowie das gesamte als äußerst ungerecht empfundene Vertragswerk führten im Reich zu leidenschaftlicher Empörung. Von Clemenceau ultimativ aufgefordert, den Vertrag binnen 24 Stunden zu unterzeichnen, anderenfalls mit dem Einmarsch französischer Truppen in das Reichsgebiet zu rechnen sei, beugte sich die deutsche Delegation dem Unvermeidlichen.

»Der übermächtigen Gewalt weichend und ohne damit ihre Auffassung über die unerhörte Ungerechtigkeit der Friedensbedingungen aufzugeben, erklärt die Regierung, daß sie bereit ist, die von den Alliierten und assoziierten Regierungen auferlegten Friedensbedingungen anzunehmen und zu unterzeichnen.«

Am 28. Juni 1919 wurde der Versailler Vertrag unterzeichnet, der in Deutschland nur als Gewalt- und Diktatfrieden empfunden werden konnte. Für die junge Republik war das Versailler Diktat letztlich eine tödliche Hypothek, die erst ein triumphierender Hitler tilgen sollte.

Hitler selbst hatte, nach seiner Genesung aus Pasewalk entlassen, die Revolution in München erlebt. Zunächst hatte hier der unabhängige Sozialist Kurt Eisner die Regierung übernommen. Nach dessen Ermordung durch einen nationalistischen Offizier wurde am 7. April 1919 die Räterepublik verkündet. Kommunistische Berufsrevolutionäre unter Führung Eugen Levines aus Petersburg übernahmen die Macht. Als Freikorpstruppen zur Eroberung Münchens anrückten, eskalierte der Terror. Die »Roten« erschossen unschuldige Geiseln. Die »Weißen« nahmen blutige Rache. Schließlich mußte sich die »Rote Armee« geschlagen geben.

Die Reichswehr hatte nach der Niederlage und Versailles für Hitler weiter Verwendung. Anläßlich eines Schulungskurses wurde sein rednerisches Talent entdeckt. Diese Begabung sowie sein betonter Antimarxismus und glühender Patriotismus ließen ihn als richtigen Mann erscheinen, die »vom roten Bazillus« gefährdete Truppe zu nationalisieren. Daß Hitler dabei auch kräftig gegen die Juden wetterte, galt seinen Vorgesetzten eher noch als zusätzlicher Pluspunkt. Neben seiner Aufklärungsarbeit, die er nachweislich mit großem Erfolg absolvierte, wurde er von der Reichswehr auch als Vertrauensmann eingesetzt. In dieser Eigenschaft erhielt Hitler im Herbst 1919 den Auftrag, eine Zusammenkunft der Deutschen Arbeiterpartei (DAP) des Eisenbahnschlossers Anton Drexler zu besuchen.

Zunächst war Hitler eher gelangweilt. Sein Eindruck war weder gut noch schlecht. Es handelte sich eben um eine der zahlreichen Gruppen und Grüppchen, die damals die politische Szene belebten. Hitler wollte die Versammlung schon verlassen, doch bewegte ihn die angekündigte freie Aussprache noch zu bleiben. Als ein Versammlungsteilnehmer die These vertrat, Bayern sollte sich vom Reich lösen und eine Vereinigung mit Österreich anstreben, mußte Hitler förmlich explodiert sein. In einer mitreißenden 15minütigen Rede kanzelte er seinen Vorredner ab, daß dieser wie ein »begossener Pudel« das Lokal verließ. Die Zuhörer aber hatte Hitler fasziniert. Voll Anerkennung raunte Drexler einem Parteifreund zu: »Mensch, der hat a Gosch'n, den kunt ma braucha.« Drexler steckte Hitler eine Broschüre zu, bat ihn, sie zu lesen und wiederzukommen. Knapp eine Woche später erhielt Hitler eine Postkarte, in der ihm mitgeteilt wurde, er sei bereits in die Partei aufgenommen und möge doch an der nächsten Ausschuß-Sitzung am 16. September teilnehmen. Vier Leute erwarteten ihn im Nebenzimmer der Wirtschaft »Altes Rosenbad«. Darunter auch Anton Drexler, der ihn herzlich willkommen hieß.

Hitlers erster Eindruck: »Fürchterlich, fürchterlich! Das war eine Vereinsmeierei allerärgster Art und Weise. In diesen Klub also sollte ich eintreten?«

Dann aber sah Hitler in dieser kleinen Partei eine Chance. Diese »lächerlich kleine Schöpfung« sei noch nicht zur »Organisation erstarrt«. Hier könnten im Gegensatz zu den großen Parteien noch »Weg und Ziel bestimmt werden«. Vor allem aber sah Hitler für sich selbst die Möglichkeit, in diesem unbedeutenden Verein eine bestimmende Rolle zu spielen. Zwei Tage später war Hitler 55. Parteimitglied (Ausweisnummer propagandistisch auf 555 erhöht) und 7. Mitglied im Parteiausschuß der Deutschen Arbeiterpartei.

Will man Hitlers Selbstdarstellung in »Mein Kampf« folgen, so hatte er zu diesem Zeitpunkt schon ein festgeformtes (»granitenes«) Weltbild. Als Schüler sei er bereits Nationalist geworden, in Wien wandelte er sich zum Antisemiten. Marxismus und Sozialismus, Demokratie und Parlament, Parteienvielfalt und liberale Freiheiten seien nichts anderes als jüdische Erfindungen im Dienst der vom internationalen Judentum angestrebten Weltherrschaft. Es sei letztlich alles nur Mittel zur Zersetzung und damit zur Schwächung der einzelnen Völker. In dieser sozialistisch-marxistisch-demokratischen Zersetzungsarbeit sah Hitler auch die eigentliche Ursache der Niederlage von 1918. Die von Kaiser Wilhelm bei Kriegsausbruch eingenommene Haltung, »nur noch Deutsche« und »keine Parteien mehr zu kennen«, sei grundfalsch gewesen, da der Marxismus eben keine Partei sei, sondern eine »einzige Lehre der Zerstörung«.

Nicht nur bei schlichteren Gemütern fand Hitlers antisemitische, antimarxistische Agitation Resonanz. Wer, so fragte Hitler, hatte den schändlichen Waffenstillstand unterzeichnet? Der Jude Erzberger. Wer waren die Anführer des kommunistischen Aufstands in Berlin? Die Juden Karl Liebknecht und Rosa Luxemburg. Wer waren die Führer der blutigen Räteherrschaft in Bayern? Der Jude Mühsam, der Jude Landauer, der Jude Levine, der russische Jude Axelrod, und auch Eisner war Jude. In Ungarn war »eine Sowjet-Republik« errichtet worden unter dem Juden Béla Kun. Von seinen 32 Volkskommissaren waren ebenfalls 25 Juden. In Moskau herrschten die Juden Trotzki, Sinowjew und Kamenew.

Nein, die Juden und ihre Helfershelfer waren letztlich auch schuld an der deutschen Niederlage. Die »Novemberverbrecher« hatten dem »im Felde unbesiegten« Heer von hinten den Dolch in den Rücken gestoßen. Der Wehrlosigkeit durch den Waffenstillstand folgten die Schmach des Versailler Diktats, die Entmachtung und Entehrung sowie die finanzielle Versklavung des einst so mächtigen Vaterlandes.

»Kaiser Wilhelm«, hieß es in der bekannten Stelle von »Mein Kampf«, »hatte als erster deutscher Kaiser den Führern des Marxismus die Hand zur Versöhnung gereicht, ohne zu ahnen, daß Schurken keine Ehre besitzen. Während sie die kaiserliche Hand noch in der ihren hielten, suchte die andere schon nach dem Dolche. Mit den Juden aber gibt es kein Paktieren, sondern nur das harte Entweder oder Oder. Ich aber beschloß, Politiker zu werden.«

Diesen Entschluß wollte Hitler unter dem Eindruck der Revolution im Lazarett von Pasewalk gefaßt haben. Während des Krieges hatte sich Hitler zwar schon gelegentlich in diesem Sinne geäußert, doch dürfte seine nach dem Krieg gemachte Erfahrung, ein wirkungsvoller Redner zu sein, der eigentliche Grund für ihn gewesen sein, sich politisch zu betätigen. Ohne diese rednerische Begabung wäre Hitler mit Sicherheit der »Namenlose« unter Millionen geblieben. Nur über diese außergewöhnliche Fähigkeit als Redner konnte er versuchen, sich einen Namen zu machen.

Süddeutsche Monatshefte
Heft 7. Jahrg. 21   April 1924

DER DOLCHSTOSS

Süddeutsche Monatshefte G. m. b. H., München
Preis Goldmark 1.10.

Für die Hauptverantwortlichen konnte es keinen Zweifel daran geben, daß der Erste Weltkrieg rein militärisch verloren wurde. Dennoch wollten sie diese Verantwortung nicht auf sich nehmen. Am 18. November 1919 erklärte Hindenburg vor dem parlamentarischen Untersuchungsausschuß zur Klärung der Ursachen des Zusammenbruchs: »Die deutsche Armee ist von hinten erdolcht worden. Wo die Schuld liegt, bedarf keines Beweises.« Durch diese »Dolchstoßlegende«, die vor allem Hitler in seinen Reden immer wieder anklagend beschwor, wurde das innenpolitische Klima der Weimarer Republik nachhaltig vergiftet.

Antisemitismus
vor Hitler

Angehörige einer religiösen Minderheit, noch dazu »Gottesmörder«, waren die Juden im christlichen Mittelalter für jegliches Übel die idealen Sündenböcke. Der Holzschnitt aus dem 15. Jahrhundert zeigt aufs Rad geflochtene, zum Flammentod verurteilte Juden.

Hitlers verbrecherische Judenpolitik steht gleichnishaft für das Dritte Reich, obwohl sie nur ein Teil des Gesamtgeschehens war. Sie hat in der Summe der Erinnerungen und Wertungen alles andere überlagert und überdeckt, auch Hitlers Leistungen, die ihm in den dreißiger Jahren ungeheure Popularität verschafft hatten. Der Schock, den die Deutschen erlitten, als sie nach dem Krieg das ganze Ausmaß des Völkermords an den Juden erkennen mußten – dieser Schock wird noch viele Generationen belasten.

Bis heute ist trotz eingehender Forschungen rätselhaft geblieben, wie es zu dem fanatischen Haß gegen Juden bei einem Mann hat kommen können, der nie, soweit erkennbar, persönlich Schlechtes von Juden erfahren hat, bei dem kein negatives Schlüsselerlebnis vorzuliegen scheint. Im Gegenteil, der Arzt seiner Mutter, dem er vertraute, war Jude; Käufer seiner Aquarelle und Zeichnungen waren zum Teil Juden. Woher also das Vernichtungsstreben?

So unerklärlich dies bis heute ist und vermutlich immer bleiben wird: Leichter ist es, Hitler in einer weltanschaulichen Tradition zu sehen, in der Antisemitismus gang und gäbe war. Das Ausmaß ist seine eigene Zutat, die Substanz fand er schon vor.

Der Antisemitismus ist uralt, jedenfalls so alt, wie es eine christliche Religion gibt, die aus der jüdischen Religion herausgewachsen war und den Juden den Tod Jesu Christi vorwarf. Für die orthodoxen Juden war

Jesus ein Gotteslästerer, weil er sich in messianischem Selbstgefühl für gottgesandt, für Gottes Sohn gehalten und auf Fragen dazu öffentlich bekannt hatte. Für jüdisches Selbstverständnis war dies undenkbar; das Christentum aber vergöttlichte Jesus sogar noch im Laufe der Zeit, setzte ihn ranggleich neben den Vatergott. Daraus entstand die zwar historisch unmögliche und ungerechte, aber deshalb nicht weniger folgenschwere Anschuldigung, die Juden seien »Gottesmörder«.

Ungezählte Verfolgungen mit ungezählten Opfern rühren aus dem rückverlegten Verbrechensvorwurf. Das zieht sich durch die ganze Geschichte, spätestens seit das Christentum im Römischen Reich Staatsreligion geworden war (380). Die schwersten Ausschreitungen gab es vor allem in drei Ländern: Deutschland, Spanien, Rußland. In Deutschland hat sich der Kreuzzugsfanatismus seit 1096 und dann wieder die Erregung über die Pest um 1350 an den Juden ausgetobt. Da man die Ursachen der verheerenden Seuche nicht verstand, wurde Einflüsterungen Gehör geschenkt, die Juden hätten die Brunnen vergiftet.

In Spanien, wo die jüdisch-arabische Kulturverbindung und in einer Nachblüte sogar noch die jüdisch-christliche zu hohen Leistungen geführt hatten, die für das ganze Abendland befruchtend gewesen waren, hat die Kirchenpolitik im 15. Jahrhundert zu einer Klimaänderung geführt. 1492 wurden rund 200 000

Juden besitzlos aus dem Land gewiesen. Der portugiesische König verfuhr vier Jahre später ebenso.

In Rußland begannen die Pogrome (das Wort ist russisch und heißt Verwüstung) mit einem Kosakenaufstand 1648. Die Ukraine, in der sich das erste schwere Blutbad ereignete, gehörte damals noch zu Polen. Polen hatte viele Juden, zumeist Auswanderer aus Deutschland. Durch die polnischen Teilungen kam ein gro-

mus ist ein »Ableger« der Erweckungsbewegung des Chassidismus.

Bis hierher haben wir geschichtlich mit dem *religiösen* Judenhaß zu tun, der allerdings noch ergänzt werden muß zur wirtschaftlichen Seite hin. Da Juden vom Hochmittelalter bis ins 16. Jahrhundert aufgrund des kanonischen Zinsverbotes die einzigen Geldverleiher waren, hatten sie natürlich viele christliche Schuldner. Außerdem: Wer ein geschichtlich be-

Da den Juden die Ausübung zahlreicher Berufe verboten war und Christen im Mittelalter keinen Zins nehmen durften, waren die Juden besonders stark im Geldgeschäft vertreten. Der Holzschnitt aus dem 16. Jahrhundert zeigt einen jüdischen Geldverleiher vor seinem Rechentisch.

ßer Teil dieser jüdischen Siedler unter russische Herrschaft. Über Jahrhunderte führte der bodenständige Antisemitismus im Osten immer wieder zu schwerer Drangsal, bis ins späte 19. Jahrhundert. Von Rußland aus begannen auch die ersten Versuche, die alte jüdische Heimat Palästina, die allerdings nie völlig von Juden entleert gewesen ist, neu zu kolonisieren. Die Kibbuzbewegung mit ihrem religiös fundierten Sozialis-

dingtes Monopol besitzt, nutzt es aus. Wer wundert sich, daß es jüdische Wucherer gab wie Shakespeares »Kaufmann von Venedig«? Letzten Endes hat die christliche Gesellschaft an diesem Typus schuld, indem sie die Juden ins gesellschaftliche Abseits gedrängt hatte. Kurzum: Pogrome waren eine gute Gelegenheit, Schulden loszuwerden. Deshalb muß der religiöse Antisemitismus mit dem wirtschaftlich beding-

25

ten Judenhaß in einem Teilzusammenhang gesehen werden.

Seit der Mitte des 19. Jahrhunderts kam eine neue Art der antijüdischen Gesinnung auf. Die traditionelle Abwehrhaltung, die inzwischen durch die mitteleuropäische und nordamerikanische Emanzipationsbewegung zum Rückzug gezwungen worden und nur noch in Resten vorhanden war, schlüpfte unversehens in ein neues Gewand: den Rassenantisemitismus.

Die Rassenideologie nahm ihren Ausgangspunkt ausgerechnet dort, wo man die Juden zuerst zu gleichberechtigten Bürgern gemacht hatte, in Frankreich. Um die Mitte des vorigen Jahrhunderts schrieb ein französischer Graf mit Namen Gobineau ein Buch über die Ungleichheit der menschlichen Rassen. Da gab es bessere und weniger gute. Ganz obenan standen die »Arier«. In Wirklichkeit war Arier ein althergebrachter Name für eine indo-iranische Sprachgruppe indogermanischer Herkunft. Hier wurde er umgefälscht zum Begriff blonder, langschädeliger Germanen-Nachkommen.

In einer Zeit stürmischer Aufwärtsentwicklung der Naturwissenschaften mochte ein Geistesprodukt noch so anfechtbar sein: Wenn es sich mit dem Anschein wissenschaftlicher Erkenntnis und populärer Überzeugungskraft schmückte, konnte es auf Anhänger zählen. Gobineaus Lehre von den unabänderlichen, feststehenden rassischen Merkmalen, Eigenschaften und Fähigkeiten wurde begierig von Leuten aufgesogen, die gern zu den »Ariern« gehören wollten. Auf die anderen schauten sie verachtungsvoll herab.

Zugleich predigten sie Abwehr gegen unreine Blutmischung und Überfremdung, so mit besonders beredten Worten der englische Kulturphilosoph Houston Stewart Chamberlain, Richard Wagners Schwiegersohn. 1899 heißt es in seinen »Grundlagen des 19. Jahrhunderts«, die »Indoeuropäer« würden fortwährend mit jüdischem Blut »infiziert«, und wenn man dies nicht verhindere, so gäbe es nach ein paar Jahrhunderten nur noch »eine Herde pseudohebräischer Mestizen, ... ein unzweifelhaft physisch, geistig und moralisch degeneriertes Volk«.

Der Engländer hatte seine Anschauungen bezeichnenderweise aus zwanzigjährigem Aufenthalt in Wien gewonnen und war von der Vision rassischer Überfremdung in der Vielvölker-Monarchie gepeinigt. Auch Einheimische arbeiteten mit solchen Schreckbildern, voran der »großdeutsche« Politiker Georg von Schönerer.

Ein Staat mit jahrhundertelang gewachsenem Völker-, Rassen- und Sprachengemisch – Deutsche, Slawen, Ungarn, Romanen – wird für Rassenlehren naturgemäß nicht anfällig sein (Rußland war es auch nicht); aber wenn die Rassenlehren mit dem Begleitgepäck der Wirtschaftsangst daherkommen, sieht das ganz anders aus. In Wien mit seinem stark jüdischen Bevölkerungsanteil und fortwährender Zuwanderung verarmter Juden konnte man ökonomische Abwehrstimmungen leicht mobilmachen. Mittelständischer Konkurrenzdruck wurde zu einem echten Problem, wie sogar Theodor Herzl anerkannte, der Begründer des politischen Zionismus.

Herzl gewann aus dem Schlüsselerlebnis der antisemitischen Dreyfus-Affäre in Frankreich die Erkenntnis, daß die Juden sich in Europa nicht endgültig assimilieren könnten, weil immer erneut Widerstände erwachten. Waren sie früher religiös und wirtschaftlich bestimmt gewesen, so waren sie nun rassisch und wirtschaftlich betont.

Hitler in Wien, wie konnte es anders sein, nahm in seinen weltanschaulichen Lehrjahren den Judenhaß in seiner rassisch orientierten Form in sich auf. Das wurde für ihn und für den Nationalsozialismus entscheidend. Ob er 1913 von Wien schon als »fertiger« Antisemit weg-

Seinen pervertiertesten Ausdruck fand der Antisemitismus in der Wochenzeitschrift »Der Stürmer« des fränkischen Gauleiters Julius Streicher. Die in dem nationalsozialistischen »Kampfblatt« betriebene Judenhetze war oft unterschwellig pornographisch angelegt, wie bei den berüchtigten »Ritualmordstories«. Ein Dauerbrenner waren auch, wie in der abgebildeten Ausgabe, die »Protokolle der Weisen von Zion«, die einen angeblichen Plan zur Errichtung der jüdischen Weltherrschaft zum Inhalt hatten – daß es sich dabei um eine plumpe Fälschung handelte, tat ihrer Verbreitung in antisemitischen Presseorganen freilich keinen Abbruch.

gegangen ist, wie er behauptet, mag fraglich bleiben; nach dem Ersten Weltkrieg war er es jedenfalls. Von da an nahm er nur noch Bestätigungen seiner Anschauungen auf; alles andere, Gegenteilige, verwarf er. Zu den Bestätigungen gehörte die damals gerade nach Mitteleuropa dringende, besonders infame Fälschung der »Protokolle der Weisen von Zion«. Dieses von Russen in Paris gefertigte Pamphlet (um 1897) besteht aus angeblichen Sitzungsprotokollen einer jüdischen Verschwörer-Tagung in Basel. Danach sollte das derzeitige Staatensystem in ein Chaos gestürzt und durch die jüdische Weltherrschaft abgelöst werden.

1921 konnte die Londoner »Times« nachweisen, daß die »Protokolle« eine raffinierte Fälschung waren.

Hitler hat sich von der Wahrheit nicht beeindrucken lassen. Das Schlimmste an Hitlers Judenhaß: Er war zutiefst von der »jüdischen Weltverschwörung« überzeugt.

In seiner ersten überlieferten politischen Schrift vom 16. September 1919 wandte sich Hitler bereits gegen den Antisemitismus als eine »bloße Gefühlserscheinung«. Es gelte, das Judentum »als Rasse« zu erkennen.

Bis zu seinem Tode den Wahnideen seiner Weltanschauung verfallen, mahnte er im letzten Satz seines politischen Testaments: »Vor allem verpflichte ich die Führung der Nation und die Gefolgschaft zur peinlichen Einhaltung der Rassengesetze und zum unbarmherzigen Widerstand gegen den Weltvergifter aller Völker, das internationale Judentum.«

27

So wurde ich zum Antisemiten

Karl Lueger (1844–1910), Wiens Bürgermeister um die Jahrhundertwende, der mit seiner antisemitischen Demagogie die Weltanschauung des heranwachsenden Hitler maßgeblich beeinflußte. In seinem Bekenntnisbuch »Mein Kampf« würdigte der spätere »Führer« Lueger als den »gewaltigsten Bürgermeister aller Zeiten«.

Hitler versucht sich bei der Schilderung seiner »Wandlung zum Antisemiten«, in der zentralen Frage seiner Weltanschauung, als nicht voreingenommen, als zweifelnder, grübelnder, sorgfältig abwägender, kritischer Geist zu präsentieren, der erst nach reiflicher Überlegung und innerer Überwindung den folgenschweren Schritt zum Antisemitismus vollzogen haben will. In seinem Bekenntnisbuch »Mein Kampf« gibt er eine Beschreibung davon, wie sich diese »Wandlung« angeblich vollzogen hat. »Es ist für mich heute schwer, wenn nicht unmöglich zu sagen, wann mir zum ersten Male das Wort ›Jude‹ Anlaß zu besonderen Gedanken gab. Im väterlichen Hause erinnere ich mich überhaupt nicht, zu Lebzeiten des Vaters das Wort auch nur gehört zu haben. Ich glaube, der alte Herr würde schon in der besonderen Betonung dieser Bezeichnung eine kulturelle Rückständigkeit erblickt haben. Er war im Laufe seines Lebens zu mehr oder minder weltbürgerlichen Anschauungen gelangt, die sich bei schroffster nationaler Gesinnung nicht nur erhalten hatten, sondern auch auf mich abfärbten. Auch in der Schule fand ich keine Veranlassung, die bei mir zu einer Veränderung dieses übernommenen Bildes hätte führen können...

Erst in meinem vierzehnten bis fünfzehnten Jahre stieß ich öfters auf das Wort Jude, zum Teil im Zusammenhang mit politischen Gesprächen. Ich empfand dagegen eine leichte Abneigung und konnte mich eines unangenehmen Gefühls nicht erwehren, das mich immer beschlich, wenn konfessionelle Stänkereien vor mir ausgetragen wurden.

Als etwas anderes sah ich aber damals die Frage nicht an... Vom Vorhandensein einer planmäßigen Judengegnerschaft ahnte ich überhaupt noch nichts. So kam ich nach Wien.«

Doch Hitlers Vater war nicht »Weltbürger«, sondern Anhänger des alldeutschen Georg Ritter von Schönerer und damit überzeugter Antisemit. Außerdem, so erinnert sich Hitlers Jugendfreund Kubizek, gab es an der Linzer Realschule »ausgesprochen antisemitisch eingestellte Lehrer, die auch vor den Schülern ihren Judenhaß offen bekannten«. Als er den Realschüler Hitler (1904) kennenlernte, sei dieser betont »antisemitisch eingestellt« gewesen. Von den damals zahlreich verbreiteten alldeutschen und antisemitischen Schriften hat Hitler nach glaubwürdigen Zeugen während seiner Linzer Zeit mit Sicherheit die »Linzer Fliegenden Blätter« regelmäßig und aufmerksam gelesen. Hitler, der diese Tatsachen in »Mein Kampf« verschweigt, ist somit schon als Antisemit nach Wien gekommen und brauchte es hier nicht erst zu werden.

Seine »Wandlung zum Antisemiten« in Wien, in Wirklichkeit eine Vertiefung seiner im Ansatz bereits vorhandenen Vorurteile, schildert Hitler als einen längeren Prozeß, wobei offenbleiben muß, welche Einsichten er bereits in Wien und welche er erst später gewonnen hat und und dann in seine Wiener Zeit vorverlagerte, um seinen Antisemitismus effektiver begründen zu können.

Zunächst will Hitler mit nicht geringer Bewunderung die große Wiener Presse gelesen haben. Bald freilich mißfiel ihm »die unwürdige Form, in der diese Presse den (Wiener) Hof umbuhlte«, und ihr »erbärmliches Französisch«, womit sie die deutsche Nation beleidigte. Statt dessen griff Hitler nun vermehrt zum »Deutschen Volksblatt«, mit dessen »scharfen antisemitischen Tönen« er zunächst nicht einverstanden gewesen sein will. »... allein ich las auch hier hin und wieder Begründungen, die mir einiges Nachdenken verursachten.«

Vor allem lernte er nun Dr. Karl Lueger – »den gewaltigsten deutschen Bürgermeister aller Zeiten« – und dessen zuvor als »reaktionär« abgelehnte antisemitische christlichsoziale Partei kennen und schätzen.

»Wenn dadurch auch langsam meine Ansichten in bezug auf den Antisemitismus dem Wechsel der Zeit unterlagen, dann war dies wohl meine schwerste Wandlung überhaupt.

Sie hat mich die meisten inneren seelischen Kämpfe gekostet, und erst nach monatelangem Ringen zwischen Verstand und Gefühl begann der Sieg sich auf die Seite des Verstandes zu schlagen. Zwei Jahre später war das Gefühl dem Verstande gefolgt, um von nun an dessen treuster Wächter und Warner zu sein.

In der Zeit dieses bitteren Ringens zwischen seelischer Erziehung und kalter Vernunft hatte mir der Anschauungsunterricht der Wiener Straße unschätzbare Dienste geleistet. Es kam die Zeit, da ich nicht mehr wie in den ersten Tagen blind durch die mächtige Stadt wandelte, sondern mit offenem Auge außer den Bauten auch die Menschen besah.

Als ich einmal so durch die innere Stadt strich, stieß ich plötzlich auf eine Erscheinung in langem Kaftan mit schwarzen Locken. Ist dies auch ein Jude? war mein erster Gedanke.

So sahen sie freilich in Linz nicht aus. Ich beobachtete den Mann verstohlen und vorsichtig, allein je länger ich in dieses fremde Gesicht starrte und forschend Zug um Zug prüfte, um so mehr wandelte sich in meinem Gehirn die erste Frage zu einer anderen Frage: Ist dies auch ein Deutscher?

Wie immer in solchen Fällen begann ich nun zu versuchen, mir die Zweifel durch Bücher zu beheben. Ich kaufte mir damals um wenige Heller die ersten antisemitischen Broschüren meines Lebens. Sie gingen nur alle leider von dem Standpunkt aus, daß im Prinzip der Leser wohl schon die Judenfrage bis zu einem gewissen Grade mindestens kenne oder gar begreife. Endlich war die Tonart meistens so, daß mir wieder Zweifel kamen infolge der zum Teil so flachen und außerordentlich unwissenschaftlichen Beweisführung für die Behauptung. Ich wurde dann wieder rückfällig auf Wochen, ja einmal auf Monate hinaus.

Die Sache schien mir so ungeheuerlich, die Bezichtigungen so maßlos zu sein, daß ich gequält von der Furcht, Unrecht zu tun, wieder ängstlich und unsicher wurde.

Freilich daran, daß es sich hier nicht um Deutsche einer besonderen Konfession handelte, sondern um ein Volk für sich, konnte auch ich nicht mehr gut zweifeln; denn seit ich mich mit dieser Frage zu beschäftigen begonnen hatte, auf den Juden erst einmal aufmerksam wurde, erschien mir Wien in einem anderen Lichte als vorher. Wo immer ich ging, sah ich nun Juden, und je mehr ich sah, um so schärfer sonderten sie sich für das Auge von den anderen Menschen ab. Besonders die innere Stadt und die Bezirke nördlich des Donau-Kanals wimmelten von einem Volke, das schon äußerlich eine Ähnlichkeit mit dem deutschen nicht mehr besaß.«

Weitere Begründungen für Hitlers »Wandlung zum Antisemiten« zeigen schon ganz den fanatisch-hyste-

Georg Ritter von Schönerer (1842–1921) war der seinerzeit prominenteste Streiter für das »Alldeutschtum« im Vielvölkerstaat Österreich-Ungarn. Das Sprachrohr des glühenden Nationalisten war die Zeitschrift »Unverfälschte deutsche Worte« (bis 1921), in der er zunehmend auch offen antisemitische Töne anschlug; Hitler bezog sich in »Mein Kampf« ausdrücklich auf von Schönerer, an dem er lediglich auszusetzen hatte, daß der die Arbeiterfrage nicht richtig eingeschätzt habe.

29

rischen Zug des Demagogen der Frühzeit der Nationalsozialistischen Deutschen Arbeiterpartei. Dabei erscheint es allerdings mehr als fraglich, ob Hitler bereits in Wien von einer derart haßerfüllten Judenfeindschaft besessen war. »Überhaupt war die sittliche und sonstige Reinheit dieses Volkes ein Punkt für sich. Daß es sich hier um keine Wasserliebhaber handelte, konnte man ihnen ja schon am Äußeren ansehen, leider sehr oft sogar bei geschlossenem Auge. Mir wurde bei dem Geruche dieser Kaftanträger später manchmal übel. Dazu kamen noch die unsaubere Kleidung und die wenig heldische Erscheinung.

Dies alles konnte schon nicht sehr anziehend wirken; abgestoßen mußte man aber werden, wenn man über die körperliche Unsauberkeit hinaus plötzlich die moralischen Schmutzflecken des auserwählten Volkes entdeckte.

Nichts hatte mich in kurzer Zeit so nachdenklich gestimmt als die langsam aufsteigende Einsicht in die Art der Betätigung der Juden auf gewissen Gebieten. Gab es denn da einen Unrat, eine Schamlosigkeit in irgendeiner Form, vor allem des kulturellen Lebens, an der nicht wenigstens ein Jude beteiligt gewesen wäre? Sowie man nur vorsichtig in eine solche Geschwulst hineinschnitt, fand man, wie die Made im faulenden Leibe, oft ganz geblendet vom plötzlichen Lichte, ein Jüdlein...

War dies alles nur Zufall?

So wurde ich langsam unsicher.

Beschleunigt aber wurde die Entwicklung durch Einblicke, die ich in einer Reihe anderer Vorgänge erhielt. Es war dies die allgemeine Auffassung von Sitte und Moral, wie man sie von einem großen Teil des Judentums ganz offen zur Schau getragen und bestätigt sehen konnte.

Hier bot wieder die Straße einen manchmal wahrhaft bösen Anschauungsunterricht. Das Verhältnis des Judentums zur Prostitution und mehr noch zum Mädchenhandel sel-

ber konnte man in Wien studieren wie wohl in keiner sonstigen westeuropäischen Stadt, französische Hafenorte vielleicht ausgenommen. Wenn man abends so durch die Straßen und Gassen der Leopoldstadt lief, wurde man auf Schritt und Tritt, ob man wollte oder nicht, Zeuge von Vorgängen, die dem Großteil des deutschen Volkes verborgen geblieben waren, bis der Krieg den Kämpfern an der Ostfront Gelegenheit gab, Ähnliches ansehen zu können, besser gesagt, ansehen zu müssen. Als ich zum ersten Male den Juden in solcher Weise als den ebenso eisigkalten wie schamlos geschäftstüchtigen Dirigenten dieses empörenden Lasterbetriebes des Auswurfes der Großstadt erkannte, lief mir ein leises Frösteln über den Rücken. Nun wich ich der Erörterung der Judenfrage nicht mehr aus, nein, nun wollte ich sie. Wie ich aber so in allen Richtungen des kulturellen und künstlerischen Lebens und seinen verschiedenen Äußerungen nach den Juden suchen lernte, stieß ich plötzlich an einer Stelle auf ihn, an der ich ihn am wenigsten vermutet hätte. Indem ich den Juden als Führer der Sozialdemokratie erkannte, begann es mir wie Schuppen von den Augen zu fallen. Ein langer innerer Seelenkampf fand damit seinen Abschluß.«

Für Hitler war nun alles klar: Der Jude als Führer der Sozialdemokratie entfremdete mittels der marxistischen Irrlehre den Arbeiter vom eigenen Volk – für das »völkisch-biologische« Credo eine unverzeihliche Sünde wider die ewigen Gesetze der Natur.

»Alles vermochte ich dabei noch zu begreifen; daß sie (die Arbeiter) mit ihrem Lose unzufrieden waren, das Schicksal verdammten, welches sie oft so herbe schlug; die Unternehmer haßten, die ihnen als herzlose Zwangsvollstrecker dieses Schicksals erschienen; auf die Behörden schimpften, die in ihren Augen kein Gefühl für die Lage besaßen; daß sie gegen Lebensmittelpreise demonstrierten und für ihre Forderungen auf die Straße zogen, alles dies konnte man ohne Rücksicht auf die Vernunft mindestens noch verstehen. Was aber unverständlich bleiben mußte, war der grenzenlose Haß, mit dem sie ihr eigenes Volkstum belegten, die Größe desselben schmähten, seine Geschichte verunreinigten und große Männer in die Gosse zogen.

Dieser Kampf gegen die eigene Art, das eigene Nest, die eigene Heimat,

Wort im Munde umdrehe und von der man nicht wisse, »was man mehr bestaunen sollte: ihre Zungenfertigkeit oder ihre Kunst der Lüge«. Jedenfalls habe es gar keinen Sinn, sie von der »Verderblichkeit ihres marxistischen Irrsinns zu überzeugen«, da sie grundsätzlich unbelehrbar seien.

»Ja, die einstigen Urheber dieser Volkskrankheit (mußten) wahre Teufel gewesen sein; denn nur in dem

Ein Straßenbild aus Wien vor dem Ersten Weltkrieg: Juden im Kaftan, mit Bart und Peies (Schläfenlocken). Hitlers Antisemitismus wurde durch diese Bilder gefördert: äußerlich deutlich sichtbare Zusammengehörigkeit, exotisches Gebaren.

war ebenso sinnlos wie unbegreiflich. Das war unnatürlich.«

Wie schon zuvor hinter der großen Wiener Presse, die er daraufhin nicht mehr bewunderte, sondern verachtete, entdeckte Hitler nun auch hinter der sozialdemokratisch-marxistischen Presse sowie hinter sozialistischer Partei und Gewerkschaft »zum größten Teil ebenfalls Angehörige des ›auserwählten Volkes‹« an führender Stelle. Er lernte ihre »jüdische Dialektik« kennen, die einem das

Gehirne eines Ungeheuers – nicht eines Menschen – konnte dann der Plan zu einer Organisation sinnvolle Gestalt annehmen, deren Tätigkeit als Schlußergebnis zum Zusammenbruch der menschlichen Kultur und damit zur Verödung der Welt führen muß.

In diesem Falle blieb als letzte Rettung noch der Kampf, der Kampf mit allen Waffen, die menschlicher Geist, Verstand und Wille zu erfassen vermögen, ganz gleich, wem das

Schicksal dann seinen Segen in die Waagschale senkt ... So begann ich nun, mich mit den Begründern dieser Lehre vertraut zu machen, um so die Grundlagen der Bewegung zu studieren. Daß ich hier schneller zum Ziele kam, als ich vielleicht erst selber zu denken wagte, hatte ich allein meiner nun gewonnenen, wenn auch damals noch wenig vertieften Kenntnis der Judenfrage zu danken. Sie allein ermöglichte mir den praktischen Vergleich der Wirklichkeit mit dem theoretischen Geflunker der Gründungsapostel der Sozialdemokratie, da sie mich die Sprache des jüdischen Volkes verstehen gelehrt hatte; das redet, um die Gedanken zu verbergen oder mindestens zu verschleiern; und sein wirkliches Ziel ist mithin nicht in den Zeilen zu finden, sondern schlummert wohl verborgen zwischen ihnen.

Es war für mich die Zeit der größten Umwälzung gekommen, die ich im Inneren jemals durchzumachen hatte.

Ich war vom schwächlichen Weltbürger zum fanatischen Antisemiten geworden.«

In Wirklichkeit aber war Hitler niemals ein »schwächlicher Weltbürger«, und ein »fanatischer Antisemit« dieser Extremform dürfte er in Wien ebenfalls noch nicht gewesen sein.

Zunächst sah er im »Juden nur die Konfession«, die er zu tolerieren vorgab. Dann kaufte er sich die »ersten antisemitischen Broschüren«, deren »außerordentlich unwissenschaftliche Beweisführung« er bedauerte, ohne jedoch im folgenden für seine »Wandlung zum Antisemiten« irgendeine eigene wissenschaftliche Begründung anzuführen. Subjektive Eindrücke vom »Anschauungsunterricht der Wiener Straße«, der »Wiener Presse«, des künstlerischen und kulturellen Lebens sowie insbesondere der »Wiener Sozialdemokratie« werden in unzulässiger Weise verallgemeinert, Behauptungen ohne schlüssige Beweise als Wahrheiten ausgegeben. Hitler schreibt zwar, von den »Erfahrungen der Straße angeregt« auch »den Quellen der marxistischen Lehre« nachgespürt zu haben, doch ist über diese angebliche Quellenforschung nichts zu erfahren. Keine realistische Analyse liegt seiner Ansicht zugrunde, daß die Verwirklichung der marxistischen Lehre »zum Zusammenbruch der menschlichen Kultur und damit zur Verödung der Welt führen muß«.

Statt mit effektiver Aufklärung hat sich der Leser mit affektiven Anschuldigungen im Hitlerschen Agitationsstil abzufinden. Übelriechende, wasserscheue »Kaftanträger«, ausgezeichnet durch »körperliche Unsauberkeit« und »moralische Schmutzflecken«, Kulturfabrikanten »geistiger Pestilenz«, »geschäftstüchtige Dirigenten« von »Mädchenhandel« und »Prostitution« ... ja, »wahre Teufel«. Das waren die Juden, die nach Hitlers fixer Idee einer »jüdischen Weltverschwörung« das deutsche Volkstum und letztlich die gesamte Kultur zerstören würden. Während Hitler für die Juden nur Schmähungen findet, zeichnet er von sich selbst in psychologisch geschickter Argumentation ein positives Bild. Nicht voreilig, sondern erst nach einem zweijährigen Ringen zwischen »seelischer Erziehung und kalter Vernunft«, nach quälender Furcht, den Juden vielleicht »unrecht zu tun«, in seiner »schwersten Wandlung überhaupt«, habe er sich endgültig zum Antisemitismus durchgerungen, dann aber auch die einzig mögliche Konsequenz erkannt: den »Kampf mit allen Waffen«.

Zum Schluß des Kapitels »Wiener Lehr- und Leidensjahre«, das mit Hitlers »Wandlung zum Antisemiten« endet, steigert sich Hitler in extremste und pathetischste Anklagen gegen das Judentum, ohne jedoch auch hier über die Dürftigkeit seiner Beweisführung hinwegtäuschen zu können.

Es folgen apodiktische, ihm in sei-

Im Vernichtungslager Auschwitz erfolgten 1942 die ersten Vergasungsversuche im Zuge der »Endlösung der Judenfrage«. Auschwitz wurde zum furchtbaren Symbol der nationalsozialistischen Judenverfolgung. Mit der von Hitler befohlenen Ermordung sämtlicher Juden im Bereich der nationalsozialistischen Herrschaft, mit dem größten Massenmord der Geschichte, wird der deutsche Name auf ewig verbunden bleiben.

ner wirklichkeitsverengenden Betrachtungsweise zur Gewißheit gewordene Fehlurteile über Marxismus und Judentum, die apokalyptische Vision des kulturellen Weltuntergangs und Hitlers göttliche Mission, die Menschheit noch einmal zu retten. »Die jüdische Lehre des Marxismus lehnt das aristokratische Prinzip der Natur ab und setzt an Stelle des ewigen Vorrechtes der Kraft und Stärke die Masse der Zahl und ihr totes Gewicht. Sie leugnet so im Menschen den Wert der Person, bestreitet die Bedeutung von Volkstum und Rasse und entzieht der Menschheit damit die Voraussetzung ihres Bestehens und ihrer Kultur. Sie würde als Grundlage des Universums zum Ende jeder gedanklich für Menschen faßlichen Ordnung führen. Und so wie in diesem größten erkennbaren Organismus nur Chaos das Ergebnis der Anwendung eines solchen Gesetzes sein könnte, so auf der Erde für die Bewohner dieses Sternes nur ihr eigener Untergang.

Siegt der Jude mit Hilfe seines marxistischen Glaubensbekenntnisses über die Völker dieser Welt, dann wird seine Krone der Totentanz der Menschheit sein, dann wird dieser Planet wieder wie einst vor Jahrmillionen menschenleer durch den Äther ziehen. Die ewige Natur rächt unerbittlich die Übertretung ihrer Gebote.

So glaube ich heute im Sinne des allmächtigen Schöpfers zu handeln: Indem ich mich des Juden erwehre, kämpfe ich für das Werk des Herrn.«

34

»Nach der Entkleidung gingen die Juden in die Gaskammer, die, mit Brausen und Wasserleitungsrohren versehen, völlig den Eindruck eines Baderaumes machte. Zuerst kamen Frauen und Kinder hinein, hernach die Männer.«

Rudolf Höß, Kommandant von Auschwitz

Der Redner

»Eines hat Herr Hitler los, das muß man ihm lassen,
er ist der gerissenste Hetzer, der derzeit in
München sein Unwesen treibt«, bekannte selbst das Organ der
SPD, die »Münchener Post«, vom 14. August 1920.
Unscheinbar, unbekannt und mittellos, doch mit einer
unvergleichlichen Rednergabe ausgestattet, startete Hitler in
München nach dem verlorenen Weltkrieg seine
politische Karriere. Allein mit seiner Stimme und Gestik gelang
es ihm, Millionen Deutsche zu faszinieren.
Wohin diese Demagogie, die sich nicht scheute, das
eigene Volk und die Welt zu belügen, führte, zeigt das Ende des
Dritten Reiches: Elend, Trümmer und Millionen Tote.

it Hitlers Eintritt in die DAP kam sogleich Schwung in die bisher dahindämmernde kleine Partei. Umgehend drängte er darauf, die Anonymität zu durchbrechen und sich an eine größere Öffentlichkeit zu wenden. Zunächst jedoch waren die Versammlungen nur mäßig besucht. Die Zahlen steigerten sich von 11 auf 13 und schließlich auf 34 Zuhörer. Dann setzte Hitler alles auf eine Karte. Er überredete die zögernden Parteifreunde, das ohnehin sehr geringe Parteivermögen in eine Zeitungsanzeige zu investieren. Die erste größere Veranstaltung sollte stattfinden.

Am 16. Oktober 1919 – es waren 111 Personen erschienen – sprach Hitler im Münchner Hofbräuhaus-Saal erstmals vor einem breiteren Publikum. Das Resultat war für ihn und die Partei ein ganzer Erfolg. Hitler konnte mit Genugtuung feststellen, daß sich das, was im kleineren Kreis wirkte, hier bestätigte: »Ich konnte reden.« Von diesen Reden waren die Zuhörer so begeistert, daß sie insgesamt 300 Mark spendeten. Für eine Partei, in deren Kasse sich durchschnittlich nicht viel mehr als 5 Mark befanden, war dies eine außerordentliche finanzielle Stärkung. Nun konnten Plakate und Flugblätter gedruckt und die zweite, noch größere Veranstaltung im Eberbräukeller abgehalten werden. Über 130 Personen waren gekommen. Unter ihnen befanden sich auch einige Gegner, die, als sie Hitlers Rede durch Zwischenrufe stören wollten, mit »zerbeulten Köpfen« aus dem Saal geworfen wur-

den. Die dritte Großveranstaltung, zu der sich über 170 Teilnehmer einfanden, veranlaßte Hitler, nach einem noch größeren Versammlungsraum zu suchen. Gegen schwere Bedenken zahlreicher Parteifreunde fand die vierte große Veranstaltung im Gasthaus »Zum deutschen Reich« statt. Der Rückschlag – es kamen nur knapp 150 Personen – stärkte sofort die Hitler-Gegner innerhalb der DAP, die ihre Position durch den dynamischen Massenredner gefährdet sahen. Doch Hitler beharrte unbeirrt auf seinem Kurs, die Partei »um jeden Preis bekanntzumachen«. Und schon die nächste Veranstaltung gab ihm recht: Über 200 Besucher erschienen.

Hitler kümmerte sich nun auch um bessere organisatorische Voraussetzungen der Parteiarbeit. Im Nebensaal des Sternecker-Bräu wurde das erste Parteibüro gemietet, elektrisches Licht gelegt, ein Tisch, Stühle, ein Regal und ein Telefon wurden angeschafft. Ein hauptamtlicher Funktionär, der seine eigene Schreibmaschine mitbrachte, wurde angestellt.

Als nächstes machten sich Hitler und Drexler über ein Parteiprogramm Gedanken. Nach intensiven Diskussionen verständigte man sich auf 24 Punkte, in denen jedermann, bis auf die Juden, Vorteilhaftes finden konnte. Das nationale Bürgertum und die Arbeiter ebenso wie die Bauern und der Mittelstand. Über allem aber stand das Wohl des gesamten deutschen Volkes, das wieder in den

Kreis geachteter und gleichberechtigter Nationen zurückgeführt werden sollte.

War man sich über den Inhalt dieser 24 Punkte innerhalb der DAP schon nicht einig, so stieß Hitlers Absicht, sie in einer nach bisherigen Maßstäben überdimensionierten Mammutversammlung öffentlich zu verkünden, auf energischen Widerspruch. Selbst Anton Drexler glaubte zunächst, daß dieses »Wahnsinnsunternehmen« scheitern müsse, ließ sich dann aber – und mit ihm die Mehrheit der Partei – von Hitlers Begeisterung mitreißen, das Risiko zu wagen.

Blutrote Plakate und Flugblätter – die Farbe Rot wurde von Hitler bewußt gewählt, um die »Linke« zu reizen und ihre Anhänger in die Versammlung zu locken – machten das Münchner Publikum auf die »erste große Volksversammlung« aufmerksam, auf der von Hitler am 24. Februar 1920 im Festsaal des Hofbräuhauses die 24 Punkte verkündet wurden.

Zur großen Freude und Überraschung der Veranstalter war der Saal nicht, wie auch Hitler zuweilen befürchtet hatte, »gähnend leer«, sondern mit nahezu 2000 Zuhörern überfüllt. Und auch die »Linken« waren in großer Zahl erschienen. Zwischenrufe blieben nicht aus. Es kam zu Tumulten, Schlägereien; Maßkrüge flogen durch die Luft. Doch Hitlers Kriegskameraden sorgten energisch für Ruhe und Ordnung. Der bayerische Sozialdemokrat Wilhelm Hoegner bestätigte, daß die zur

Störung der Versammlung eingeschleusten Arbeiter »jämmerlich zusammengeschlagen« das Feld räumen mußten. So konnte Hitler nahezu ungestört, nur vom Jubel der Zuhörer unterbrochen, das Programm der Partei Punkt für Punkt verkünden. Hitler selbst konnte, als der Saal sich leerte, befriedigt feststellen: »So nahm die Bewegung ihren Lauf.«

Kurz danach wurde diese Bewegung umbenannt. Aus der DAP, der Deutschen Arbeiter-Partei, wurde die NSDAP, die Nationalsozialistische Deutsche Arbeiterpartei.

Hatte die Presse bislang von Hitler kaum Notiz genommen, so begann sich dies nun langsam zu ändern. Seine Aktivitäten – Hitler wurde am 31. März 1920 aus der Reichswehr entlassen und konnte sich nun voll und ganz der Parteiarbeit widmen – blieben bei Freund und Feind nicht ohne Resonanz. »Die ›Gaudi‹, die in letzter Zeit mit Versammlungen der Nationalsozialistischen Arbeiter Partei verbunden ist, übt ihre Zugkraft aus«, schrieb die sozialdemokratische »Münchner Post« vom 14. August 1920. Einen gewissen Respekt konnte sie dem Gegner nicht versagen: »Eines hat Hitler los, das muß man ihm lassen, er ist der gerissenste Hetzer, der derzeit in München sein Unwesen treibt.« Mit sichtlicher Genugtuung konnte das Münchner Wehrkreiskommando, das die Partei von Anfang an unterstützte, am 7. Dezember 1920 feststellen: »Hervorzuheben ist auch die rege Versammlungstätigkeit der Nationalsozialisti-

schen Arbeiterpartei, die in durchaus vaterländischem Sinne erfolgreich wirkt.«

Am 3. Februar 1921 wurde die erste nationalsozialistische Massenversammlung im Münchner Circus Krone abgehalten. Über 6000 Zuhörer waren gekommen und ließen sich von Hitler berauschen. Eine zweite und dritte Versammlung in kurzen Abständen folgten. Hitler konnte zufrieden sein. »Nach dieser Einleitung des Jahres 1921 steigerte ich die Versammlungstätigkeit in München noch mehr. Ich ging nun dazu über, nicht nur jede Woche eine, sondern manche Wochen zwei Massenversammlungen abzuhalten, ja, im Hochsommer und im Spätherbst wurden es manchmal drei. Wir versammelten uns nun immer im Zirkus und konnten zu unserer Genugtuung feststellen, daß alle unsere Abende den gleichen Erfolg brachten. Das Ergebnis war eine immer steigende Anhängerzahl der Bewegung und eine große Zunahme der Bewegung.«

Kein Zweifel, Hitler war nicht nur der Starredner, sondern auch der eigentliche Macher der NSDAP. Angesichts dieser Entwicklung hatte Anton Drexler Hitler zwar schon des öfteren das Amt des Parteivorsitzenden angetragen, doch nur unter der Bedingung, selbst nicht »im Hintergrund zu verschwinden«. Für Hitler hingegen war ebenso klar, daß er den Vorsitz der Partei nur als alleiniger Anführer mit allen Vollmachten übernehmen würde.

Als Hitler im Frühsommer 1921 nach Berlin gereist war, ließ er, über die parteiinternen Vorgänge stets zuverlässig informiert, die in München zerstrittenen Parteigenossen bewußt sechs Wochen auf seine Rückkehr warten. Und was Hitler mit dieser längeren Abwesenheit bezweckte, trat ein. Seine Gegner in den eigenen Reihen formierten sich. Die Mehrheit der nationalsozialistischen Vorstands- und Ausschußmitglieder, die sich von Hitler an die Wand gedrängt fühlten, darunter auch der Parteivor-

sitzende Anton Drexler, wollten Hitlers Aktivitäten erheblich einschränken.

Wie zwölf Jahre später von Papen und die konservative Rechte irrtümlich glaubten, Hitler für ihre Zwecke einspannen zu können, so irrten sich auch Drexler und die übrigen Hitlergegner 1921 in München. Hitler nämlich dachte gar nicht daran, sich von irgend jemandem zügeln oder bändigen zu lassen. Überzeugt von seiner Bedeutung für die NSDAP, erklärte er, aus Berlin zurückgekehrt, am 11. Juni kurzentschlossen seinen Austritt aus der Partei. Drei Tage später, nachdem die schockierte Anti-Hitler-Front zu verstehen gegeben hatte, sich mit ihm einigen zu wollen, formulierte Hitler seine Bedingungen, »von deren strikter Erfüllung er seinen Wiedereintritt in die Bewegung abhängig« mache. Eine umgehend einzuberufende Mitgliederversammlung habe ihm den »Posten des ersten Vorsitzenden mit diktatorischen Vollmachten« zu übertragen.

Hitlers Offensivtaktik führte zum vollen Erfolg. Am 29. Juli 1921 wurde er, wie er ultimativ gefordert hatte, zum ersten Vorsitzenden gewählt und seinem Wunsch nach diktatorischen Vollmachten uneingeschränkt entsprochen. Mit dem »Unsinn«, wie Hitler sich ausdrückte, einer »demokratischen Willensbildung« innerhalb der Partei war es ein für allemal vorbei. Hitlers organisatorische Grundsätze, die mit dieser »Machtergreifung innerhalb der NSDAP« für die Partei verbindlich wurden, gipfelten in einer umfassenden Autorität von oben nach unten, im absoluten Gehorsam und in blinder Disziplin. Seinem Willen hatten sich alle Parteigenossen zu fügen. Auch in bezug auf andere Organisationen mit ähnlicher oder gleicher Zielsetzung akzeptierte Hitler nie den Kompromiß, sondern nur die völlige Unterwerfung. Nichts scheute Hitler mehr als innere Schwäche. Stets wurde die innere Festigkeit der Partei der äußeren Ausdehnung vorgezogen. Nur

Zwei SA-Männer aus der »ersten Kampfzeit«, als sich die Mitglieder nur an der Hakenkreuzbinde überm Räuberzivil erkannten. Im Gründungsaufruf vom August 1921 heißt es: »Die NSDAP hat im Rahmen ihrer Organisation eine eigene Turn- und Sportabteilung gebildet. Sie soll unsere jungen Parteimitglieder besonders zusammenschließen, um als eiserne Organisation ihre Kraft der Gesamtbewegung als Sturmbock zur Verfügung zu stellen. Sie soll Trägerin des Wehrgedankens eines freien Volkes sein.«

wenn die »Autorität der Zentrale« als gesichert galt, durften neue Ortsgruppen gegründet werden. »Führer befiel, wir folgen« – auf diese spätere NS-Parole lief Hitlers Selbstverständnis schon damals hinaus.

Nach diesem Grundsatz hatte auch Hitlers Saalschutz zu parieren. »Es war gleich zu Beginn an wichtig, in unseren Versammlungen blinde Disziplin einzuführen und die Autorität der Versammlungsleitung unbedingt sicherzustellen.« Im August 1921 wurde aus diesem Saalschutz die »Turn- und Sportabteilung« gebildet, die wenig später die Bezeichnung »Sturmabteilung (SA)« erhielt.

Mit diesen jungen SA-Männern, angetreten nach Hitlers Devise, daß »Terror nur durch Terror zu brechen« sei, kam ein neues Element in die Politik der NSDAP. Mit von Hitler selbst entworfenen Hakenkreuzfahnen und Standarten marschierten sie in Kolonnen durch die Straßen der Städte, fuhren sie in offenen Lastwagen über Land. Militärisch organisiert, demonstrierten sie Einheit, Geschlossenheit und Stärke. Mit politischen Gegnern verfuhr man auf beiden Seiten nicht zimperlich. Für ihre »gute Sache« und mit jugendlichem Elan prügelten sich Rechte wie Linke mit gleicher Härte und Skrupellosigkeit.

Jetzt als alleiniger Parteiführer der kleinen NSDAP, begleitet vom Tatendurst schlagkräftiger SA-Männer, verfolgte Hitler das Ziel, »an die Massen heranzukommen«, um so konsequenter. Tagespolitische Ereignisse aufgreifend, beschwor Hitler in zahllosen Reden immer wieder die gleichen Themen: Die Schuld der »Novemberverbrecher am Verrat von 1918«, die »Dolchstoßlegende«, die »bolschewistische Gefahr«, den »parlamentarischen Wahnsinn«, die »Schmach von Versailles« und die »Wurzel allen Übels: die Juden«.

Doch nicht so sehr dem Was, dem Inhalt, sondern dem Wie hatte Hitler in erster Linie seine rednerischen Erfolge zu verdanken. Propaganda, so sagte Hitler, habe sich »ewig nur an die Masse zu richten«. Sie habe nicht an den »Verstand«, sondern an das »Gefühl« zu appellieren. Sie habe nicht »objektiv«, sondern »subjektiv« zu sein. Die eigene Argumentation sei absolut zu bejahen, diejenige des Gegners absolut zu verneinen. Die Masse sei »feminin«, lehne alles Schwache ab und sei empfänglich für alles Starke. Ihre »Aufnahmefähigkeit« sei gering, und daher habe sich Propaganda auf »nur sehr wenige Punkte« zu beschränken, die pausenlos wiederholt und der Masse regelrecht eingehämmert werden müßten. Mit diesem Propagandakonzept und seiner unermüdlichen Redetätigkeit hatte Hitler um so mehr Erfolg, je ungünstiger sich die politische Lage der Republik entwickelte.

Innen- und außenpolitisch nie recht zur Ruhe gekommen, trieb der Staat von Weimar im Jahre 1923 einer schweren Krise entgegen. Die Nichterfüllung von Reparationsleistungen – Deutschland war mit der Lieferung von Telegrafenstangen im Rückstand – nahm Frankreich zum Anlaß, am 11. Januar Truppen ins Ruhrgebiet einrücken zu lassen. Das Herz der deutschen Schwerindustrie sollte als Faustpfand genommen werden. Ganz Deutschland war aufs tiefste empört. Der machtlosen Regierung in Berlin blieb nichts anderes übrig, als den passiven Widerstand zu verkünden – mit katastrophalen wirtschaftlichen Folgen. Die schleichende Inflation, die schon bei Kriegsende begonnen hatte, begann zu galoppieren. Die Not der Bevölkerung wuchs buchstäblich von Tag zu Tag. Arbeitslosigkeit und Kurzarbeit nahmen ständig zu. Der Verfall des Geldes beschleunigte sich dermaßen, daß die Arbeiter schließlich täglich entlohnt werden mußten. Die Reichsregierung in Berlin sah dieser Entwicklung scheinbar tatenlos zu. Kein Wunder, daß die radikalen Parteien, die linken wie die rechten und natürlich auch Hitlers NSDAP, beträchtlichen Zulauf erhielten.

Die erste Massenversammlung im Circus Krone, 3. Februar 1921, wurde zu einem Riesenerfolg für die NSDAP. Hitler berichtet darüber: »Schon nach der ersten Stunde begann der Beifall in immer größeren spontanen Ausbrüchen mich zu unterbrechen, um nach zwei Stunden wieder abzuebben und in jene weihevolle Stille überzugehen, die ich später in diesem Raume so oft und oft erlebt habe und die jedem einzelnen wohl unvergeßlich bleiben wird.«

41

»Mögen Sie uns tausendmal schuldig sprechen«, verkündete Hitler pathetisch vor dem Volksgericht in München 1923, »die Göttin des ewigen Gerichts der Geschichte wird lächelnd den Antrag des Staatsanwaltes und das Urteil des Gerichtes zerreißen, denn sie spricht uns frei!«

Die Angeklagten des Hitler-Putsches vor dem bayerischen Volksgericht. Von links nach rechts: NSDAP-Mitglied Adolf Wagner; Dr. Friedrich Weber, Führer des Freikorps »Oberland«; Wilhelm Frick, Leiter der politischen Polizei; Oberstleutnant Wilhelm Kriebel, Führer des »Deutschen Kampfbundes«; General Ludendorff; Adolf Hitler; Oberleutnant Wilhelm Brückner, Kommandeur der SA-Regiments »München«; Hauptmann Ernst Röhm; Oberleutnant Heinz Pernet.
Der ebenfalls angeklagte Ernst Pöhner, Polizeipräsident von München, fehlt auf diesem Bild.

»Hitler beschäftigt sich täglich viele Stunden lang mit dem Entwurf seines Buches, das in den nächsten Wochen erscheinen soll und seine Autobiographie, Betrachtungen über das Bürgertum, Judentum und Marxismus, deutsche Revolution und Bolschewismus, über die nationalsozialistische Bewegung und die Vorgeschichte des 8. November 1923 enthalten wird.« (Meldung des Direktors der Haftanstalt Landsberg vom 15. September 1924 an das Landgericht München.) Der Titel, mit dem der Eher-Verlag Reklame machte – »Viereinhalb Jahre Kampf gegen Lüge, Dummheit und Feigheit« –, wurde jedoch noch vor Erscheinen des Buches (18. Juli 1925) in »Mein Kampf« umgeändert.

Für Hitlers Agitation konnte es gar kein besseres Meinungsklima geben. Schuld an der elenden Lage seien allein die unfähigen Demokraten in Berlin. Der ganze Weimarer Staat habe zu verschwinden. Was not tue, sei ein Diktator, der mit eiserner Faust regiere und auch bereit sein müsse, »durch Felder von Leichen und Blut vorwärts zu marschieren«.

Zur Katastrophe der Inflation kamen noch kommunistische Umtriebe, durch die sich die Berliner Regierung ebenfalls bedroht sah. An der Ruhr flackerten Unruhen auf, in Hamburg inszenierten die Kommunisten einen Aufstand, in Sachsen und Thüringen rührte sich kommunistischer Widerstand. Überall mußte die Reichswehr eingreifen, um die Ordnung wiederherzustellen.

Wie in Berlin wollte man sich auch in Bayern mit einem kommunistischen Deutschland nicht abfinden. Sollte die Reichsregierung versagen, so müsse eben von Bayern aus nach Berlin marschiert werden, um dem »roten Spuk« ein Ende zu bereiten. Darin waren sich die Machthaber in Bayern einig: der bayerische Staatskommissar von Kahr, der Kommandant der bayerischen Reichswehr, von Lossow, sowie der Chef der bayerischen Landespolizei, Polizeioberst von Seißer. In Hitler sahen sie lediglich den »Trommler«, den man gebrauchen könne, die Massen zu mobilisieren. Mit der Beseitigung der kommunistischen Gefahr durch das erfolgreiche Eingreifen der Reichswehr war dann aber der Grund für einen Putsch gegen Berlin weggefallen, und damit waren auch Hitler und seine NSDAP nicht weiter wichtig.

Hitler hingegen dachte ganz anders. Beflügelt auch von Mussolinis Marsch auf Rom, wollte er seinerseits die Machthaber in Bayern dazu bewegen, doch noch gegen Berlin loszuschlagen. Die unbedeutende Partei, in die Hitler als 55. Mitglied eingetreten war, hatte sich in den vier Jahren seiner Tätigkeit mit über 55 000 Mitgliedern zu einem bemerkenswerten Machtfaktor in Bayern entwickelt. Die Gunst der Stunde wollte Hitler nicht verstreichen lassen. Eine gewagte Strategie der Überrumpelung sollte den Marsch nach Berlin doch noch Wirklichkeit werden lassen.

Mitten in eine »Vaterländische Kundgebung«, die am 8. November 1923 im Bürgerbräukeller abgehalten wurde – Kahr hielt gerade einen Vortrag über den Marxismus –, platzte Hitler mit einigen SA-Männern hinein, feuerte einen Pistolenschuß in die Decke, um sich Gehör zu verschaffen. Alles verstummte. Hitler trat ans Rednerpult: »Die nationale Revolution ist ausgebrochen! Der Saal ist umstellt, niemand verläßt das Lokal!« Dann bat er Kahr und die ebenfalls anwesenden Lossow und Seißer, ihm in einen Nebenraum zu folgen. Vergeblich versuchte Hitler nun, die drei davon zu überzeugen, ihren eigentlichen Putsch gegen Berlin doch noch auszulösen. Vergeblich. Hitler trat erneut vor die Versammlung, wo er zunächst mit Gejohle und mit Pfiffen begrüßt wurde. Eine leidenschaftliche Rede in bewährter Hitler-Manier brachte den Umschwung. Die Regierung der »November-Verbrecher« müsse beseitigt werden, die »Nationale Revolution« habe »den Vormarsch in das Sündenbabel Berlin anzutreten und das deutsche Volk zu retten!«. Am Ende seiner Rede fragte er das nun faszinierte Publikum: »Draußen sind die Herren Kahr, Lossow, Seißer. Kann ich ihnen sagen, daß Sie hinter ihnen stehen werden?« Ein begeistertes »Ja, ja« tönte dem Redner entgegen.

Mittlerweile war auch Mitverschwörer General Ludendorff eingetroffen, dem es gelang, Kahr, Lossow und Seißer im Sinne Hitlers zu beeinflussen. Alle drei versprachen Ludendorff ehrenwörtlich, sich der nationalen Revolution anzuschließen. Gemeinsam trat man nun vor die Versammlung. Jeder hielt eine kurze Rede. Hitlers Schlußworte ernteten nochmals stürmischen Beifall. »Ich will jetzt erfüllen, was ich mir heute vor fünf Jahren als blinder Krüppel im Lazarett gelobte: Nicht zu ruhen und zu rasten, bis die November-Verbrecher zu Boden geworfen sind; bis aus den Trümmern des heutigen jammervollen Deutschlands wiederauferstanden sein wird ein Deutschland der Macht, der Größe, der Freiheit und der Herrlichkeit.«

Doch kaum waren Kahr, Lossow und Seißer der suggestiven Atmosphäre des Bürgerbräukellers entronnen, besannen sie sich eines anderen und stellten sich gegen Hitlers Putsch-Pläne. Hitler, der schon resignieren wollte, da gegen die Reichswehr nichts zu machen sei, wurde jetzt von Ludendorff ermuntert, weiterzukämpfen. Ludendorff vertraute auf seine Autorität als Held des Weltkrieges; ihm werde die Reichswehr schon folgen. Für den nächsten Morgen wurde ein Umzug durch die Stadt angesetzt. Die Zustimmung der Bevölkerung sei gewiß, und wenn er den Zug anführe, würden weder Reichswehr noch Landespolizei schießen. Doch hierin sollte sich Ludendorff täuschen.

Als die Marschkolonne an der Feldherrnhalle angekommen war und ihr der Weg von Landespolizisten versperrt wurde, fielen Schüsse. Vier Polizisten und sechzehn Hitler-Leute wurden getötet. Hitler selbst wurde durch seinen tödlich getroffenen Leibwächter, der Arm in Arm neben ihm ging, zu Boden gerissen. Er renkte sich die linke Schulter aus und wurde umgehend außerhalb Münchens zunächst in Sicherheit gebracht. Der »Marsch auf Berlin« war, noch ehe er begonnen hatte, kläglich zusammengebrochen.

Doch der gescheiterte Putschist Hitler, des Hochverrats angeklagt, machte aus der Niederlage als Redner vor Gericht für sich einen persönlichen Triumph. Schon die einleitende Erklärung, die allein vier Stunden dauerte, kennzeichnete seine Selbstdarstellung: »Ich trage die Verantwortung ganz allein; erkläre aber eines: Verbrecher bin ich deshalb nicht, und als Verbrecher fühle ich mich auch nicht. Ich kann mich nicht schuldig bekennen, aber ich bekenne mich zur Tat. Es gibt keinen Hochverrat gegen die Landesverräter von 1918!« Ungerügt vom Gericht durfte Hitler einerseits gegen die »November-Verbrecher«, gegen die »Knechte des Versailler Diktats« hetzen, andererseits aber auch immer wieder seinen selbstlosen Patriotismus beschwören. Zuhörer und nicht wenige Richter und Anwälte waren gleichermaßen angetan.

Vierundzwanzig Tage dauerte der Prozeß. Vierundzwanzig Tage lang blickte nicht nur Deutschland, sondern auch das Ausland nach München. Erstmals wurde Hitler über die engeren Grenzen Bayerns und Münchens hinaus einer breiteren Öffentlichkeit bekannt. Wie in all seinen Reden zuvor ließ auch Hitlers Schlußwort an Pathos nichts zu wünschen übrig. »Nicht Sie«, wandte er sich an die Richter, »sprechen das Urteil über uns; das Urteil spricht das ewige Gericht der Geschichte. Ihr Urteil ... kenne ich. Aber jenes Gericht wird über uns richten, ... die als Deutsche das Beste gewollt haben für ihr Volk und Vaterland, die kämpfen und sterben wollen. Mögen Sie uns tausendmal schuldig sprechen, die Göttin des ewigen Gerichts der Geschichte wird lächelnd den Antrag des Staatsanwalts und das Urteil des Gerichts zerreißen, denn sie spricht uns frei!«

Für nicht wenige war Hitler über Nacht, war aus dem »Bierkellerprediger« – wie ihn kurz zuvor noch eine Münchner Zeitung genannt hatte – ein großer Patriot, gar ein Nationalheld geworden. Und selbst der Erste Staatsanwalt hob ausdrücklich Hitlers »ehrliches Streben« hervor und sein bleibendes Verdienst, »in einem unterdrückten und entwaffneten Volke den Glauben an die deutsche Sache wiederzuerwecken«. Dementsprechend fiel auch das Urteil aus.

Hitler in der Festungshaft in Landsberg am Lech. Während dieser Zeit ist sich Hitler über die Grundlagen seiner Weltanschauung ebenso klargeworden wie über seine konkreten politischen Ziele und die Rolle seiner Person. »Hitler«, so sein alter Kampfgefährte Hans Frank, »kam mit der selbstbewußten Haltung eines Mannes aus Landsberg zurück, der weiß, was er nun will!«

Hitler erhielt die Mindeststrafe für Hochverrat: fünf Jahre Festungshaft.

Für den rastlosen Agitator war diese Festungshaft, die er nach der Verurteilung am 1. April 1924 in Landsberg anzutreten hatte, letztlich eine glückliche Unterbrechung seiner politischen Tätigkeit. Unter besten Bedingungen, Hitler wurde äußerst bevorzugt behandelt, konnte er sich nun in Ruhe über die weitere Zukunft Gedanken machen. Nicht zuletzt, um sich über sein politisches Selbstverständnis Klarheit zu verschaffen, verfaßte er in Landsberg den ersten Band seines Bekenntnisbuches »Mein Kampf«.

Hier prägte er auch die Begriffe vom »Programmatiker und Politiker«, die es erleichtern, sein praktisches Verhalten verständlicher zu machen. Der Programmatiker, so Hitler, habe »das Ziel einer Bewegung festzulegen«, der »Politiker hingegen seine Erfüllung anzustreben«. Der Programmatiker dürfe sich nur von der sachlichen Richtigkeit, nur von der ewigen Wahrheit leiten lassen; dem Politiker hingegen seien alle Mittel erlaubt, um die Macht zu erkämpfen und zu behaupten. Nur äußerst selten käme es vor, den Programmatiker und den Politiker vereint in einer Person zu finden. Eine solche Vereinigung sei das »seltenste«, was »auf dieser Erde zu finden sei«. Erst sie aber schaffe den wahrhaft »großen Mann«.

Als Hitler am 20. Dezember 1924 vorzeitig aus Landsberg entlassen wurde, verstand er sich sowohl als Programmatiker wie auch als Politiker. Er war sich über die wesentlichen Grundsätze seiner Weltanschauung klar geworden, ebenso wie über den Weg seiner künftigen Politik.

Als Programmatiker die parlamentarische Demokratie nach wie vor zutiefst ablehnend, hatte er in Landsberg nach dem gescheiterten Putsch als Politiker die Konsequenz gezogen, nun auf legalem Wege zur Macht zu gelangen. Hitler, der es zuvor strikt abgelehnt hatte, an demokratischen Wahlen teilzunehmen, erklärte, er wolle jetzt zum Ärger der übrigen Parteien »seine Nase in den Reichstag stecken. Wenn es auch länger dauert, sie zu überstimmen als sie zu erschießen, so wird uns ihre eigene Verfassung schließlich den Erfolg garantieren. Jeder legale Vorgang ist langsam... Früher oder später aber werden wir die Mehrheit haben – und damit Deutschland.«

Zunächst aber galt es, die nach dem Putsch verbotenen NSDAP und SA neu zu gründen und die mittlerweile zerstrittenen Parteigenossen wieder unter seiner straffen Führung zu einigen. Die für den 27. Februar 1925 angesetzte Kundgebung im Bürgerbräukeller mußte wegen des starken Andranges schon zwei Stunden vor Beginn geschlossen werden. In dem mit 4000 Zuhörern überfüllten Saal feierten die aus allen Teilen des Reiches gekommenen Anhänger ihren nun noch selbstbewußter gewordenen Hitler. Wie gewohnt wetterte Hitler zunächst gegen die »November-Verbrecher«, die »Schmach von Versailles«, die Demokraten und Marxisten und gegen die Juden, um dann seinen unbedingten Führungsanspruch anzumelden. »Wenn jemand kommt und mir Bedingungen stellen will, dann sage ich ihm: ›Freundchen, warte erst mal, was für Bedingungen ich dir stelle.‹« Er buhle ja nicht um die große Masse und werde, sollte er keinen Erfolg haben, sein Amt selbstverständlich wieder zur Verfügung stellen. »Bis dahin aber gilt: Ich führe die Bewegung allein, und die Bedingungen stellt mir niemand, solange ich persönlich die Verantwortung trage. Und ich trage die Verantwortung wieder restlos für alles, was in der Bewegung vorfällt.« Leute, die zuvor noch verfeindet waren, fielen sich in die Arme.

»Der Streit muß ein Ende haben, alles zu Hitler«, rief Drexler in die bewegte Menge. Begeistert gefeiert konnte Hitler als »der Führer« den Saal verlassen.

Mit der höchsten Tapferkeitsauszeichnung, dem »Pour le mérite«, im Ersten Weltkrieg ausgezeichnet, stieß der letzte Kommandeur des berühmten »Jagdgeschwaders Richthofen«, Hermann Göring, schon früh zu Adolf Hitler und seiner Nationalsozialistischen Partei. »Meine Maßnahmen«, bekundete Göring als der Motor der Machtergreifung, »werden nicht angekränkelt sein durch irgendeine Bürokratie. Hier habe ich keine Gerechtigkeit zu üben, hier habe ich nur zu vernichten und auszurotten, weiter nichts!«

Die bayerische Regierung aber nahm Hitlers Hetzrede – im Kampf gegen Marxisten und Juden habe man auch über Leichen zu gehen – zum Anlaß für ein Redeverbot, dem sich die meisten Länder des Reiches anschlossen. Hitler, der damit nicht mehr in öffentlichen Versammlungen sprechen durfte, konnte sich nun ganz dem organisatorischen Aufbau der Partei widmen. Entsprechend seiner neuen Taktik, den Staat von innen her auf legalem Wege zu erobern, sollte der Parteiaufbau weitgehend mit dem Staatsaufbau übereinstimmen. Die Parteiorganisation wurde in 34 Gaue eingeteilt, die etwa den Reichstagswahlbezirken entsprachen. Die Gaue wiederum wurden unterteilt in Kreise, und diese in Ortsgruppen, die sich in größeren Städten noch in Zellen und Blocks gliederten. Ebenso wurde auch die Leitung der Parteiorganisation der Gliederung der Staatsführung angepaßt. Es gab eine Auslandsabteilung, Abteilungen für Innenpolitik, Justiz, Landwirtschaft, Wirtschaft, Presse, Gewerkschaften und wehrpolitische Fragen. Darüber hinaus versuchte Hitler nun auch, die Massen des Volkes organisatorisch zu erfassen. So wurde für die Jugend von 14–18 Jahren die Hitlerjugend, die HJ, gegründet. Innerhalb der HJ wurden die Mädchen im BdM, dem Bund deutscher Mädel, zusammengefaßt. Für die Frauen schuf man die NS-Frauenschaft. Dazu kamen ein NS-Kulturbund und besondere Organisationen für Studenten, Lehrer, Juristen, Ärzte und Beamte.

Am wichtigsten aber war von allen diesen Gliederungen die Kampforganisation der NSDAP, die SA. Neben dem Schutz der Massenversammlungen sollte die SA die Nationalsozialistische Bewegung nach außen hin für jedermann sichtbar machen. Die Menschen sollten sich an den Anblick der braunen Kolonnen gewöhnen und die politischen Gegner die eiserne Faust der SA fürchten lernen. Hitlers Redeverbot entpuppte sich so letztlich als Vorteil für die Partei. Unermüdlich konnte er durch die Gaue reisen und in geschlossenen Veranstaltungen einen festen Kern getreuer Anhänger für sich gewinnen.

Zwar hatte sich Hitler nach der Rede vom 27. Februar 1925 als Führer feiern lassen können, doch gab es innerhalb der NSDAP auch Widersprüche. Der für den Aufbau der Partei in Norddeutschland zuständige Gregor Strasser und sein Sekretär, Joseph Goebbels, waren weitaus sozialistischer eingestellt als Hitler und seine süddeutschen Parteigenossen. Als Sozialdemokraten und Kommunisten gemeinsam für eine entschädigungslose Enteignung der damaligen deutschen Fürstenhäuser eintraten, wollten Strasser und Goebbels, daß sich auch die NSDAP diesem Begehren anschlösse. Auf einer am 14. Februar 1926 nach Bamberg einberufenen Konferenz aller Parteiführer machte Hitler den Strasser-Leuten klar, daß er keinerlei Abweichung dulde, und daß er als Führer der Bewegung allein die Politik der Partei zu bestimmen habe. Es gäbe nur die Alternative: Spaltung oder Unterwerfung. Gregor Strasser verließ Bamberg als geschlagener Mann.

Goebbels selbst war über Hitler geradezu entsetzt: »Grauenvoll...! Ich kann kein Wort sagen...! Wohl eine der größten Enttäuschungen meines Lebens.« Doch diese Enttäuschung sollte nicht lange dauern. Hitler, der Goebbels' außerordentliches Propagandatalent erkannt hatte, lud diesen nach München ein, um ihn auch innerlich für sich zu gewinnen. Schon die erste Versammlung verfehlte nicht ihre Wirkung.

»Abends um acht Uhr im Auto zum Bürgerbräu. Hitler ist schon da. Mir klopft das Herz zum Zerspringen... Tobende Begrüßung... Und dann rede ich zweieinhalb Stunden... Man lärmt, man tobt. Am Schluß umarmt mich Hitler. Die Tränen stehen mir in den Augen. Ich bin so etwas wie glücklich.« Wenige Tage später war Goebbels der Suggestion Hitlers für

Der geschickte Demagoge Dr. Goebbels, der von sich selber sagte, er könne auf der Volkspsyche »spielen wie auf einem Klavier«, forderte noch 1926, »daß der kleine Bourgeois Adolf Hitler aus der Nationalsozialistischen Partei ausgeschlossen werde«. Bald danach erkannte er jedoch, daß Hitler der eigentliche »Anführer sei, mit dem man die Welt erobern kann!«.

»Im harten Kampf um das Dasein der Völker und Nationen bleibt Deutschland immer mehr und mehr zurück! Eine vernichtete Wirtschaft, Millionen von Arbeitslosen, ein zerbrochener Mittelstand, von Haus und Hof getriebene Bauern sind Zeugen dieses Verfalls.«

Adolf Hitler, 11. Oktober 1931

immer erlegen. »Er (Hitler) spricht drei Stunden. Glänzend. Könnte einen irre machen... Er hat alles durchdacht. Ich bin bei ihm in allem beruhigt... Ich beuge mich dem Größeren, dem politischen Genie.« Und da sich auch Gregor Strasser fürs erste Hitler unterwarf, konnte die NSDAP ihrer ersten demokratischen Bewährungsprobe, den Reichstagswahlen vom 21. Mai 1928, innerlich gefestigt und geschlossen entgegensehen. Das Resultat dieser Wahl jedoch war für Hitlers NSDAP eine einzige Katastrophe. Nur 2,8 Prozent stimmten für die NSDAP. Nur 810 000 der mehr als 31 Millionen Wahlberechtigten entschieden sich für Adolf Hitler. Mit 12 Abgeordneten im Reichstag spielte seine Partei nicht die geringste politische Rolle.

Warum auch sollte irgend jemand Hitler wählen? Die unruhigen Anfangsjahre der Republik waren vorbei; das demokratische System hatte nicht nur die Inflation gemeistert, es hatte in jenen Jahren von 1924 bis 1928 gar ein wahres Wirtschaftswunder vollbracht. Kein Hunger, kein Elend, keine Arbeitslosigkeit. Statt dessen Vollbeschäftigung und steigende Einkommen. Das System von Weimar hatte die ersten Klippen überwunden. Die Wähler honorierten voll und ganz die Leistungen der demokratischen Parteien. Hitler selbst ließ sich durch diese Wahlniederlage nicht entmutigen. Er hatte eine kleine, straff organisierte, über ganz Deutschland verbreitete Partei mit über 100 000 Mitgliedern, einer schlagkräftigen SA und der Elitetruppe und persönlichen Garde der Schutzstaffeln (SS). Und wenn sich die Verhältnisse zum Schlechteren ändern würden, woran er fest glaubte, dann würde die Stunde seiner Bewährung schon kommen.

Ganz anders dachten die demokratischen Parteien. Für sie schien von Hitler und seiner Partei keinerlei Gefahr mehr zu drohen. Hitlers Redeverbote wurden aufgehoben. Im ganzen Reich konnte er nun wieder in öffentlichen Versammlungen sein Hauptmachtmittel, die rednerische Begabung, einsetzen. Diese rednerische Begabung war es auch, die die konservative Deutschnationale Volkspartei (DNVP) unter ihrem Führer Alfred Hugenberg nutzen wollte, um gegen einen Plan der Regierung zur Regelung der Reparationen (Kriegsentschädigungen an die Siegermächte) zu protestieren. Hugenberg, von weiten Kreisen der Industrie unterstützt, Beherrscher einer Vielzahl von Zeitungen und Verlagen sowie Chef der Filmgesellschaft Ufa, entfachte eine große Kampagne gegen die »Versklavung Deutschlands«, bei der Hitler fleißig mittrommeln durfte. Über Hugenberg gelang ihm ein erster Sprung aus der Isolierung. Vielgelesene Tageszeitungen berichteten nun über seine Propagandatätigkeit und machten ihn in weiten Kreisen des Volkes, die bisher verächtlich auf ihn herabgeblickt hatten, salonfähig. Zwar schätzte auch Hugenberg den nationalsozialistischen »österreichischen Agitator« nicht sonderlich; auf seine Fähigkeit aber, die Massen zu mobilisieren, wollte er nicht verzichten, zumal er keinen Moment daran zweifelte, diesen Mann jederzeit in der Hand zu haben.

Wenn dieses Bündnis mit Hugenberg für Hitler und seine Partei auch ein gewisser Erfolg war, den eigentlichen Durchbruch schaffte Hitler erst im Chaos der Weltwirtschaftskrise, die mit dem »Schwarzen Freitag«, dem Zusammenbruch der New Yorker Börse am 25. Oktober 1929, ihren Anfang nahm. Nicht zuletzt mit amerikanischen Krediten war das Wirtschaftswunder der Weimarer Republik finanziert worden. Jetzt nach dem »Schwarzen Freitag« wurden die Kredite zurückgezogen. Mehr und mehr Unternehmen mußten aufgeben. Die Zahl der Arbeitslosen stieg. Das demokratische System von Weimar stand vor seiner zweiten Bewährungsprobe, die es nicht überleben sollte.

Auf einer Kundgebung 1932 im Berliner Lustgarten reitet Hitler eine wütende Attacke gegen die Regierung. Ein Beobachter schreibt über den Hitler in der Zeit der Schleicher-Strasser-Verhandlungen, da eine Regierungsbeteiligung der NSDAP anstand: »Wenn auch vielleicht zuzeiten die Möglichkeit bestand, daß der geistig überlegenere Teil seines Mitarbeiterkreises ihn dazu bewege, in dem derzeit möglichen Umfange an der Regelung der Dinge in Deutschland teilzunehmen, so muß doch die Fortsetzung der bisherigen Taktik Herrn Hitler viel mehr und besser liegen, und die Möglichkeit, wieder auf das Gebiet der Demagogie in ihrer reinsten Form der bloßen Menschenaufpeitschung zurückkehren zu können, muß für ihn so etwas wie die Befreiung von einem Alpdruck gewesen sein.«

Lange hatte Hitler gezögert, bei den Reichspräsidentschaftswahlen 1932 gegen Paul von Hindenburg als Gegenkandidat anzutreten. Als er sich jedoch entschieden hatte, ergoß sich ätzende Propaganda über den Reichspräsidenten. Als Kandidat der »Sozis und Katholen« mußte es sich der bald 84jährige Generalfeldmarschall des Kaiserreichs gefallen lassen, von den Nazis als Präsidentschaftskandidat der »Dolchstoßler« geschmäht zu werden. Die Anhänger Hindenburgs konterten rührend: Gegen den Herkules Hindenburg tönt der kleine Adolf: »Ich bin noch viel stärker.«

Am 27. März 1930 – die Zahl der Arbeitslosen betrug schon rund 20 Millionen – trat die Regierung in Berlin zurück. Die vorzeitig abgehaltene Reichstagswahl am 14. September des gleichen Jahres verwandelte buchstäblich über Nacht die politische Landschaft in Deutschland. Mit 18,3 Prozent der Stimmen, mit 107 Abgeordneten, zog die NSDAP nun als zweitstärkste Fraktion in den Reichstag ein. Über sechs Millionen Wähler hatten sich für Hitler entschieden. Bei den nächsten Reichstagswahlen am 31. Juli 1932 waren es über 13,7 Millionen. Mit 230 Abgeordneten war Hitlers NSDAP nunmehr die stärkste Partei.

Wie ist dieser beispiellose Erfolg zu erklären? Wie konnte der Führer einer kleinen, unbedeutenden Splitterpartei in knapp zwei Jahren so hoch aufsteigen? Schon immer war Hitler davon überzeugt gewesen, daß das demokratische System einmal versagen werde, daß die Parteienwirtschaft letztlich zum Ruin Deutschlands führen müsse. Als Deutschland damals im Chaos der Weltwirtschaftskrise mit über sechs Millionen Arbeitslosen zu versinken drohte, hatte Hitler die griffigste Propaganda-Parole parat: »Kampf dem System!«

Wer, so fragte er, sei schuld an dieser Misere, an der Not und dem Elend des deutschen Volkes? Schuld seien die Siegermächte des Weltkrieges, der Versailler Schandvertrag, die Reparationen. Schuld sei die Republik der November-Verbrecher, die das tapfer kämpfende Volk 1918 durch Verrat um den Preis des Sieges gebracht hätten. Schuld seien die unfähigen Parteien, die Kriegs- und Inflationsgewinnler. Schuld seien die Marxisten, Sozialdemokraten und die Bolschewisten, die das Volk zum Klassenkampf gegeneinander hetzten. Schuld seien vor allem auch die Juden. Kurz auf einen Nenner gebracht: Schuld sei das System.

Der Ausweg sei allein ein Zusammenschluß aller anständigen Deutschen gegen die bisherigen Parteien, die samt und sonders versagt hätten. Errichtung einer echten Volksgemeinschaft, in der der fleißige Unternehmer ebenso zum Wohle des gesamten Volkes beitragen würde wie der tüchtige Arbeiter. Beseitigung gesellschaftlicher Vorrechte der bisher herrschenden Kreise; Kultur und Bildung für alle. Volle Unterstützung dem »Nähr-Stand«, den Bauern, der Lebensgrundlage jedes gesunden Volkes. Beseitigung der Arbeitslosigkeit durch staatliche Arbeitsbeschaffung. Einrichtung eines Arbeitsdienstes für junge Leute. Die deutschen Tugenden Fleiß, Disziplin, Tüchtigkeit und Selbstachtung seien noch nicht ausgestorben. Die »Arbeiter der Stirn« hätten sich mit »Arbeitern der Faust« zusammenzuschließen. Wenn man nur einig sei, könne man alle Schwierigkeiten meistern. »Kampf dem System! Wählt NSDAP!«

Inhaltlich versprach Hitler allen alles. Ein geschlossenes Programm konnte und wollte er nicht anbieten. Widersprüche störten ihn nicht. Bewußt wandte er sich nicht an den Verstand, sondern an das Gefühl der Massen. In pausenlosen Wahlveranstaltungen hetzte er, zeitweise als erster Wahlkämpfer per Flugzeug, durch ganz Deutschland und redete sich vor Millionen von Zuhörern von Erfolg zu Erfolg. Keine andere Partei hatte ihm etwas Gleichwertiges entgegenzusetzen.

Auf der Rechten war die revolutionäre NSDAP der konservativen DNVP haushoch überlegen. Auf der Linken bekämpften sich die revolutionären Sozialisten der KPD und die demokratischen Sozialisten der SPD. Die politische Mitte, bis auf das katholische Zentrum und die katholische bayerische Volkspartei, schrumpfte zur Bedeutungslosigkeit zusammen.

Während NSDAP und KPD ganz offen bekundeten, das demokratische System von Weimar vernichten zu wollen, wäre allein die SPD in der

Lage gewesen, die Republik vielleicht noch zu retten. Doch die damalige SPD war müde und verbraucht. Ihre Funktionäre waren überaltert und hatten keinen rechten Kontakt mehr zur Basis. In den Millionen Anhängern hatten Sozialdemokraten und Gewerkschaften eine willige Gefolgschaft. Doch fehlten der Führung jeder Schwung und jede Entschlossenheit zum Handeln. Während die Nationalsozialisten die Massen leidenschaftlich aufpeitschten, »quälten« die Redner der SPD ihr geduldiges Publikum mit »Zahlen, Statistiken und Beweisen, bis auch die letzte Begeisterung eingefroren war«. Von »den größten und eindrucksvollsten Aufmärschen«, schrieb der Sozialdemokrat Julius Leber weiter, »kamen oft Tausende zurück in bedrückter Stimmung. Zu jeder Begeisterung waren sie bereit, waren sie marschiert, um dann stehend ein stundenlanges Referat anzuhören, von dem sie wenig verstanden und das in nichts jene innere Bereitschaft, die sie mitgebracht hatten, berührte«.

Schon 1930 hatte sich die SPD aus der direkten Verantwortung zurückgezogen. Gestützt auf das Notverordnungsrecht des Artikels 48 der Weimarer Verfassung, wurde zunächst der Zentrumspolitiker Heinrich Brüning vom Reichspräsidenten von Hindenburg zum Reichskanzler ernannt. Hitlers Versuch, selbst Reichspräsident zu werden, scheiterte. Im entscheidenden Wahlgang am 10. April 1932 konnte er Hindenburg nicht schlagen.

Hindenburg wiederum trennte sich unter dem Einfluß seiner Berater Ende Mai 1932 von Brüning und ernannte den konservativen Franz von Papen zum Reichskanzler. Dieser, nur von den Deutschnationalen unterstützt, glaubte Hitler für eine Regierungsbeteiligung gewinnen zu können. Doch Hitler lehnte entschieden ab. Nach seinem Triumph vom 31. Juli 1932 beanspruchte er als Führer der größten Partei »die gesamte Staatsgewalt in vollem Umfange«. Dies jedoch ging Hindenburg zu weit. »Vor seinem Gewissen und seinen Pflichten dem Vaterland gegenüber«, ließ er öffentlich erklären, könne der Präsident es nicht verantworten, die »gesamte Regierungsgewalt ausschließlich der NS-Bewegung zu übertragen, die diese Gewalt einseitig anzuwenden gewillt sei«. Nachdem Papens Versuch, eine Koalition von DNVP und NSDAP herzustellen, gescheitert war, wurde der Reichstag erneut aufgelöst. Bei den Reichstagswahlen vom 6. November 1932 mußte Hitler erstmals einen empfindlichen Rückschlag hinnehmen. Seine Partei verlor zwei Millionen Stimmen; ihr Anteil sank von 37,3 auf 33,1 Prozent, die Zahl der Mandate von 230 auf 196. Allein auf Reichsebene war dies die vierte Wahl in diesem Jahr. Die Finanzlage der NSDAP war katastrophal. Schon vor der Wahl hatte Goebbels gestöhnt: »Der Geldmangel ist zu einer chronischen Krankheit geworden. Es fehlen die primitivsten Voraussetzungen, um den Wahlkampf sachgemäß durchzuführen.«

Jetzt, nach dieser Niederlage vom 6. November, war der Glaube an die Unbesiegbarkeit der nationalsozialistischen Bewegung erschüttert. Von Papen meinte nun, diese angeschlagene NSDAP doch noch für ein Bündnis gewinnen zu können. Hitler aber blieb bei seinem Kurs: Alles oder nichts. Angesichts dieser Situation glaubte nun der starke Mann der Reichswehr, General von Schleicher – er hatte von Papen als Reichskanzler abgelöst –, einen Ausweg aus der mißlichen Lage gefunden zu haben. Wenn schon nicht die ganze NSDAP zu haben sei, so könnte man doch versuchen, die Partei zu spalten, um wenigstens ihren linken Flügel unter Strasser für sich zu gewinnen. Gestützt auf linke Nationalsozialisten und eine Gewerkschaftsfront quer durch alle Parteien, ergäbe sich vielleicht die Möglichkeit, eine »Koalition der Vernunft« gegen Hitler zustande zu bringen.

Den »Frontsoldaten« Hitler stellt das Wahlplakat der NSDAP heraus. Die Kandidatur gegen den Kriegshelden Hindenburg kostete Hitler einige Rechtfertigungsmühe. In einer Rede am 27. Februar 1932 sagte er: »Wir haben einst dem Generalfeldmarschall gehorsam, wie dem obersten Kriegsherrn, gedient und haben ihn verehrt und wollen, daß sein Name dem deutschen Volk als Führer des großen Ringens erhalten bleibt. Weil wir aber das wünschen und weil wir das wollen, sehen wir heute die Pflicht, dem alten Generalfeldmarschall zuzurufen: Alter Mann, du bist uns zu verehrungswürdig, als daß wir es dulden könnten, daß hinter dich sich die stellen, die wir vernichten wollen. So leid es uns daher tut, du mußt zur Seite treten, denn sie wollen den Kampf, und wir wollen ihn auch.«

51

Hitler am 30. Januar 1933, kurz nach seiner Ernennung zum Reichskanzler, im Kreise seiner Mitarbeiter, die binnen kurzem an den Regierungsmitgliedern des »Kabinetts der nationalen Einigung« vorbei zu den wahren Machthabern des Dritten Reiches aufsteigen sollten. Von links: Kube, Frick (sitzend), Kerrl, Goebbels, Hitler, Röhm, Göring, Darré, Himmler und Heß.

Als Hitler von Strassers Bereitschaft erfuhr, mit Schleicher zu verhandeln, reagierte er mit Wut und Empörung. »Wir sind alle sehr deprimiert«, notierte Goebbels in seinem Tagebuch, »vor allem im Hinblick darauf, daß nun die Gefahr besteht, daß die ganze Partei auseinanderfällt und alle unsere Arbeit umsonst getan ist ... Verrat! Verrat! Verrat! ... Der Führer geht stundenlang mit langen Schritten im Hotelzimmer auf und ab ... einmal bleibt er stehen und sagt nur: ›Wenn die Partei einmal zerfällt, dann mache ich in drei Minuten mit der Pistole Schluß!‹ «

Doch Strasser war nicht der Mann, der sich Hitler zu widersetzen vermochte. Resigniert und zermürbt, trat er von allen Parteiämtern zurück. Ebensowenig wie die linken Nationalsozialisten konnte Schleicher die sozialdemokratischen Gewerkschaftler oder sonst jemanden für sich gewinnen. Seine »Koalition der Vernunft« scheiterte an der Unvernunft aller demokratischen Kräfte der Weimarer Republik, die nationalsozialistische Gefahr beizeiten zu er-

kennen. Ohne Aussicht, eine parlamentarische Mehrheit herbeiführen zu können, machte Schleicher Hindenburg nun den Vorschlag, gestützt auf die Reichswehr, diktatorisch zu regieren. Hindenburg lehnte ab. Zum einen wollte er seinen der Verfassung geschworenen Eid nicht brechen, zum anderen konnte er einen möglichen Bürgerkrieg zwischen Reichswehr und SA sowie den Kampfverbänden der Sozialdemokraten und der Kommunisten mit seinem Gewissen nicht vereinbaren.

Außerdem war sein Vertrauter von Papen mittlerweile nicht untätig geblieben. Am 4. Januar 1933 war er mit Hitler zusammengetroffen, um abermals einer Koalition von Deutschnationalen und Nationalsozialisten das Wort zu reden. Er, Franz von Papen, sei zwar bereit, sich mit Hitler die Macht zu teilen, doch müßten erst noch die Bedenken des Reichspräsidenten überwunden werden. Hitler jedoch hielt nichts von einer Teilung der Macht. Über die Zusammensetzung des neuen Kabinetts ließ er gern mit sich reden, nicht aber über die

Kanzlerschaft. Diese müßte allein ihm übertragen werden. Da Hitler Hindenburg jedoch nicht direkt überzeugen konnte, kamen er und von Papen überein, die engsten Vertrauten des greisen Präsidenten, seinen Staatssekretär Meißner und Hindenburgs Sohn Oskar, für ihre Pläne zu gewinnen. Seien sie einmal mit einer Kanzlerschaft Hitlers einverstanden, so könne sich der Reichspräsident dem kaum noch widersetzen. Unter größter Geheimhaltung fand diese entscheidende Begegnung zwischen Oskar von Hindenburg, Meißner, von Papen und Hitler am 20. Januar 1933 in der Berliner Wohnung des späteren Reichsaußenministers Joachim von Ribbentrop statt.

Mitten im Gespräch machte Hitler dem Sohn des Reichspräsidenten plötzlich den Vorschlag, man sollte sich doch im Nebenzimmer unter vier Augen unterhalten. Was dort im einzelnen besprochen wurde, ist nicht bekannt. Der Darstellung Hindenburgs zufolge habe in erster Linie Hitler das Gespräch geführt. Nur er könne ein starker Reichskanzler sein, da andere Regierungen ohne die Unterstützung der größten Partei handlungsunfähig seien. Nur er sei in der Lage, Deutschland vor dem Kommunismus zu retten.

Als Meißner und Hindenburg das Haus von Ribbentrop verließen, glaubte Meißner, daß es Hitler gelungen war, den Sohn des Reichspräsidenten entscheidend zu beeinflussen. »Ich fürchte«, soll Hindenburg zu Meißner gesagt haben, »wir werden um diesen Hitler nicht herumkommen.«

Aber auch Meißner war während der Besprechung Hitlers und Hindenburgs entsprechend bearbeitet worden. Hitlers alter Kampfgefährte, einstiger SA-Chef und derzeitiger Reichstagspräsident, Hermann Göring, meldete, abgesehen von der Kanzlerschaft Hitlers, eher bescheidene Wünsche an. Keineswegs strebe die NSDAP nach der alleinigen Macht. Sie verlange lediglich zwei

von zwölf Ministerposten und wolle darüber hinaus strikt nach der Verfassung regieren. Im Interesse des Vaterlandes und angesichts der kommunistischen Gefahr sei Hitler zu diesem Zugeständnis bereit.

Von Meißner und seinem Sohn ließ sich Reichspräsident Hindenburg von diesem »gemäßigten Hitler« überzeugen.

Als Schleicher mit seiner »Koalition der Vernunft« gescheitert war und ihm der Reichspräsident keine diktatorischen Vollmachten einräumen wollte, erklärte er am 28. Januar 1933 seinen Rücktritt. Und da von Papen nun bereit war, als Vizekanzler in ein Kabinett Hitler einzutreten, und auch Hugenbergs Deutschnationale bereit waren, mit der NSDAP eine Koalition zu bilden, stand Hitlers Kanzlerschaft nichts mehr im Wege. »Dann habe ich«, meinte ein müder Hindenburg, »die unangenehme Pflicht, diesen Hitler als Kanzler zu berufen.« Hitlers Legalitätstaktik hatte schließlich zum Erfolg geführt. Am 30. Januar 1933 wurde er in Übereinstimmung mit der Weimarer Verfassung vom Reichspräsidenten zum Reichskanzler ernannt.

Doch diese Ernennung war weder eine historische noch eine demokratische Notwendigkeit. In freien Wahlen hatte Hitler trotz sensationeller Erfolge nie die Mehrheit des deutschen Volkes für sich gewinnen können. Die Unfähigkeit der Weimarer Parteien, die Gefährlichkeit Hitlers zu erkennen, war letztlich eigentliche Ursache für das Scheitern der Republik.

Die konservative Rechte und die Berater um Hindenburg glaubten, Hitler an die Kandare nehmen zu können. Er sollte lediglich die Massen bringen, die Politik würden sie selber bestimmen.

Die demokratischen Parteien, allen voran die SPD, glaubten, daß dieser Hitler, der in seinen Wahlreden allen alles versprochen hatte, die harte Wirklichkeit der Politik nicht meistern könne. Unmöglich werde es

Der »historische« Händedruck zwischen Hindenburg und Hitler am Tag von Potsdam. Die ganze Inszenierung an diesem Tag von Potsdam am 21. März 1933 sollte dazu dienen, dem deutschen Volk eine Versöhnung zwischen alter preußisch-nationalchristlicher Tradition und neuem Nationalsozialismus einprägsam vor Augen zu führen. Doch unter dem bewußt irreführenden Schlagwort von der »nationalen Erhebung« ging es den Nationalsozialisten von allem Anfang an stets nur um ihre »nationalsozialistische Revolution«, die in ihrer letzten Konsequenz mit den überkommenen preußischen, nationalen und christlichen Werten auch nicht mehr das geringste zu tun hatte.

53

Als die brachliegenden revolutionären Energien der SA, die sich nach der Machtergreifung noch dazu um ihren Sieg betrogen fühlten, immer stärker zur Aktion drängten und die Gerüchte von einer »zweiten Revolution« nicht verstummen wollten, schlug Hitler, unterstützt von Reichswehrminister von Blomberg und Heinrich Himmler, am 30. Juni 1934 überraschend und blutig zu. Ohne jegliche gesetzliche Grundlage wurden Röhm (rechts im Bild) und über 150 weitere potentielle Gegner des Nationalsozialismus ermordet.

ihm gelingen, die schwere Wirtschaftskrise zu überwinden. Die Massen wären von dem Redner Hitler, der nicht in der Lage sei, tatkräftig zu handeln, alsbald enttäuscht. So gesehen, wäre es taktisch am besten, in der Opposition zu verharren, das notwendige Scheitern Hitlers abzuwarten, um sich dann dem Wähler als Retter aus Not und Elend anzubieten. Und auch die Kommunisten glaubten, daß Hitler sich nicht werde halten können. Das kapitalistische System – mit oder ohne Hitler – sei so oder so zum Zusammenbruch verurteilt. Ihr Sieg sei lediglich eine Frage der Zeit.

Doch sie alle sollten sich gründlich täuschen. Mit Hitlers Dynamik und Radikalität hatte niemand gerechnet.

Schon als erstes nahm Hitler den Reichstagsbrand vom 27. Februar 1933 zum Anlaß, das demokratische System zu unterhöhlen. Mit der Notverordnung zum »Schutz von Volk und Staat« hörte Deutschland auf, ein Rechtsstaat zu sein. Hitler konnte nun praktisch jeden echten und vermeintlichen Gegner verhaften und einsperren lassen. Die Reichstagswahlen vom 5. März 1933 brachten Hitler zwar mit 43,9 Prozent einen beachtlichen Erfolg und der Koalition aus DNVP und NSDAP eine Mehrheit von 51,9 Prozent, mit der Hitler nun hätte parlamentarisch regieren können.

Genau aber das wollte Hitler nicht. Der »Kuhhandel« der politischen Parteien um Koalition und Mehrheiten habe Deutschland in den Ruin der Weltwirtschaftskrise geführt. Es sei nun an der Zeit, für längere Zeit auf einer stabileren Basis konstruktive Politik zu betreiben. Das Parlament selbst sollte ihm über eine Zweidrittelmehrheit auf legale Weise das Recht einräumen, vier Jahre lang ohne Parlament zu regieren. Und bis auf die Sozialdemokraten – die Kommunistische Partei war schon verboten worden – gelang es Hitler tatsächlich, die bürgerlichen Parteien davon zu überzeugen, ihm

am 23. März 1933 dieses »Ermächtigungsgesetz« zu bewilligen. Mit der legalen Verordnung zum »Schutz von Volk und Staat« und dem legalen Ermächtigungsgesetz (»zur Behebung der Not von Volk und Reich«) hatte Hitler, wie in der Landsberger Festungshaft beschlossen, die Weimarer Republik auf legalem Wege vernichtet.

Zwar fand der Sozialdemokrat Otto Wels vor den Abgeordneten mutige Worte, als er die Ablehnung des Ermächtigungsgesetzes durch seine Partei begründete, doch zu einem energischen Widerstand konnten sich weder die Sozialdemokraten noch die mit ihnen eng verbundenen freien Gewerkschaften aufraffen. Ihnen ging es nicht mehr darum, die Republik, sondern nur mehr ihre eigene Organisation zu retten. Doch es half der Gewerkschaftsführung nicht, daß sie ihre Mitglieder aufrief, sich an den nationalsozialistischen Mai-Feiern zu beteiligen. Bereits einen Tag später wurden die Gewerkschaftshäuser von triumphierenden SA-Leuten besetzt und das Gewerkschaftsvermögen sowie alle Einrichtungen der freien Gewerkschaften in Hitlers Deutsche Arbeitsfront überführt.

Um Schlimmeres zu verhüten, um die Partei zu retten, hatte sich schließlich auch die SPD dazu durchgerungen, gemeinsam mit den übrigen Parteien Hitlers Rede vom 17. Mai 1933 zu außenpolitischen und Abrüstungsfragen ausdrücklich zu billigen. Doch schon wenige Wochen später wurde die SPD ebenfalls verboten. Die bürgerlichen Parteien lösten sich »freiwillig« auf. Mit dem »Gesetz gegen die Neubildung von Parteien« vom 14. Juli 1933 wurde Deutschland zum Einparteienstaat, in dem jede organisierte Opposition verboten war: »In Deutschland besteht als einzige politische Partei die Nationalsozialistische Deutsche Arbeiterpartei!«

Gewerkschaften und politische Parteien waren verschwunden. Nahezu mühelos hatte Hitler sie beseitigen können. Seine politischen Gegner der Weimarer Republik waren vernichtet. Von hier drohte seinem Machtanspruch keinerlei Gefahr.

Gefahr konnte nur mehr ausgehen von der Reichswehr und der eigenen SA unter ihrem Stabschef Ernst Röhm, Hitlers einzigem Duz-Freund. In großen Aufmärschen, in Straßen- und Saalschlachten hatten die Braunhemden entscheidend dazu beigetragen, Hitlers Sieg zu ermöglichen. Jetzt, nach der Machtergreifung, erwarteten sie ihren berechtigten Lohn. Wäre es nach Röhm gegangen, so wäre die SA jetzt unter seiner Führung zu einem großen Volksheer verschmolzen worden. Doch genau das lehnte die Reichswehrführung entschieden ab. Sie sei und bleibe der einzige Waffenträger der Nation, und wenn die Streitkräfte vergrößert werden sollten, dann selbstverständlich nur unter ihrer alleinigen Führung.

In diesem Konflikt konnte und wollte sich Hitler zunächst nicht entscheiden. Auf der einen Seite stand Röhm mit seinen zwei Millionen SA-Männern, auf der anderen Seite das hochqualifizierte Hunderttausend-Mann-Heer der Reichswehr.

Doch als die Unruhe innerhalb der SA zunahm und die Stimmen nach einer »zweiten Revolution« unüberhörbar wurden, und jetzt auch noch die Reichswehr energisch drängte, das Problem Röhm endlich zu lösen, machte Hitler, nachdem alle Bemühungen, Röhm zum Nachgeben zu bewegen, gescheitert waren, kurzen Prozeß. Von Himmler – er hatte am 6. Januar 1929 die Führung der aus der SA hervorgegangenen SS übernommen –, Göring und Goebbels unterrichtet, Röhm könnte wirklich einen Putsch gegen ihn unternehmen, befahl Hitler alle SA-Führer für den 30. Juni 1934 zu einem Treffen nach Bad Wiessee. Hitler selbst hatte sich vorgenommen, das »Verräternest« auszuheben. Mit ihm ergebenen Männern fuhr Hitler gegen 7 Uhr morgens

in Röhms Pension in Bad Wiessee vor. Mit gezogener Pistole stürzte Hitler in Röhms Schlafzimmer und erklärte ihn unter Beschimpfungen als Hochverräter für verhaftet. Röhm, der an einen Putsch nicht einmal gedacht hatte, war völlig überrascht. »Was ist denn los, Adolf? Bist zu verrückt geworden?«

Röhm und die mit ihm verhafteten SA-Führer wurden zunächst nach München ins Gefängnis gebracht. Außer Röhm wurden alle sofort erschossen. Der SA-Chef erhielt die Wahl, sich selbst zu töten. Als er ablehnte, wurde auch er, der bis zuletzt fassungslos fragte, was er denn verbrochen habe, liquidiert.

Drei Tage dauerte die »Nacht der langen Messer«. Unter den Opfern fanden sich neben übelsten Elementen der SA, berüchtigten Folterknechten und Sadisten, ehemalige politische Gegner, an denen blutige Rache geübt wurde. General von Schleicher, der Hitlers NSDAP hatte spalten wollen, wurde erschossen, seine Frau fiel ebenso den Kugeln des Mordkommandos zum Opfer. Das gleiche Schicksal ereilte Gregor Strasser und den ehemaligen Staatskommissar von Kahr, dem Hitler seinen »Verrat« vom 9. November 1923 nie verziehen hatte. Papens Mitarbeiter Jung und Bose gehörten gleichfalls zu den Opfern. Er selbst kam mit Hausarrest davon. Insgesamt sollen in diesen Tagen ungefähr 200 Menschen umgebracht worden sein. Nachweisbar sind 83 Fälle.

Als Hindenburg am 2. August 1934 starb, konnte nur Hitler sein Nachfolger werden. Noch am gleichen Tag ließ Hitler die Reichswehr auf sich persönlich vereidigen. Bei der Volksabstimmung am 19. August 1934 über das deutsche Staatsoberhaupt – die Ämter des Regierungschefs und des Präsidenten wurden unter der Bezeichnung »Führer und Reichskanzler« vereinigt – erhielt Hitler 38 Millionen Ja-Stimmen.

4,25 Millionen stimmten mit Nein. Adolf Hitler war Alleinherrscher.

Vereidigung des Berliner Wachregiments auf Adolf Hitler am 2. August 1934. Nur wenige Stunden nach Hindenburgs Tod ließ Hitler, der mit dem Amt des Reichspräsidenten auch den Oberbefehl über die Wehrmacht erhielt, die Armee auf seine Person vereidigen: »Ich schwöre bei Gott diesen heiligen Eid, daß ich dem Führer des Deutschen Reiches und Volkes, Adolf Hitler, dem Oberbefehlshaber der Wehrmacht, unbedingten Gehorsam leisten und als tapferer Soldat bereit sein will, jederzeit für diesen Eid mein Leben einzusetzen.«

55

Weimar:
Republik ohne Republikaner

Liste der Parteien eines Berliner Wahlkreises zu den Reichstagswahlen 1932 mit 29 Wahlvorschlägen. Die durch das Wahlrecht der Weimarer Republik geförderte parteipolitische Zersplitterung erschwerte es, zu klaren Mehrheitsverhältnissen zu kommen. Die Unfähigkeit der Parteien, stabile Regierungen zu bilden, und kleinlichste Streitigkeiten der verschiedenen Interessenten ließen das Vertrauen des Volkes in die parlamentarische Regierungsweise schwinden. Die Stimme Adolf Hitlers, der diesem »System« den schärfsten Kampf ansagte, der den Reichstag als »Schwatzbude« verspottete, wurde gehört.

Hitler und die NSDAP sind, staatsrechtlich gesehen, legal zur Macht gekommen. Doch die Wirklichkeit ist formaljuristisch nicht ganz erfaßt. Denn der Weg zur Macht war ein Weg über Leichen. Vierzehn Jahre hatten Haß und Hetze die Republik in den Schmutz gezogen, innerlich ausgehöhlt, in den Augen weiter Kreise verabscheuungswürdig gemacht, so daß sie nicht viel zu verlieren glaubten, als das eigentliche Ende kam.

Warum aber hatte der Staat von Weimar die Ehrabschneiderei geduldet? Die Antwort muß wohl lauten, daß die Zahl der Gegner von links, halb und ganz rechts zu groß war, um sich durchzusetzen, und daß die Staatsorgane selbst von Republikgegnern durchsetzt waren. Obendrein war das Republikschutzgesetz von 1922 im Jahre 1929 nicht verlängert worden.

Reichsinnenminister Severing stellte Ende 1929 eine Liste mit Beispielen des Radikalismus in Wort und Tat zusammen. Wir geben Auszüge daraus wieder:

Seit der Nichterneuerung des Republikschutzgesetzes vergeht kaum ein Tag, an dem nicht irgendwo in Deutschland, zumeist an mehreren Stellen, auf politisch Andersdenkende geschossen, eingeschlagen oder eingestochen wird. Der Zustand staatsbürgerlicher Sicherheit hat einen beklagenswerten Tiefpunkt erreicht und sinkt täglich mehr.

Die Ursache dieser betrübenden Erscheinung ist die hemmungslose Verhetzung durch Wort und Schrift, die von den Gegnern der Republik auf der äußersten Linken und auf der äußersten Rechten getrieben wird ... Im folgenden wird eine Auswahl von Beispielen für die von rechts und links betriebene Hetze, die in den letzten Monaten durch kein Republikschutzgesetz gezügelt werden konnte, gegeben.

Der »Niedersächsische Beobachter« in Hannover (Folge 30) vom 27. 7.[1] und »Das Landvolk« in Itzehoe (Nr. 102) vom gleichen Tage führten in einem Aufsatz »Volksheer oder Garde der Demokratie« folgendes aus: »Spuk in Berlin. Spät nachmittags auf dem Kurfürstendamm. Bars, Amüsierkneipen, Kokotten in Seide und Pelz, Negermusik aus drei Dutzend Kaffeehäusern ... Die Nacht fällt ein. Hier aber wird es heller. Der Trubel wächst, Licht unzähliger Scheinwerferlampen macht die Augen, die Gesichter grell, maskenhaft, unheimlich. Alle Männer sehen aus, als könnte jeder sein: Minister, Schieber, Taschendieb, Börsianer, Bankier ... Man sieht sich, kneift die Augen zusammen, denkt an den Begriff der ›weißen Weste‹ und lächelt süffisant ›Na ja‹... Das ist das Gesicht des Staates von Weimar, den sich die Arbeiterschaft als Staat der ›sozialen Demokratie‹ zu gestalten gedacht.«

Die im Juli in Pyritz (Pommern) erschienene Folge 30 der Zeitschrift »Die Diktatur« brachte einen Aufsatz: »Die Flaggen am Tage von Versailles«: »...ja, auch Schwarz-Rot-Gold, trotz geschmackloser und unheraldischer Zusammenstellung, wird fortleben als die Fahne ehrlicher Idealisten von 1848. Von den betrügerischen Novemberverbrechern ist sie aber besudelt und beschmutzt worden, ein kläglicher Eiterfetzen auf den schwärenden Wunden des Volkskörpers, für die man nur durchweg Ekel empfindet, um so größeren Ekel, als sie aufgedrungen wird.« In einem Aufsatz »10 Jahre Judenrepublik« des »Westdeutschen Beobachters« (Köln) Nr. 19 vom 18. 8. wurde am Schluß ausgeführt: »Eine traurige Bilanz fürwahr: 10 Jahre Judenrepublik. 10 Jahre Volksbetrug. 10 Jahre Börsengaunerei. 10 Jahre erbitterter Kampf gegen diese Halunken und Verbrecher, die im Jahre 1918 der deutschen Front den Dolch in den Rücken stießen und uns an die internationale Judenhochfinanz verkauften und verrieten um des schnöden Mammons willen.«

Der Gauleiter der NSDAP, Otto Telschow, führte in einer öffentlichen Versammlung dieser Partei am 31. 8. in Lüneburg unter anderem aus, die SPD wäre längst erledigt, wenn sich nicht deutsche Staatsmänner in den Dienst dieser verfaulten und verdreckten Republik stellten.

Eine Nummer der in Pyritz erscheinenden Zeitschrift »Die Diktatur« leitete eine Anfrage an das deutsche Außenministerium wie folgt ein: »An den alljüdischen Vollstreckungsbeamten mit dem Titel Reichsaußenminister, Bruder Freimaurer Dr. Gustav Stresemann«. Eine Anfrage an den Reichswehrminister wurde wie folgt eingeleitet: »An den ehemaligen Königlichen General, jetzigen alljüdischen Vollstreckungsbeamten mit dem Titel Reichswehrminister, Bruder Freimaurer Groener«.

Bei der Stahlhelm-Tagung[2] am 8. 9. in Lüneburg durchzog ein Trupp Stahlhelm-Leute die Stadt und sang ein Lied mit dem Refrain: »Wir scheißen auf die Republik!«

In einer öffentlichen Versammlung im Rheinland am 10. 9. sagte der Nationalsozialist Willi Veller aus Barmen über die Reichsflagge, man müsse die Fahne Schwarz-Rot-Gold als Fahne der Schande, des Meineids und des Verrats bezeichnen.

Bei einem öffentlichen Sprechabend der Ortsgruppe Krefeld der NSDAP am 23. 8. erklärte der Vorsitzende, Bankbeamter Willi Burath, folgendes: »Zwischen den Augusttagen von 1914 und den Augusttagen von 1929 liegt die Gründung und das 10jährige Bestehen der Saurepublik von heute.«

Der »Donau-Bote« (aus Ingolstadt) Nr. 228 vom 3. 10. brachte im Anschluß an die Nachricht vom Tode des Reichsaußenministers Stresemann folgende Bemerkungen: »Deutschlands Außenminister Gustav Stresemann ... war in den Augen aller Pazifisten, der Sozialdemokraten und aller Stiefellecker der ›glorreichste‹ Außenminister, der es verstanden hat, das ganze deutsche Volk zu versklaven und Deutschland selbst zu einer Kolonie der Siegerstaaten zu machen. Ein Aufatmen geht durch das national denkende deutsche Volk, daß Stresemann nicht mehr ist und daß Gott soviel Erbarmen zeigte, ihn aus seiner fluchwürdigen Tätigkeit jäh herauszureißen. Wir als Nationalsozialisten haben nur zu bedauern, daß es uns nicht mehr vergönnt war, ihn, den Volksverschacherer, vor die Schranken eines Staatsgerichtshofes zu schleppen, um die verdiente Lektion zu erteilen, die ihn so fühlbar getroffen hätte wie seine Außenpolitik das ganze deutsche Volk.«

In einer öffentlichen Versammlung im Münchner Bürgerbräukeller im Oktober führte der Nationalsozialist Julius Streicher aus: »... Die Kopfbildung Stresemanns ist der Schlüssel zu seinem Handeln. Das Mongolengesicht hat die Verschlagenheit offen kundgetan, er wird jetzt als großer Europäer bezeichnet, aber das ist gleichbedeutend mit Verräter und Werkzeug der Juden. Der Jude ist seit urdenklichen Zeiten geborener Verbrecher. Wer in der Republik den Nachweis erbringt, daß er ein Gauner

Reichstagswahl
Wahlkreis Berlin

1	Nationalsozialistische Deutsche Arbeiter-Partei (Hitlerbewegung)	1
2	Sozialdemokratische Partei Deutschlands	2
3	Kommunistische Partei Deutschlands	3
4	Deutsche Zentrumspartei	4
5	Deutschnationale Volkspartei	5
5a	Radikaler Mittelstand	5a
6a	Interessengemeinschaft der Kleinrentner und Inflationsgeschädigten	6a
7	Deutsche Volkspartei	7
8	Deutsche Staatspartei	8
9	Christlich-sozialer Volksdienst (Evangelische Bewegung)	9
9a	Deutsch-hannoversche Partei	9a
10	Reichspartei des deutschen Mittelstandes	10
13	Deutsches Landvolk	13
14	Volksrecht-Partei	14
15	Gerechtigkeits-Bewegung-Meißner	15
17	Sozial-Republikanische Partei Deutschlands	17
18	Sozialistische Arbeiter-Partei Deutschlands	18
19	Volksliste	19
21	Freiwirtschaftliche Partei Deutschlands (F.P.D.)	21
25	Kampfgemeinschaft der Arbeiter und Bauern	25
26	Haus- und Landwirtepartei	26
27	Kleinrentner, Inflationsgeschädigte und Vorkriegsgeldbesitzer	27
28	Deutsche Bauernpartei	28
29	Radikaldemokratische Partei	29
31	Enteigneter Mittelstand	31
32	Handwerker, Handel- und Gewerbetreibende	32
33	Für Hindenburg und Papen	33
35	Unitariten Union Deutschlands	35
36	Mittelstands-Partei (Unitariten)	36

Allein auf Reichsebene wurde das strapazierte deutsche Volk 1932 viermal zu den Urnen gerufen. Zu den Rededuellen gesellten sich die Saal- und Straßenschlachten. Unter dem Motto »und willst du nicht mein Bruder sein, so schlag ich dir den Schädel ein«, kam es immer häufiger zu bürgerkriegsähnlichen Zuständen. Das Vertrauen in das Weimarer System schwand zusehends dahin. Der Ruf nach dem starken Mann war nicht mehr zu überhören.

ist, der kann Minister werden, vielleicht später, wenn einmal der Präsidentenstuhl frei ist, auch Reichspräsident. Erzberger und Rathenau sind nicht ermordet, sondern getötet worden. Die Täter sind keine Mörder, sondern ganze Kerle.«

Am 17. 11. wurden Mitglieder der SPD in Breslau, als sie auf den Bürgersteigen die für ihre Partei angebrachten und von den Kommunisten abgeänderten Wahlaufschriften wiederherstellen wollten, von etwa 30 Kommunisten angegriffen. Der Sozialdemokrat Fischer wurde dabei mit einem Kalkpinsel in das Gesicht geschlagen und der Kellner Schröter durch einen Tritt vor den Leib so schwer verletzt, daß er später daran starb. Am gleichen Tag fielen in Berlin Nationalsozialisten mit Messern über einen jungen Kommunisten her.

Dieser hier skizzierte Zustand politischer Verwilderung kann im Interesse der Staatsautorität, des Ansehens Deutschlands in der Welt, der Sicherheit des einzelnen Staatsbürgers wie der Aufrechterhaltung und Wiederherstellung gesunder Grundlagen des Staats- und Gesellschaftslebens nicht länger geduldet werden. Ein Mittel – sicherlich nicht das wirkungsvollste – bietet der vorliegende Entwurf eines Gesetzes zum Schutz der Republik und zur Befriedung des politischen Lebens ...

---

1 alle Daten beziehen sich auf das Jahr 1929
2 »Der Stahlhelm« war 1918–35 ein rechtsgerichteter Frontkämpferbund. 1951 in kleinerem Rahmen neugegründet

Neben seiner rednerischen Begabung verfügte Hitler auch über ein beachtliches Organisationstalent, das sich in der SA besonders bemerkbar machte. »Sie war«, schreibt Sebastian Haffner, »bis in die kleinsten Gliederungen hinunter voller Kampfeifer, eine dampfende und stampfende Wahlkampfmaschine.«

Der geborene Aufpeitscher

Hitler war der Motor und unumstrittene Führer des Nationalsozialismus, dessen Aufstieg und Ausgestaltung er bewirkte. Er führte seine »Bewegung« von den kleinsten Anfängen zur alles beherrschenden Macht in Deutschland. Daß ihm dies gelingen konnte, hatte er nicht zuletzt seiner ungeheuren rhetorischen Begabung zu verdanken. Allein mit seiner Stimme und Gestik gelang es ihm, viele Millionen Deutsche für sich einzunehmen.

60

Wenn heute jemand, der Hitler nicht mehr gekannt hat, seine Reden hört, dann fühlt er sich entweder abgestoßen oder belustigt. Die hetzerische Agitation, die ekstatischen Ausbrüche, die heisere Stimme – die Nachgewachsenen fragen sich ratlos, wie der Mann einmal Millionen hat beeindrucken können.

Zweierlei muß man in Rechnung stellen. Zunächst einmal ist unsere Welt nüchterner geworden, und daran hat Hitler erheblichen Anteil. All die großen Worte, denen so grausige Taten gefolgt sind, zünden nicht mehr; die Ideale sind in Rauch und Feuer aufgegangen. Oder anders: Unsere heutigen Ideale sind nicht mehr so wortreich, wir suchen sie mehr in der vorbildhaften Tat. Rhetorischer Aufwand wirkt eher verdächtig.

Dazu kommt das zweite: Hitlers Wirkung war weniger eine akustische als eine solche der persönlichen Ausstrahlung auf die Masse vor ihm. Er konnte einen Saal erhitzen, aber das Medium Lautsprecher war kaum geeignet, seine Wirkung zu erhöhen. In der Zeit der Macht, natürlich, da hingen die Menschen am Radio, wenn »der Führer sprach«. Was sollten sie auch anderes tun, wenn sie ihn nicht auf dem Parteitag hören konnten oder im Sportpalast (wozu sich die meisten gedrängt hätten in der Zeit, da sie ihn vergötterten)? Aber Hitlers eigentliche Ausstrahlung beruhte auf dem Kontakt zur großen Menge vor ihm im Saal oder auf freiem Platz.

Dort kam zum Tragen, was Goebbels im Juni 1926 in sein Tagebuch geschrieben hat, nachdem der Parteiführer im Ruhrgebiet und in Köln gesprochen hatte: »Als Redner ein wundervoller Dreiklang zwischen Geste, Mimik und Wort. Der geborene Aufpeitscher! Mit dem Mann kann man die Welt erobern. Laßt ihn los, und er bringt die korrupte Republik ins Wanken.«

Goebbels, rhetorisch selber von gefährlicher Begabung, hat hier Hitlers stärkste Waffe »kollegial« herausge-

fühlt. In der Tat brachte er damit die Republik ins Wanken; er redete sich buchstäblich zur Macht.

Folgt man seiner Selbstdarstellung, so hat er seine bedeutendste Eigenschaft erst mit dreißig Jahren entdeckt. Geredet hatte er auch früher schon, hatte den Jugendfreund August Kubizek in Linz und Wien mit rhetorischen Ausbrüchen überschwemmt, wenn irgendein Eindruck, eine Vision ihn hinriß – aber der Freund war nur ein stumm ergriffener Zuhörer gewesen, Publikum im Singular. An der Front hatten manchmal die Kameraden Propagandareden des Meldegängers zu hören bekommen – aber für nicht wenige war er ein »Spinner« gewesen.

Und jetzt mit einem Mal war alles anders. Der Mann hatte sich nicht verändert, nur die Umwelt. Die Aufnahmefähigkeit war da, das Klima, ihm interessiert und in wachsender Zahl öffentlich zuzuhören.

Der heimgekehrte Frontsoldat erkannte seine Macht über Menschen, wenn sie vor ihm saßen oder standen, wenn er ihre Sehnsüchte, ihre Ängste, ihre Aggressionen gegen unverstandene Verhältnisse spürte und in einem medialen Kontaktverhältnis diese Stimmungen auffing und in faßlichen Worten wiedergab.

»Ich sprach 30 Minuten, und was ich früher, ohne es irgendwie zu wissen, einfach innerlich gefühlt hatte, wurde nun durch die Wirklichkeit bewiesen: Ich konnte reden!« So beschreibt Hitler seinen ersten Auftritt im Münchner Hofbräuhauskeller am 16. Oktober 1919. Nach einer halben Stunde seien die Menschen in dem Raum elektrisiert gewesen und hätten nach seinem Appell an ihre Opferwilligkeit sogar dreihundert Mark gespendet.

Das Wort »ich konnte reden« steht schon in anderem Zusammenhang, einige Monate vorher, als er im Auftrag der Reichswehr im Lager Lechfeld heimkehrende Soldaten national »auf Vordermann« zu bringen hatte. Insofern ist der Auftritt im Bür-

gerbräu vermutlich nicht das »Erweckungserlebnis« des Redners Hitler, von dem Joachim Fest schreibt. »Erweckt« war er bereits. Aber hier mag trotzdem etwas neu gewesen sein: die rauschhafte Befriedigung, die Hörer zu »kriegen«, das Hineinsteigern in Schweiß und Ekstase, bis er total erschöpft vom Podium stieg. So sollte es immer bleiben. Hitler verausgabte sich so, daß er kiloweise Gewicht verlor, und zugleich war ihm die Rednertribüne eine drogen-

artige Befriedigung. In unstillbarem Verlangen nach Selbstbestätigung hat er sich seine Millionenanhängerschaft in ungezählten Auftritten erredet.

Dabei vertraute Hitler nicht allein auf suggestive Wirkung, die immerhin so stark war, daß manch erklärter politischer Gegner »bekehrt« aus seinen Versammlungen herauskam; er hat darüber hinaus sorgfältig an seinen handwerklichen Fertigkeiten gearbeitet. Zeitweilig gab ihm ein

> wenige Punkte zu beschränken und diese schlagwortartig so lange zu verwerten, bis auch bestimmt der letzte unter einem solchen Worte das Gewollte sich vorzustellen vermag.«
>
> Adolf Hitler in: »Mein Kampf«

Opernsänger Sprechunterricht, vor dem Spiegel wurden Handstellungen und Mimik auf ihre Wirkung erprobt. Wer Joachim Fests Film »Hitler – Eine Karriere« gesehen hat, konnte bei den breit eingeschobenen Redepassagen auch beobachten, wie bedacht der Meister der Demagogie seine Pausen setzte, in die er dann den Beifall geschickt hineinsteuerte.

Hitlers Gebrauchsrezept für Redekunst muß hehre Geister allerdings abschrecken: »Jede Propaganda«, schreibt er, »hat ... ihr geistiges Niveau einzustellen nach der Aufnahmefähigkeit des Beschränktesten unter denen, an die sie sich zu richten gedenkt. Damit wird ihre rein geistige Höhe um so tiefer zu stellen sein, je größer die zu erfasende Masse der Menschen sein soll.« Dennoch, vom Standpunkt der Werbepsychologie her war das Konzept richtig, und vom Erfolg her gesehen war Hitler als Redner mit niemandem seiner Zeit vergleichbar.

Adolf Hitler in verschiedenen Redepositionen, fotografiert von seinem Leibfotografen Heinrich Hoffmann.

63

Wer finanzierte den Nationalsozialismus?

»Der Sinn des Hitlergrußes.« Die Plakatmontage von John Hartfield verweist auf industrielle Hintermänner, die Hitler finanziell unterstützt und somit seine Machtergreifung erleichtert haben. **»Das große Geld«** als Drahtzieher des Nationalsozialismus gehört zu den einprägsamen Formeln, mit denen die politischen Gegner den Aufstieg der Hitler-Bewegung erklären wollten. Richtig in Gang kam die Förderung jedoch erst nach der Machtergreifung; zuvor waren die Gelder der Industrie eher in die Kassen der Deutschnationalen Volkspartei oder der DVP geflossen.

Der Aufstieg Hitlers vom »armen Teufel zum Herren über Deutschland«, wie er selbstbeleuchtend formuliert hat, hält kaum mehr Unbekanntes und Überraschungen bereit, so emsig haben die Historiker geforscht. Das schließt nicht aus, daß manche Legenden hartnäckig weiterleben und daß über wichtige Teilbereiche noch abenteuerliche Vermutungen im Umlauf sind. Schaut man beispielsweise in das DDR-eigene »Biographische Lexikon zur deutschen Geschichte« von 1971, so kam Hitler »im engsten Kontakt und finanziert von Industriellen, Bankiers und Junkern« zur Macht. Kommunistische Historiker können Hitler nicht anders als ein »Werkzeug« sehen, als Knecht des Kapitals, des finanzstarken Bürgertums, der Großbourgeoisie. Sie können sich nicht vorstellen, daß ein Aufstieg wie der Hitlers ohne potente Steigbügelhalter des »Monopolkapitals« überhaupt denkbar sein könnte. Wie Hitler alle Unbill mit jüdischen Machenschaften erklärte, argwöhnen sie hinter jeder Machtkonzentration Kapitalisten-Verschwörungen.

Die Wahrheit sieht anders aus. Der Weg zur Macht ist von vielen Umständen beeinflußt worden, am wenigsten vom großen Geld. Es floß erst, als Hitler Reichskanzler war. Bis dahin hatten ihm nämlich die großen Kapitalisten, die genau zu rechnen pflegen, kaum zugetraut, daß er einmal derjenige werden würde, der er wirklich geworden ist.

Wie fing alles an? Mit sieben Mark fünfzig. Soviel enthielt die Kasse der Deutschen Arbeiter-Partei, als der sogenannte Bildungsoffizier von der Propaganda-Abteilung des Münchner Reichswehrkommandos am 12. September 1919 seine schicksalhafte Verbindung mit diesem kümmerlich dahinvegetierenden Verein zu knüpfen begann.

Der Parteimitgliedsbeitrag lag anfänglich bei 50 Pfennig im Monat, dann bei einer Mark. Unter die Spenden der Frühzeit schlich sich einmal eine Summe von 10 000 Mark ein. Das war eine Sensation. Schon tausend Mark bedeuteten eine Schicksalsgunst. Meist kamen Spenden zwischen zwei und hundert Mark in die Parteikasse.

Mehr profitierte der Parteiredner Hitler als Salonlöwe von einigen wohlhabenden Damen der Münchner Gesellschaft. Die Namen Elsa Bruckmann, Helene Bechstein, Gertrud von Seidlitz stechen hier gönnerhaft hervor. Allen diesen Damen war ein schwärmerisch-verdrehter Zug in ihren Beziehungen zu Hitler eigen. Frau Bechstein gab sich als »Adoptivmutter« Hitlers aus, um diesen in der Haft auf der Festung Landsberg besuchen zu können. Frau v. Seidlitz schrieb in einem Protestschreiben an den bayerischen Generalstaatskommissar v. Kahr nach Hitlers Verhaftung, würde dieser getötet werden, wolle auch sie nicht mehr leben.

Alle taten, als seien sie besessen von einem Magier.

Auch in Vorträgen sah der begabte Agitator frühzeitig eine Finanzquelle. Er war nicht billig und nahm pro Abend 1300 bis 1400 Mark. Das war in der Frühzeit vor dem Hitlerputsch. Einmal brachte er von einem Abstecher in die Schweiz die fürstliche Summe von 33 000 Franken mit.

Als der mißlungene Putsch Ende 1923 das Aufbauwerk zunächst zerschlug, waren 170 000 Mark in der Parteikasse, schreibt Walter Görlitz, der über die Geldgeber Hitlers und anderer Diktatoren 1976 ein Buch veröffentlicht hat. Seinen Untersuchungsergebnissen folgt diese Skizze im wesentlichen (wobei Görlitz viel von den Forschungen des Amerikaners Turner profitierte).

Auch in der zweiten Aufstiegsphase, 1925 bis 1932/33, zeigten die großen Bosse sich ziemlich schwerhörig, wenn die NSDAP an ihr patriotisches Gewissen appellierte. Das hing natürlich auch mit dem Parteiprogramm zusammen: Artikel 11 richtete sich gegen die »Zinsknechtschaft«, Art. 12 gegen Kriegsgewinne, Art. 13 verlangte die Verstaatlichung der Konzerne, Art. 14 Gewinnbeteiligung an Großbetrieben und so fort. Es war das sozialistische Feigenblatt des Nationalsozialisten Hitler, der zweite Bestandteil des Parteinamens – für den Parteichef mehr ein Massenwerbemittel als eine Herzensangelegenheit. Aber es stand nun einmal schwarz auf weiß gedruckt und schadete ihm in der Industrie.

Gewiß hatte Hitler Gönner unter dem Großkapital (Thyssen, Kirdorf, Deterding, Flick). Doch haben sich alle diese geldklingenden Namen weniger für ihn eingesetzt, als es ihrem Vermögen entsprach. Das »große Geld« der NSDAP war letzten Endes die Summe der kleinen Zuwendungen, vor allem der Mitgliederbeiträge, die bei einer Million Parteigenossen (1932) ins Gewicht fielen.

Die Industrie setzte in der letzten Phase der Weimarer Republik nicht auf Hitler, sondern auf Papen, der als Baron und konservativer Politiker mehr nach ihrem Geschmack war. Als Papen 1932 Neuwahlen veranstaltete, zahlte die Ruhrindustrie 360 000 Mark für seinen Wahlkampf; Hitler bekam keinen Pfennig. Also, mit den »Industriellen« der DDR-Geschichtsschreibung war es in Wahrheit, was Hitlers Förderung betrifft, nicht weit her. Und die »Junker« tauchten als Schützenhilfe auch nicht auf.

Ja, aber führte Hitler nicht seinen eigenen Wahlkampf mit dem Flugzeug? Unterhielt er nicht einen Automobilpark, residierte im teuer umgebauten »Braunen Haus« in München, stieg im feudalen »Kaiserhof« ab? Das kostete doch viel Geld. Woher hatte er es, wenn die Fabrikherren, die »Schlotbarone«, geizten? Er lebte ganz einfach über seine Verhältnisse, mit Hilfe von Darlehen! Diktatoren und solche, die es werden wollten, waren im Schuldenmachen schon immer groß. Hitler vertraute auf das Eigengewicht der wachsenden Bewegung und der innenpolitischen Entwicklung. Die Rechnung ging auf. Sie ging um so leichter auf, als der Reichskanzler Hitler in seinem ersten Kabinett von Konservativen »eingerahmt« war, die ihn zu »zähmen« trachteten. Für die Industrie wurde Hitler dadurch endgültig salonfähig. Als die Wahlen zum 5. März 1933 ausgeschrieben waren und die Nationalsozialisten Geld für den Wahlkampf brauchten, lud Göring führende Großindustrielle in das Palais des Reichstagspräsidenten (der er ja war). Dort sprach der neue Regierungschef über seine Ziele: daß er den Marxismus beseitigen, Arbeit schaffen und eine Armee aufbauen werde. Punkt zwei und drei bedeuteten Aufträge. Für diese schöne Aussicht wurden die Herren allerdings augenblicklich zur Kasse gebeten. Das große Ziel verlange Opfer, sagte Göring, und ließ »den Hut herumgehen«. Schecks über drei Millionen Mark purzelten hinein. Jetzt, aber erst jetzt, war Hitlers Bündnis mit der Industrie perfekt.

Hitlers Weltanschauung

Daß Hitler nur aus purer Machtgier, nur um der Macht willen nach der Macht strebte, kann heute ernsthaft nicht mehr behauptet werden. Vielmehr ist sich die Forschung darin einig, daß Hitler tatsächlich über eine in sich geschlossene Weltanschauung verfügte, deren Prämissen und Zielen er sich bis zum Völkermord verpflichtet fühlte.

Ausgangspunkt dieser Weltanschauung war die »Natur«, für Hitler gekennzeichnet einerseits durch den ewigen »Kampf ums Dasein«, in dem sich das »Stärkere dem Schwachen« gegenüber zu behaupten habe, andererseits durch den »natürlichen Trieb zur Rassenreinheit«. Diese »ehernen Naturgesetze« seien auch die Ursache für die gesamte Entwicklung der menschlichen Geschichte. Die Komplexität dieser Geschichte verdichtete sich in Hitlers sozialdarwinistisch-antisemitischer Weltanschauung auf die Auseinandersetzung zweier Rassen, die sich im tödlichen Endkampf um Sein oder Nichtsein der Menschheit gegenüberstünden. Auf der einen Seite kämpfe der höherwertige, »kulturschöpferische Arier«, auf der anderen der minderwertige, »kulturzerstörerische Jude«. Gefährdet sei der »wahrhafte Kulturbegründer dieser Erde, der Arier«, letztlich durch die nicht mehr gewahrte Rassenreinheit.

»Die Blutsvermischung und das dadurch bedingte Senken des Rassenniveaus ist die alleinige Ursache des Absterbens aller Kulturen.« Um dies zu verhindern, sei der Rassen-vermischung vorzubeugen und der eigenen Rasse die Daseinsberechtigung zu erkämpfen. Denn »alles weltliche Geschehen« sei letztlich nur »die Äußerung des Selbsterhaltungstriebes der Rassen im guten oder schlechten Sinne«.

Diesen Selbsterhaltungstrieb der Rassen, diesen eigentlichen Motor der geschichtlichen Entwicklung, billigte Hitler, wie jeder anderen Rasse, auch den Juden zu. Ja, er betonte geradezu, daß der Selbsterhaltungstrieb der Juden ganz besonders stark ausgeprägt sei. Gerade darin aber bestünde die besondere Gefährdung der »germanisch-nordisch-arischen Rasse«.

Die kulturschöpferische Fähigkeit des Ariers nämlich liege letztlich in dessen »idealistischer Grundeinstellung«, der Eigenschaft, »das eigene Ich dem Leben der Gesamtheit unterzuordnen und, wenn die Stunde es erfordert, auch zum Opfer zu bringen«. Diese »Aufopferungsfähigkeit des einzelnen für die Gesamtheit« wiederum sei die notwendige Voraussetzung für die Bildung höher organisierter, raumbeherrschender Staaten. Diese Staatsbildung wiederum die Voraussetzung zur Entwicklung der »menschlichen Kultur«.

Den Juden hingegen fehle eben diese »idealistische Gesinnung« und damit »die allerwesentlichste Voraussetzung, ein Kulturvolk« zu sein. Der Aufopferungswille des jüdischen Volkes gehe »über den nackten Selbsterhaltungstrieb des einzelnen« nicht hinaus. Daher könnten die Ju-

Die Göttin des Westens

Hitlers Weltanschauung – in einer NS-Karikatur. Hinter der »Göttin des Westens«, der »Sancta Democratia«, verbirgt sich lauernd der Jude. Pazifismus, Menschlichkeit, bürgerliche Freiheiten – das sind nur die Mittel, mit denen er seine Weltherrschaftspläne durchsetzen will.

den weder einen raumbeherrschenden Staat und somit auch keine eigenständige Kultur bilden, sondern nur »als Parasit im Körper anderer Völker« leben. »Er (der Jude) ist und bleibt der typische Parasit, ein Schmarotzer, der wie ein schädlicher Bazillus sich immer mehr ausbreitet, sowie nur ein günstiger Nährboden dazu einlädt. Die Wirkung seines Daseins aber gleicht ebenfalls der von Schmarotzern: Wo er auftritt, stirbt das Wirtsvolk nach kürzerer oder längerer Zeit ab.« Mit dem Absterben der Wirtsvölker aber müsse auch ihre jeweilige Kultur zwangsläufig zugrunde gehen. »Nach dem Tod des Opfers stirbt auch früher oder später der Vampir.« Würde der Jude in dem

von ihm geführten Kampf um die Weltherrschaft, eine Absicht, die Hitler den Juden unterstellte, siegen, dann würde »seine Krone der Totentanz der Menschheit sein«, dann werde »dieser Planet wieder wie einst vor Jahrmillionen menschenleer durch den Äther ziehen«.

So unterschiedlich nun die rassischen Eigenschaften von Juden und Ariern seien, so verschieden seien auch ihre Methoden zur Verwirklichung ihres Selbsterhaltungstriebes. Die Natur nämlich, so Hitler, lehre nicht nur die Ungleichheit der Rassen, sondern die Ungleichheit der Individuen innerhalb der Rassen und Völker. Wollten sich die Völker behaupten, müßten »Persönlichkeitswert« und »Volkswert« die richtigen Beziehungen eingehen. Der arisch-germanische raumgebundene Staat sei daher nach dem »aristokratischen Prinzip der Natur« zu ordnen, nach den Kriterien Führung und Gefolgschaft, Verantwortung und Vertrauen, Autorität von oben und Zustimmung von unten. Außerdem müßten zu diesen qualitativen noch quantitative Faktoren kommen: eine möglichst große Volkszahl und ein genügend großer Raum.

An diesem ewigen Kampf der Völker und Rassen könne sich nun der Jude nur auf die ihm eigene Weise beteiligen. Da er aufgrund seines rassisch bedingten »Volkswertes«, seines Mangels an idealistischer Gesinnung keinen Raumstaat bilden könne, müsse er zwangsläufig zu anderen Methoden seines Existenzkampfes greifen. Statt die Ungleichheit der Rassen und Persönlichkeiten anzuerkennen, predige er das widernatürliche Postulat der Gleichheit. Dem Prinzip des ewigen Kampfes setze er die Idee des Pazifismus entgegen, dem nationalen Machtstaat die internationale Solidarität, dem autoritären Führerstaat die egalitären Verfallsysteme Demokratie, Sozialismus und Marxismus; denn hinter all diesen komplexen Gesellschaftsentwürfen sah Hitler als den eigentlichen Drahtzieher den »ewigen Juden«, der in seinem Kampf um die Weltherrschaft alles darauf anlege, den Wert der Rasse und der Persönlichkeit zu untergraben.

»Mit der Zertrümmerung der Persönlichkeit und der Rasse fällt das wesentliche Hindernis für die Herrschaft des Minderwertigen – dieser aber ist der Jude.«

Um dies zu verhindern, müsse die jüdische Gefahr erkannt und entschieden bekämpft werden. Darin sah Hitler seine welthistorische Mission. »Indem ich mich des Juden erwehre, kämpfe ich für das Werk des Herrn.«

So überzeugt auch Hitler gewesen sein mag, in der »Rassenfrage« den »Schlüssel der Weltgeschichte« und der »Kultur überhaupt« gefunden zu haben, so grundsätzlich falsch sind doch die Prämissen seiner biologistisch-rassischen Geschichtsauffassung. Die Behauptung, in der »Natur« gäbe es einen »Trieb zur Rassenreinheit«, ist, ganz abgesehen davon, daß die Juden keine Rasse sind, grundsätzlich falsch. Das Gegenteil ist vielmehr richtig. Die natürliche Evolution des Lebendigen ist geradezu gekennzeichnet durch eine permanente rassische Auffächerung, durch die die Bildung neuer Arten erst möglich wurde. Haben die Begriffe »Kampf ums Dasein« und »Recht des Stärkeren« sowie die Gleichsetzung von »höher- und minderwertig« mit »stärker und schwächer« im Bereich der Botanik und Zoologie durchaus ihre Berechtigung, so ist ihre Übertragung auf die menschliche Gesellschaft aus einem »Wollen der Natur« weder erkennbar noch zu rechtfertigen.

Hitlers Behauptungen über die Eigenschaften des kulturschöpferischen Ariers und des stets kulturzerstörerischen Juden, über das Absterben der Wirtsvölker und das Vorhandensein einer angestrebten jüdischen Weltherrschaft fehlt jeder ernsthafte Beweis. Es sind Hirngespinste, die Hitler so lange zurechtbog, bis sie für ihn schließlich eine plausible Welterklärung abgaben. Erklärbar ist die Bildung einer so wirklichkeitsfremden Weltanschauung nur aus Hitlers vorurteilshafter Persönlichkeit. Vorurteile, vorläufige Urteile, die jedem Erkenntnisprozeß vorausgehen, werden nach der klassischen Definition des amerikanischen Psychologen Gordon W. Allport zu Vorurteilen, »wenn sie angesichts neuer Informationen nicht geändert werden können«. Hartnäckig widersteht ein Vorurteil jeglicher gegenteiliger Beweisführung. Beim Erkenntnisprozeß der vorurteilshaften Persönlichkeit werden neue Informationen nur so ausgewählt, daß sie die bereits vorhandene Überzeu-

»Der Untermensch.« Titelseite einer SS-Broschüre von 1942. Im »Untermenschen« sah die völkisch-rassistische Propaganda der Zwanziger Jahre das Gegenbild zum »Übermenschen« Nietzsches. Die nationalsozialistische Propaganda übernahm dies Etikett für die angeblich rassisch und moralisch minderwertigen Juden und faßte später auch Polen und Russen darunter. »Es muß auch der letzten Kuhmagd in Deutschland klargemacht werden, daß das Polentum gleichwertig ist mit »Untermenschentum«, sagt eine Presseanweisung vom Oktober 1939.

gung stets untermauern, nicht aber in Frage stellen. Waren Hitler aber Sozialdarwinismus und Rassenantisemitismus zur fixen Idee geworden, so gab es in der Literatur, die Hitler zur Verfügung stand, und im Meinungsklima seiner Zeit ungezählte »Beweise«, die ihm die Richtigkeit seiner Vorurteile immer wieder bestätigten.

Fragt man, wie ein Mann mit einer so abstrusen Weltanschauung zur Macht gelangen und die Macht behaupten konnte, so ist festzustellen, daß die in »Mein Kampf« dargelegten Gedanken Hitlers in Deutschland und im Ausland kaum zur Kenntnis, geschweige denn ernstgenommen wurden. Die Massen, die Hitler vor 1933 wählten, wollten keinen Lebensraum im Osten und schon gar

nicht die Ausrottung der Juden. Sie wollten Arbeit und Brot und ein mit den übrigen Nationen gleichberechtigtes Deutschland. Und weil der »Friedenskanzler« Hitler in diesem Sinne äußerst erfolgreich wirkte und der »Kriegsherr« Hitler den »Judenmörder« Hitler erfolgreich verheimlichte, folgten ihm die Deutschen bis zum bitteren Ende.

Mochte Hitler sein Selbstvertrauen und seine Selbstsicherheit aus den »gesicherten« Weisheiten seiner Weltanschauung herleiten, als Gedankengebäude hat der sozialdarwinistische Antisemitismus keine bleibende Resonanz gefunden.

Mit Hitler war 1945 das, was er seine Weltanschauung nannte, als entscheidender politischer Wirkfaktor gestorben.

69

Der »Friedenskanzler«

23. September 1933: Vor dem ersten Spatenstich zum
Beginn des Baus der Reichsautobahn in der Nähe
von Frankfurt. Hitler beendete seine Ansprache an die Arbeiter
mit den Worten: »So bitte ich Sie denn: Gehen Sie jetzt
zur Arbeit! Der Bau muß heute beginnen! Das Werk nehme
seinen Anfang! Und ehe wieder Jahre vergehen, soll ein
Riesenwerk zeugen von unserm Dienst, unserm Fleiß,
unserer Fähigkeit und unserer Entschlußkraft:
Deutsche Arbeiter, ans Werk!«
Bis zum Ausbruch des Zweiten Weltkriegs beschwor
Hitler nach außen und nach innen nichts anderes als Frieden,
Frieden, Frieden …
Daß dieser Friede trügerisch war, wußte die Welt spätestens,
als Hitler mit seinem Angriff auf Polen am 1. September 1939
den Zweiten Weltkrieg entfesselte.

D er Redner Hitler hatte von seinen ersten politischen Anfängen an nie ein Hehl daraus gemacht, daß er, einmal zur Macht gelangt, die Republik von Weimar zu beseitigen gedenke. Und der am 30. Januar 1933 zum Reichskanzler ernannte Hitler hatte dann auch zielstrebig und konsequent das demokratische System gleichgeschaltet und durch seine persönliche Diktatur ersetzt. Der Diktator Hitler dagegen verschleierte von Anfang an geschickt seine eigentlichen politischen Ziele.

Die Massen, die Hitler vor 1933 gewählt hatten, waren enttäuschte Protestwähler. Sie erhofften sich von Hitler einen Ausweg aus dem Elend und der Not der Weltwirtschaftskrise. Hitlers »Weltanschauung« spielte für die Massen keine Rolle. Diese hätten sie ja schon 1928 wählen können, als sie der NSDAP mit 2,6% der Stimmen eine vernichtende Abfuhr erteilt hatten.

Was sie von Hitler erwarteten, waren Arbeit und Brot, Frieden und Gleichberechtigung. Und Hitler ließ gerade nach der Machtergreifung das deutsche Volk wie die übrige Welt glauben, daß dies tatsächlich seine eigentlichen Ziele seien. In Wahrheit, das wissen wir heute, waren es für ihn nur Zwischenziele, die schließlich zum Zweiten Weltkrieg und nach Auschwitz führen sollten.

Damals aber ahnte das niemand, und ein Programm wie das der späteren »Endlösung« war nicht einmal vorstellbar. Damals wartete man gespannt, ob Hitler seine Versprechen wahrmachen konnte, ob es dem unbekannten Soldaten des Weltkrieges gelingen würde, das zu erreichen, woran die Parteien der Republik letztlich gescheitert waren: Deutschland innenpolitisch zu befrieden und außenpolitisch in den Kreis der geachteten Großmächte zurückzuführen.

Und das, was seine Anhänger von ihm erhofften und seine Gegner ihm niemals zugetraut hatten, trat tatsächlich ein: Die Friedensjahre des Diktators Hitler führten von Erfolg zu Erfolg. Erfolge, die den damaligen Zeitgenossen noch um so größer erschienen, da sie die zentral gelenkte Goebbelsche Propaganda immer wieder geschickt herauszustellen wußte; Kritik durfte zudem niemand äußern, wollte er nicht Himmlers Gestapo zum Opfer fallen. Wer am Friedenskanzler Hitler, wie ihn die NS-Propaganda unermüdlich predigte, zu zweifeln wagte, wurde rücksichtslos zum Schweigen gebracht.

Das dringendste Problem, das Hitler nach seiner Machtübernahme vorfand, war die katastrophale Lage der Wirtschaft mit ihren mehr als 6 Millionen Arbeitslosen. Jahrelang hatte er die Unfähigkeit der zerstrittenen Weimarer Demokraten angeprangert, hatte sie für die Verelendung der Nation – mehr als zwei Drittel des Volkes lebten unter dem Existenzminimum – verantwortlich gemacht. In dieser Lage konnte es für Hitler nur eine Wirtschaftspolitik geben: Kampf gegen die Arbeitslosigkeit, das hieß Arbeitsbeschaffung um jeden Preis.

Am 1. Februar 1933 kündigte Hitler im Reichstag an: »Die nationale Regierung wird das große Werk der Reorganisation der Wirtschaft unseres Volkes mit zwei großen Vierjahresplänen lösen: Rettung des deutschen Bauern zur Erhaltung der Ernährungs- und damit Lebensgrundlage der Nation, Rettung des deutschen Arbeiters durch einen gewaltigen und umfassenden Angriff gegen die Arbeitslosigkeit.« Hitler rief zur »Arbeitsschlacht« auf, an der sich nicht nur Staat und Partei, sondern alle schöpferischen Kräfte des Volkes zu beteiligen hätten. Hitler wußte, daß nur im Zeichen allgemeiner Zuversicht Fortschritte zu erzielen waren. Er und seine Propagandisten wurden nicht müde, den Erfolg zu beschwören. Ihr Fazit: »Wir müssen und wir werden wieder Arbeit für alle schaffen.«

Und die Wirtschaftsexperten, denen Hitler klugerweise die Wirt-

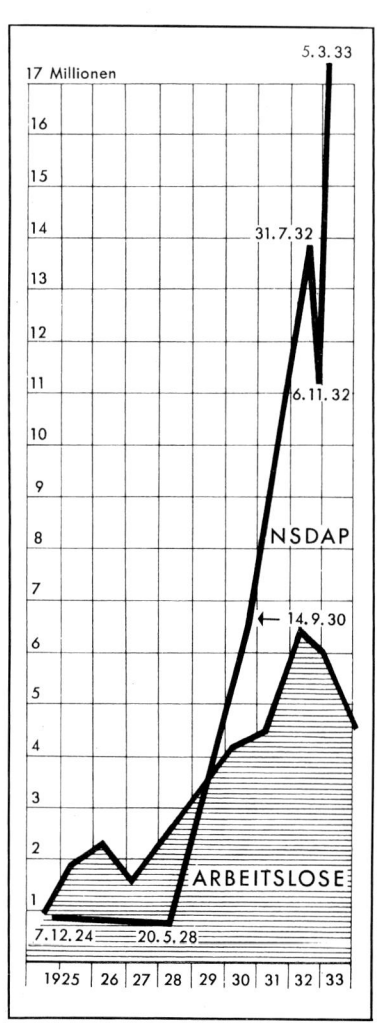

Linke Seite: Das Schaubild zeigt die Entwicklung der Arbeitslosigkeit im Vergleich zum Stimmenanstieg der NSDAP.

Die Überwindung der Arbeitslosigkeit – unser Bild zeigt zwei junge Arbeitslose auf einer Parkbank im Berlin der dreißiger Jahre – war die große Leistung, die Hitler voll und ganz für sich verbuchte. »Gebt mir vier Jahre Zeit«, forderte er bei seinem Antritt als Reichskanzler, und nach vier Jahren konnte sich Hitlers Bilanz wahrlich sehen lassen. »Es ist uns gelungen, die uns allen so zu Herzen gehenden Millionen Erwerbslosen restlos wieder in nützliche Produktionen einzubauen.«

»Dr. Ley überbrachte dem Führer als Geburtstagsgeschenk einen Volkswagen. In Zivil: Prof. Ferdinand Porsche, der Konstrukteur des Volkswagens.« – Als »soziales Lockmittel« trug die Idee des Volkswagens mit dazu bei, die ärmeren Schichten für den nationalsozialistischen Staat einzunehmen. Über ein Sparsystem erwerbbar, sollte dieses technisch hervorragend konstruierte Automobil nur 1000 Mark kosten und in großer Stückzahl hergestellt werden.

schaft überlassen hatte, zusammen mit der leistungsbereiten Bevölkerung, die sich nichts sehnlicher wünschte, als zu arbeiten, vollbrachten das Unglaubliche: das nationalsozialistische Wirtschaftswunder. Im Frühjahr 1937 war die Zahl der Arbeitslosen auf 3 % zurückgegangen. Und zwei Jahre später war die Vollbeschäftigung praktisch erreicht.

Zu Beginn der »Arbeitsschlacht« am 1. Februar 1933 hatte Hitler im Reichstag ausgerufen: »Deutsches Volk, gib uns die Zeit von vier Jahren – dann richte und urteile über uns!« Jetzt nach vier Jahren konnte sich Hitlers Erfolgsbilanz sehen lassen. Im Vergleich zu den verheerenden Zuständen zur Zeit der Weltwirtschaftskrise ging es wirklich allen besser. Ob Unternehmer, Arbeiter, Bauer, Kaufmann, Beamter, Angestellter, Handwerker, Künstler, sie alle profitierten – sofern sie sich dem »Aufbauwerk des Führers« nicht widersetzten – vom Aufschwung der Wirtschaft. Und dieser Aufschwung sollte noch weitergehen. Während die Preise nahezu stabil blieben, waren die Bruttoverdienste von 1933–1939 um 30 % gestiegen, in realer Kaufkraft um 22,6 %, also um über 3 % im Jahr; die Prosperitätsdaten von Anfang 1929 lagen wieder in Reichweite. Stabilität und Wachstum, die Idealziele jeder Wirtschaftspolitik, waren geradezu vorbildlich erreicht. Und selbst wenn jemand im Dritten Reich noch hätte frei »urteilen« und »richten« können, diesem

Hitler, diesem Vater des nationalsozialistischen Wirtschaftswunders hätten Millionen dankbar ihre Stimme gegeben. In seinem Buch »Anmerkungen zu Hitler« nennt Sebastian Haffner dieses Wirtschaftswunder Hitlers »populärste Leistung«. »Man kann sich die dankbare Verblüffung, mit der die Deutschen auf dieses Wunder reagierten, und die insbesondere die deutsche Arbeiterschaft nach 1933 in hellen Haufen von der SPD und KPD zu Hitler umschwenken ließ, gar nicht groß genug vorstellen. Sie beherrschte in den Jahren 1936–1938 die deutsche Massenstimmung absolut und verwies jeden, der Hitler immer noch ablehnte, in die Rolle eines notorischen Nörglers. ›Der Mann mag seine Fehler haben, aber er hat uns wieder Arbeit und Brot gegeben‹ – das war in diesen Jahren die millionenfache Stimme der ehemaligen SPD- und KPD-Wähler, die noch 1933 die große Masse der Hitlergegner gebildet hatten.« Mehr als 90 % des deutschen Volkes, so schätzt Haffner, hätten damals hinter Hitler gestanden. Und dieser Hitler war nicht nur innenpolitisch, so Haffner, eine »Leistungskanone«, sondern auch außenpolitisch eilte er zunächst von Erfolg zu Erfolg. Das, was den Weimarer Demokraten versagt worden war, wurde dem Diktator Hitler ohne ernsthaften Widerstand nachgeworfen. Entscheidend für diese Erfolge war neben einer Bereitschaft, tatkräftig zu handeln, die Einstellung Großbritanniens, Hitler zunächst gewähren zu lassen.

Als »Straßen Adolf Hitlers« von der NS-
Propaganda überschwenglich gefeiert,
wurde die Reichsautobahn mit Kriegsbeginn
zur Rollbahn des Führers. Von Anfang an
bestimmten auch militärische Gesichts-
punkte die Planung des Autobahnbaus.

**Spektakulärstes Symbol der wirtschaftli-
chen Gesundung Deutschlands nach
1933 war zweifellos der Autobahnbau.
Zwar stammte die Idee der Autobahnen
nicht von Hitler; doch Hitler war es, der
ihre wirtschaftspolitische, vor allem
aber auch ihre propagandistische Bedeutung erkannte.**

Soldaten der deutschen Wehrmacht, angetreten vor ihrem obersten Befehlshaber auf dem Nürnberger Parteitag. Die Bestimmungen des Versailler Vertrages mißachtend, hatte Hitler mit der Wiedereinführung der allgemeinen Wehrpflicht am 16. März 1935 den ersten Ring der Kette des Versailler Vertrages gesprengt. Im Kabinett brachte der Reichswehrminister Generaloberst Werner von Blomberg ein dreifaches Heil auf Adolf Hitler aus.

Schon immer hatte England die Politik des Gleichgewichts der Kräfte verfolgt. Auf dem europäischen Kontinent dürfe keine Macht so groß werden, daß sie Englands Interessen gefährden könne. Ein überstarkes Frankreich paßte in dieses Konzept ebensowenig wie ein schwaches Deutschland, zumal sich im kommunistischen Rußland eine immer stärker werdende Großmacht entwickelte. Hitler hatte sich selbst als »Bollwerk gegen den Bolschewismus« bezeichnet; genau das aber wollte Großbritannien haben. Nur als von England »Benutzter« und dadurch letztlich Geförderter konnte er seine außenpolitischen Erfolge erzielen.

Hinzu kam, daß Hitlers Drittes Reich sich in einer geradezu idealen Ausgangsposition befand. Daß der Vertrag von Versailles eine demütigende Ungerechtigkeit darstellte, war offenkundig, daß jeder deutsche Staatsmann danach trachten mußte, diesen Vertrag zu revidieren, eine Selbstverständlichkeit. Alle seine Forderungen konnte Hitler mit den allgemein akzeptierten Prinzipien zwischenstaatlicher Beziehungen begründen. Wenn er von Frieden, Gleichberechtigung und dem Selbstbestimmungsrecht der Völker sprach, konnte sich dem niemand ernsthaft widersetzen. Der Legalitätstaktik der Machtergreifung mit dem erklärten Ziel, die Demokratie zu beseitigen, folgte nun die außenpolitische Friedenstaktik zur Tarnung der eigentlichen expansiven kriegerischen Ziele.

Schon in seiner ersten außenpolitischen Rede am 17. Mai 1933, die von allen Parteien, auch von der SPD, ausdrücklich gebilligt wurde, hatte Hitler seine Friedensabsichten beschworen. Ihm wie auch seiner Regierung gehe es allein um die Revision des Versailler Vertrages:

»Wenn ich in diesem Augenblick bewußt als deutscher Nationalsozialist spreche, so möchte ich bekunden... daß dieses junge Deutschland das tiefste Verständnis beseelt für die gleichen Gefühle und Gesinnungen sowie für die begründeten Lebensansprüche der anderen Völker. Die Generation dieses jungen Deutschlands, die in ihrem bisherigen Leben nur die Not, das Elend und den Jammer des eigenen Volkes kennenlernte, hat zu sehr unter dem Wahnsinn (des 1. Weltkrieges) gelitten, als daß sie beabsichtigen könnte, das gleiche anderen zuzufügen.« Man habe »keinen sehnlicheren Wunsch als den, beizutragen, daß die Wunden des Krieges und des Versailler Vertrages endgültig geheilt werden«.

Schon in »Mein Kampf« hatte Hitler geschrieben, der Vertrag von Versailles habe wenigstens den Vorteil, er würde im Volk zu dem Ruf führen: »Wir wollen wieder Waffen!« Und da die anderen Staaten keine ernsthaften Absichten zeigten abzurüsten, forderte Hitler diese Waffen nun energisch. Im Namen der Gleichberechtigung sei es völlig unmöglich, Deutschland nur das Heer eines Zwergstaates von 100 000 Mann zuzubilligen. Und da ihm entsprechende Verhandlungen zu mühselig schienen, stellte er mit der am 16. März 1935 eingeführten allgemeinen Wehrpflicht die erstaunte Welt vor vollendete Tatsachen. Über alle Reichssender wurde die Stärke der geplanten Wehrmacht bekanntgegeben: 26 Divisionen, ungefähr 500 000 Mann.

Das Ausland zeigte sich über Hitlers einseitiges Vorgehen zwar empört, konnte sich aber zu gemeinsamem Handeln nicht aufraffen. Der französische Botschafter in Berlin wurde beschwichtigt, es handle sich nur um eine Defensivmaßnahme. Frankreich habe von Deutschland nichts zu befürchten, und im übrigen richte sich Hitlers Politik ausschließlich gegen das kommunistische Rußland.

Schon zehn Tage nach diesem Bruch des Versailler Vertrages traf eine offizielle englische Delegation in Berlin ein, wo in geradezu freundschaftlicher Atmosphäre mit Hitler

verhandelt wurde. England sei »keineswegs antideutsch« eingestellt, doch gelte es in jedem Falle, den Frieden zu bewahren. Hitler wiederum bekundete das, was seine Gäste hören wollten, daß ein Zusammengehen »zwischen Kommunismus und Nationalsozialismus völlig ausgeschlossen« sei. Im übrigen sei er bereit, einer England entgegenkommenden Regelung der Flottenfrage zuzustimmen. Ansonsten aber müsse er grundsätzlich auf der militärischen Gleichberechtigung beharren.

Hitlers Dolmetscher Schmidt beeindruckte, mit welcher Geduld die britischen Delegierten seinen Ausführungen zuhörten. »Noch vor zwei Jahren wäre... der Himmel eingestürzt, wenn deutsche Vertreter derartige Forderungen erhoben hätten, wie Hitler es tat, als wäre es das Selbstverständlichste von der Welt.« Und Schmidt mußte sich auch fragen, ob Hitler mit seiner »Methode der vollendeten Tatsachen« nicht doch weiter gekommen sei als auf dem üblichen Wege des Auswärtigen Amtes.

Um seine lauteren Absichten zu bekräftigen, insbesondere aber um das englische Wohlwollen noch zu steigern und Frankreichs Bedenken zu zerstreuen, hielt Hitler vor dem Reichstag am 21. Mai 1935 eine weitere große »Friedensrede«.

Ruhig, maßvoll und verhalten präsentierte er sich ganz als verantwortungsbewußter Staatsmann. Zunächst verurteilte er die vergangenen Kriege und stellte fest, daß sie letzten Endes niemandem, auch nicht dem jeweiligen Sieger, Glück gebracht hätten und daß somit auch die Opfer der Völker vergebens gewesen seien. »Frankreich ist am Ende Frankreich geblieben, Deutschland Deutschland, Italien Italien, Polen Polen... Was dynastischer Egoismus, politische Leidenschaft und patriotische Verblendung unter Strömen von Blut erreicht haben, hat in nationaler Beziehung stets nur die Oberfläche der Völker geritzt... Nein! Das national-

Einmarsch deutscher Truppen am 7. März 1936 in Köln. »In dieser geschichtlichen Stunde beziehen in den westlichen Provinzen des Reichs deutsche Truppen ihre künftigen Friedensgarnisonen.« Nach dem Bruch des Vertrages von Locarno ließ Hitler das linksrheinische Gebiet Deutschlands militärisch besetzen.

sozialistische Deutschland will den Frieden aus tiefinnersten weltanschaulichen Überzeugungen. Es will ihn weiter aus der einfachen primitiven Erkenntnis, daß kein Krieg geeignet sein würde, das Wesen unserer allgemeinen europäischen Not zu heben... Deutschland braucht den Frieden, und es will den Frieden!«

An Frankreich wandte er sich mit dem Hinweis, daß nach der am 1. 3. 1935 erfolgten Rückkehr des Saarlandes keine ernsten Probleme mehr zwischen den beiden Ländern stünden: »Deutschland hat Frankreich gegenüber feierlich die nach der Saarabstimmung sich ergebende Grenze angenommen und garantiert. ... Wir taten dies, trotzdem wir damit z. B. endgültig auf Elsaß-Lothringen Verzicht leisteten, um das auch wir zwei große Kriege führten.«

Den Engländern machte er nochmals das Angebot, die deutsche Flotte auf höchstens 35 % der britischen Überwasserstreitkräfte zu beschränken. Nach allgemeinen Vorschlägen zur Abrüstung, die nicht nur für Deutschland, sondern für alle Staaten zu gelten hätten, schloß Hitler seine Rede mit den Worten: »Wer in Europa die Brandfackel des Krieges erhebt, kann nur das Chaos wünschen. Wir aber leben in der festen Überzeugung, daß sich in unserer Zeit nicht erfüllt der Untergang des Abendlandes, sondern seine Wiederauferstehung. Daß Deutschland zu diesem großen Werk einen unvergänglichen Beitrag liefern möge, ist unsere stolze Hoffnung und unser unerschütterlicher Glaube.«

In weiten internationalen Kreisen blieb diese Rede nicht ohne Eindruck. Eigentlich forderte Hitler nur das, was ihm jeder europäische Staatsmann zubilligen mußte.

Nicht zuletzt wegen des 35-%-Angebots schrieb schon am nächsten Tag die Londoner »Times«: »Wie man sieht, ist die Rede maßvoll, aufrichtig und umfassend. Wer sie unvoreingenommen liest, kann nicht bezweifeln, daß die von Herrn Hitler umrissene Politik durchaus die Grundlage für eine vollständige Verständigung mit Deutschland bilden könnte – mit einem freien, gleichberechtigten, starken Deutschland anstelle des gedemütigten Volkes, dem vor 16 Jahren der Frieden aufgezwungen wurde... Es ist zu hoffen, daß diese Rede überall als eine aufrichtige und wohlerwogene Äußerung aufgenommen wird, die genau meint, was sie besagt.«

Die Flottenverhandlungen waren dann kaum mehr als eine Routineangelegenheit. Das, was Hitler von England forderte, wurde ihm im deutsch-britischen Flottenabkommen vom 18. Juni 1935 zugestanden. Die beiden Mächte einigten sich auf ein Verhältnis von 100 zu 35 beim Flottenbau über Wasser und Parität im U-Boot-Bau.

Drei Monate nach dem Bruch des Versailler Vertrages durch die Einführung der allgemeinen Wehrpflicht hatte nun auch London mit diesem Flottenabkommen den Vertrag von Versailles gebrochen. Frankreich, das von England über die Verhandlungen nicht einmal informiert worden war, protestierte vergeblich. London trachtete danach, sich mit dem »vernünftigen« Staatsmann Hitler zu arrangieren, womit das System des Versailler Friedensvertrages praktisch erledigt war. Als Hitler seinen nächsten außenpolitischen Coup startete, ein weiteres Relikt des Versailler Vertrages zu beseitigen, war ihm englisches Wohlverhalten sicher. Schon im Januar 1936 spielte er mit dem Gedanken, das entmilitarisierte Rheinland zu besetzen. Gegen den Rat der Militärs, die Hitler zu Verhandlungen rieten und die ihn dringend vor möglicher Kriegsgefahr warnten, ließ Hitler am 7. März 1936 drei »symbolische« Bataillone über die Rheinbrücke in die militärfreie Zone einmarschieren. Von der Bevölkerung begeistert begrüßt, von katholischen Priestern mit Weihrauch und Segnungen empfangen, wurde von 25 000 deutschen Soldaten das Rheinland besetzt. Würde Frankreich nun endlich etwas unternehmen? Würde Frankreich nicht nur protestieren, sondern auch marschieren?

»Die 48 Stunden nach dem Einmarsch ins Rheinland sind die aufregendste Zeitspanne in meinem Leben gewesen.« Wenn Frankreich etwas unternommen hätte, »hätten wir uns mit Schimpf und Schande wieder zurückziehen müssen, denn die militärischen Kräfte, über die wir verfügten, hätten keineswegs auch nur zu einem mäßigen Widerstand ausgereicht«.

Frankreichs Botschafter in Berlin verlangte zwar von Paris eine »energische Reaktion«, aber der französische Generalstab reagierte nur halbherzig und ängstlich. Allein, ohne London, konnte sich Paris zu einem Widerstand gegen Hitler nicht durchringen. Und in England dachte niemand ernsthaft daran, sich der Sache Frankreichs anzunehmen. »Es gab zu jener Zeit«, schreibt Anthony Eden, »in unserem Land unter tausend Menschen nicht einen, der bereit gewesen wäre, an der Seite Frankreichs physisch etwas gegen eine deutsche Besetzung des Rheinlandes zu unternehmen.« Ein anderer britischer Politiker meinte trocken: »Schließlich sind die Deutschen ja nur in ihren eigenen Vorgarten eingerückt.« Die Rheinlandbesetzung, die für Hitler zu einer möglichen Niederlage und einem empfindlichen Prestigeverlust hätte führen können, wurde schließlich auch noch innenpolitisch ein großartiger Erfolg. Umgehend löste Hitler den Reichstag auf, um das deutsche Volk über seine Politik abstimmen zu lassen. In einem wahren Triumphzug durch Deutschland verkündete Hitler die Grundlagen seiner friedlichen Politik, die gleichgeschaltete Propaganda beteuerte unermüdlich seine Friedensliebe. Im Hinblick auf die Rheinlandbesetzung betonte Hitler, »keinen Fuß auf fremdes Gebiet gesetzt« zu haben. »Ich bin nicht in ein frem-

In den Augusttagen des Jahres 1936 wurde Deutschland zur »Arena des Erdballes«. Unter der Schirmherrschaft des »Führers und Reichskanzlers« Adolf Hitler wurden die 13. Olympischen Spiele zu einem beispiellosen sportlichen und propagandistischen Erfolg für Deutschland und seine nationalsozialistischen Machthaber.

79

Großer Zapfenstreich des nationalsozialistischen Diktators für den faschistischen Duce im Berliner Olympiastadion, 29. September 1937. In den Lichtkegeln der Scheinwerfer die Embleme der beiden Diktaturen, Hakenkreuz und Liktorenbündel. Dazwischen Mussolini, der zu den Massen spricht. Der Staatsbesuch des italienischen Diktators, perfekt inszeniert mit Massenaufmärschen und Paraden, wird zu einem triumphalen Fest deutsch-italienischer Verbrüderung. Die Achse Berlin–Rom ist endgültig besiegelt.

des Haus eingebrochen! Ich habe niemand etwas gestohlen!« Nur sein deutsches Volk könne über ihn richten. »Deutsches Volk! Sieh das Große und Gesamte der letzten drei Jahre! Sei gerecht! Hast Du, wenn Du ein anständiger Deutscher bist, Grund, Dich der letzten drei Jahre... zu schämen? Oder hast Du nicht doch Grund, jetzt wieder einmal stolz zu sein?«

Als die Wahlen am 29. März 1936 stattfanden, gaben, so der amerikanische Hitler-Biograph Toland, »98,8 % aller Wähler, ohne dazu gezwungen worden zu sein, ihre Stimme für Hitler. Auf der ganzen Welt erfreute sich kein Staatsoberhaupt solcher Beliebtheit.«

Gleich die nächste Gelegenheit nahmen Hitler und seine Propagandisten zum Anlaß, das Prestige des Regimes noch weiter zu steigern. Als im Sommer 1936 die Olympischen Spiele in Deutschland stattfanden, zeigte sich das Dritte Reich von seiner besten Seite. Ausländische Forderungen, die Spiele wegen Hitlers antisemitischer Politik zu boykottieren, fanden wenig Resonanz. Trotz der Nürnberger Gesetze, trotz der KZs und der Gestapo, trotz der Unterdrückung jeder Opposition, trotz des Terrors und der Diktatur kam die »Jugend der Welt« nach Deutschland, um die bis dahin glänzendsten Olympischen Spiele mitzuerleben.

Sportlich war alles bestens organisiert, und die Regierung bemühte sich aufmerksamer und intensiver als je eine Regierung zuvor um die Olympia-Teilnehmer.

Empfänge über Empfänge wurden veranstaltet. In den Restaurants, den Theatern und Vergnügungsstätten herrschte Hochbetrieb. Die Gäste waren sichtlich beeindruckt. Und nicht wenige kehrten als Fürsprecher des neuen Deutschland in ihre Heimat zurück.

Auch wenn man die Nazis nicht mochte, das aber mußte man diesem Hitler lassen: In nur drei Jahren war aus einem Deutschland der Not und

des Elends, der parteipolitischen Zersplitterung ein Staat geworden, der sich sehen lassen konnte. Noch wirkte die Fassade, noch verdeckte sie die wahren Hintergründe.

Und als Hitler mit dem Anschluß Österreichs und der Eingliederung des Sudetenlandes im Jahre 1938 seine größten außenpolitischen Triumphe feierte, waren diese Hintergründe noch immer nicht erkennbar, nicht erkennbar für das gleichgeschaltete Deutschland und, was schlimmer war, nicht erkennbar für die englische Politik, die bis zuletzt an den »vernünftigen Staatsmann« Hitler glaubte, den man im eigenen Machtinteresse als Bollwerk gegen den Bolschewismus gebrauchen könne.

Daß Hitler, gestützt auf das Selbstbestimmungsrecht der Völker, nach 1933 den Zusammenschluß aller Deutschen anstrebte, war kein Geheimnis. Und daß die Eingliederung Österreichs, dem 1918 die Vereinigung mit dem Deutschen Reich von den Siegern verboten worden war, zu diesem Programm gehörte, war die natürliche Folge einer solchen Politik. Offen war lediglich die Frage, wann? Zunächst war die Vereinigung mit Österreich nicht nur am französischen, sondern auch am Widerstand des faschistischen Italiens gescheitert. Doch Mussolinis Abessinienkrieg und die gemeinsame Unterstützung Francos im Spanischen Bürgerkrieg hatte die beiden Diktatoren einander nähergebracht.

Im Jahre 1938 jedenfalls glaubte Hitler, mit der Duldung Mussolinis rechnen zu können. So lud er den österreichischen Bundeskanzler, Kurt von Schuschnigg, für den 12. Februar in sein Haus auf dem Obersalzberg ein, um ihm hier seine Bedingungen zu diktieren.

Das zunächst freundlich begonnene Gespräch wurde zusehends härter. Nach Vorhaltungen wegen der deutschfeindlichen Politik Wiens griff Hitler zu unverhüllten Drohungen: »Und das sage ich Ihnen, Herr

»Der ganzen Welt, die sich gespannt fragt,
was das Ergebnis unserer Begegnung sein
wird, können wir antworten: Friede!«,
verkündete Benito Mussolini 1937 auf dem
Reichssportfeld in Berlin. Als
»Friedensheuchler« stand Italiens Diktator
seinem deutschen Kollegen in nichts nach.

Gegen den Grundsatz vom Selbstbestimmungsrecht der Völker und gegen den ausdrücklichen Willen beider Länder war im Versailler Vertrag (1919) die Vereinigung von Deutschland und Deutsch-Österreich verboten worden. Erst dem gebürtigen Österreicher Hitler gelang es, diese Bestimmung zu annullieren: Als er am 15. März 1938 auf dem Wiener Heldenplatz »den Eintritt meiner Heimat in das Deutsche Reich« verkündete, kannte der Jubel keine Grenzen.

Schuschnigg! Ich bin fest dazu entschlossen, mit dem allen ein Ende zu machen. Das Deutsche Reich ist eine Großmacht, und es kann und wird niemand dreinreden wollen, wenn es an seinen Grenzen Ordnung macht.«

Als Schuschnigg Hitler zu verstehen gab, daß Österreich nicht allein sei und eine gewaltsame Lösung zum Krieg führen könnte, zeigte sich Hitler nicht beeindruckt. Eher höhnisch meinte er, daß niemand, weder England noch Frankreich oder Italien, für Österreich einen Finger rühren würde. Schuschnigg bliebe gar nichts anderes übrig, als die Bedingungen zu akzeptieren. Da er nicht »bluffe«, gäbe er ihm den guten Rat, ihn »wörtlich zu nehmen«. Innerhalb von drei Tagen müßten alle inhaftierten österreichischen Nationalsozialisten freigelassen werden, der österreichische Nationalsozialist Arthur Seyß-Inquart müsse zum Innenminister (und damit Polizeichef) und ein »gemäßigter« österreichischer Nationalist zum Verteidigungsminister ernannt werden. Schuschnigg wußte, daß die Erfüllung dieser Forderungen letztlich auf das Ende seines Österreichs hinauslaufen würde. Doch um Zeit zu gewinnen, erfüllte er, nach Wien zurückgekehrt, zunächst die ersten beiden Forderungen Hitlers, um dann ganz überraschend gegen die Vereinbarung für den 13. März 1938 eine Volksabstimmung anzusetzen. Würde das Volk sich vor aller Welt für »ein freies und deutsches, unabhängiges und sozia-

>>Als der Führer und Kanzler der deutschen Nation und des Reiches melde ich vor der Geschichte nunmehr den Eintritt meiner Heimat in das Deutsche Reich.<<

Adolf Hitler am 15. März 1938 auf dem Heldenplatz in Wien.

les, für ein christliches und einiges Österreich« entscheiden, so könnte Hitler diesen Volkswillen unmöglich mißachten.

Hitler, der am besten wußte, wie man einen Volkswillen manipulieren konnte, reagierte sofort. Um dieser Abstimmung zuvorzukommen, stellte er der österreichischen Regierung das Ultimatum, Schuschnigg umgehend durch Seyß-Inquart als Kanzler zu ersetzen, anderenfalls deutsche Truppen in Österreich einmarschieren würden. In seiner Verzweiflung wandte sich Schuschnigg an London, »um den sofortigen Rat der Regierung Seiner Majestät zu erfahren, was er nun tun solle«. Die Antwort aus England war niederschmetternd. Man könne dem Bundeskanzler nicht raten, »einen Kurs einzuschlagen, der sein Land Gefahren aussetzen könnte, gegen welche die Regierung Seiner Majestät Schutz zu gewähren außerstande ist«.

Da Frankreich ohne England ebenfalls nicht zu konkreten Maßnahmen bereit war und Mussolini ihm kurz zuvor ausdrücklich bestätigt hatte, an der österreichischen Frage nicht interessiert zu sein, konnte Hitler die Truppen der deutschen Wehrmacht getrost in Marsch setzen.

Für die Soldaten und vor allem für Hitler persönlich war dieser Einmarsch in Österreich ein Triumphzug ohnegleichen. Die Österreicher selbst halfen mit, die Grenzschlagbäume zu entfernen. Mit Blumen und Hakenkreuzfahnen wurden die Soldaten von alt und jung, von Frauen und Kindern begeistert willkommen geheißen. Von Fahrzeugen und Zuschauern waren die Straßen so verstopft, daß Hitlers Kolonne erst am späten Nachmittag die Donau überqueren konnte.

Sein erstes Ziel in Österreich war seine Geburtsstadt Braunau, wo er vor nicht ganz 49 Jahren zur Welt gekommen war. Dann ging die Reise weiter nach Linz. Der Jubel der Hunderttausend auf dem Marktplatz seiner Heimatstadt war derart überwäl-

Gleich am ersten Tag seines Einmarsches in Österreich ließ sich Hitler zu dem kleinen, vier Kilometer von Linz liegenden Feldfriedhof in Leonding fahren, auf dem seine Eltern ruhten. Dort ging er allein, ohne Adjutanten, Generale und Leibgarde, an das Grab, wo er fern von allem Lärm und Jubel in stillem Gedenken verharrte.

tigend, daß Hitler, der ursprünglich nur eine Art Personalunion zwischen Österreich und Deutschland vorgesehen hatte, sich unter diesem Eindruck der Massenbegeisterung für den sofortigen Anschluß entschied. Diese Begeisterung Österreichs, schrieb der Korrespondent der Londoner »Times«, »würde unglaubhaft sein, wenn man sie nicht mit eigenen Augen gesehen hätte. Die Wahrheit ist, daß die Wien und München trennende Grenze immer nur künstlich war... Die Menschen sprechen die gleiche Sprache, denken dasselbe... Natürlich wünschen sie ein Volk zu sein... Vom Londoner Blickwinkel gesehen mag der deutsche Marsch über die Grenze wie ein Akt der Aggression aussehen. Von hier aus gesehen sind die Truppen als Brüder gekommen, um Österreich zu retten.«

Am 13. März 1938 unterzeichneten Seyß-Inquart und Hitler das »Wiedervereinigungsgesetz«, dessen 1. Artikel lautete: »Österreich ist ein Land des Deutschen Reiches.«

In Leonding legte Hitler am Grab seiner Eltern einen Kranz nieder, um dann nach Wien weiterzureisen. Vor Hunderttausenden, die ihn hier auf dem Heldenplatz erwarteten, hielt er eine zündende Rede, die unter unbeschreiblichem Jubel mit den Worten endete, daß er in dieser Stunde die »größte Vollzugsmeldung« seines Lebens abgeben könne: »Als der Führer und Kanzler der deutschen Nation und des Reiches melde ich vor der Geschichte nunmehr den Eintritt meiner Heimat in das Deutsche Reich.«

Der nationale Taumel in Wien und Österreich, den Hitler entfachte, war ungeheuerlich. Selbst Kardinal Innitzer, dessen oberster Kirchenführer, der Papst, 1937 mit »brennender Sorge« gegen die nationalsozialistische Kirchenpolitik protestiert hatte, forderte nun, daß es die »Pflicht der katholischen Bevölkerung« sei, »am deutschen Aufbauwerk mitzuarbeiten«. Und auch der österreichische

Sozialistenführer Renner, dessen deutsche Genossen Hitler nach 1933 rücksichtslos ausgeschaltet hatte, erklärte bei der für den 10. April angesetzten Volksabstimmung, für den Anschluß zu stimmen. 99,7 % der Österreicher stimmten an jenem 10. April für die »Wiedervereinigung« Österreichs mit dem Deutschen Reich. Im »Altreich« waren es 0,7 % weniger.

Mit dem Anschluß hatte der »Friedenskanzler« Hitler das erklärte Ziel seiner Außenpolitik, das Großdeutsche Reich, im wesentlichen erreicht. Noch immer aber lebten Millionen Deutsche außerhalb der deutschen Grenzen. Allein in der Tschechoslowakei waren es mehr als drei Millionen, die nun nach den Österreichern ebenfalls »heim ins Reich« wollten. Und hier ging es für Hitler von vornherein nicht nur um die Eingliederung der Sudetendeutschen. Seinen höchsten militärischen Befehlshabern machte er unmißverständlich klar: »Es ist mein unerschütterlicher Entschluß, die Tschechoslowakei von der Landkarte zu streichen.« Sie hätten alles vorzubereiten, damit der Angriff am 1. Oktober beginnen könne.

Die Militärs waren entsetzt. Bislang konnte sich Hitler immer auf das Selbstbestimmungsrecht der Völker berufen, bislang konnte er sich Deutschland und der Welt unwidersprochen als Friedenskanzler präsentieren. Würde es jetzt aber wegen der Tschechoslowakei zu einem größeren Krieg kommen, so wären alle bisherigen Erfolge in Frage gestellt. Noch sei die Wehrmacht längst nicht entsprechend gerüstet, um einen Konflikt mit Frankreich und England siegreich bestehen zu können. Überzeugt davon, daß diese beiden Mächte im Falle eines deutschen Angriffs auf die Tschechoslowakei in den Krieg eingreifen würden, meinten die Militärs, daß ein »solcher Schritt nach menschlicher Voraussicht mit einer nicht nur militärischen, sondern auch allgemeinen Katastrophe

enden wird«. Höchste Militärs und führende Zivilisten waren bereit, falls Hitler gegen ihre Bedenken einen Krieg führen würde, ihn kurzerhand abzusetzen und gefangenzunehmen. Unterhändler wurden nach London geschickt, um den Engländern klarzumachen, daß, wenn sie nur hart blieben, sie tatsächlich handeln und Hitler verhaften würden.

Doch Chamberlain setzte noch immer auf den »vernünftigen« Staatsmann Hitler, der verständlicherweise im Rahmen des Selbstbestimmungsrechts Gerechtigkeit für die Sudetendeutschen, im übrigen aber, genau wie er, letztlich den Frieden wolle. In dieser gespannten Situation schlug der englische Premierminister vor, nach Deutschland zu kommen, um mit Hitler die tschechische Frage zu beraten. Hitler willigte sofort ein, sich mit Chamberlain am 15. September 1938 in Berchtesgaden zu treffen. Über alles, so gab Chamberlain hier zu verstehen, könne er mit sich reden lassen, nur zur Gewaltanwendung dürfe es nicht kommen. Hitler, der das Gespräch verbindlich begonnen hatte, steigerte sich schließlich in eine solche Wut gegen die Tschechen, ihren Staatspräsidenten Eduard Beneš und ihre Maßnahmen gegen die Sudetendeutschen, daß er Chamberlain geradezu drohte: »Ich lasse mir das nicht länger bieten. Ich werde in kürzester Frist diese Frage – so oder so – aus eigener Initiative lösen.« Chamberlain reagierte gelassen: Wenn das so sei, warum habe ihn dann Hitler erst nach Berchtesgaden kommen lassen, dann wäre es das beste, sofort nach England zurückzukehren.

Nun lenkte Hitler ein und fragte, ob Chamberlain für »die Behandlung der Sudetenfrage den Grundsatz des Selbstbestimmungsrechts der Völker anerkennen« könne, die praktische Durchführung ließe sich dann später regeln. Chamberlain erklärte seine prinzipielle Zustimmung, zuvor jedoch müsse er sich mit seinem Kabinett und der französischen Regie-

Am 15. September 1938 gewann Hitler die erste Runde in seinem Spiel um die Tschechoslowakei: Großbritanniens Premierminister Chamberlain kam zu ihm auf den Obersalzberg und verhandelte.

Pax – Friede, Karikatur des Schweizer »Nebelspalter« auf das Münchner Abkommen. Nach Hitlers Einmarsch in Prag notierte Botschafter Ulrich von Hassel: »England reagiert am stärksten und scheint eine feste Abwehrfront gegen uns schmieden zu wollen. Aber da der Wille zum Letzten überall fehlt – und darauf baut eben Hitler –, wird wohl im Augenblick nichts passieren. Doch der Punkt ist überschritten, an dem Talleyrand Napoleon verließ...«

rung beraten. Dann werde er wiederkommen, um die Einzelheiten zu regeln. Schon drei Tage später waren sich Frankreich und England einig, die Tschechen mit etwas »freundschaftlichem Druck« dazu zu bewegen, gewisse Teile ihres deutschbesiedelten Staatsgebietes an Deutschland abzutreten. Und während Beneš diesen »freundschaftlichen Druck« nur als Verrat empfinden konnte, glaubte Chamberlain, einem zweiten Treffen mit Hitler voll Zuversicht entgegensehen zu dürfen.

Doch Chamberlains Plan, gewisse tschechische Gebiete stufenweise an Deutschland abzutreten, wurde von Hitler strikt verworfen. Ultimativ forderte er, deutsche Truppen hätten »sofort« das Sudetenland zu besetzen. Vom 26. September an sollten die tschechischen Streitkräfte beginnen, das Gebiet zu räumen, das dann zwei Tage später an Deutschland abzutreten sei. Mitten in die gespannte Lage platzte die Nachricht, daß Beneš die allgemeine Mobilmachung gegen Deutschland angeordnet habe. Hitler zeigte sich nun bereit, den Räumungstermin auf den 1. Oktober zu verschieben. Chamberlain seinerseits wollte die deutschen Bedingungen den Tschechen übermitteln. In einer todesmutigen Flucht nach vorn lehnte Beneš diese Bedingungen ab. Würde er hart bleiben, würden sich vielleicht auch England und Frankreich Hitlers Forderungen widersetzen. Und zunächst schien Beneš recht zu behalten. Frankreich erklärte nun, im Falle eines deutschen Angriffs werde es seiner Bündnisverpflichtung der Tschechoslowakei gegenüber nachkommen. Durch einen persönlichen Beauftragten ließ Chamberlain Hitler übermitteln: »Wenn Frankreich bei der Erfüllung seiner vertraglichen Verpflichtungen aktiv in Feindseligkeiten gegen Deutschland verwickelt werden sollte, so würde sich das Vereinigte Königreich für verpflichtet halten, Frankreich zu unterstützen.«

Hitler reagierte wütend: »Wenn Frankreich und England losschlagen wollen, dann sollen sie es nur tun. Mir ist das völlig gleichgültig. Ich bin auf alle Eventualitäten vorbereitet. Heute ist Dienstag, und am nächsten Montag werden wir Krieg haben.« Doch trotz ihrer öffentlichen Erklärungen waren weder England noch Frankreich ernsthaft gewillt, wegen der Sudetenfrage einen Krieg zu riskieren. Auf der von Chamberlain angeregten, durch Mussolini vermittelten Münchener Konferenz der vier Großmächte vom 29. September 1938 war von Widerstand nicht mehr die Rede. Ohne die Tschechen zu konsultieren, gaben die Westmächte Hitler letztlich in allen Forderungen nach.

Wie in München vereinbart, marschierten am 1. Oktober 1938 deutsche Truppen ins Sudetenland ein. Ein weiterer friedlicher Sieg auf dem Weg zum Großdeutschen Reich war errungen. Wiederum jubelten Hunderttausende ihrem Führer zu. Und obwohl Hitler vor dem Reichstag verkündete, er habe nun »keine territorialen Forderungen« mehr, blieb sein Ziel, die Tschechei zu »zerschlagen«, unverändert. Von Berlin unterstützt, erklärte der Führer der Slowaken am 1. März 1939 die Unabhängigkeit der Slowakei. In Berlin selbst wurde Hácha, der Nachfolger von Beneš, derart unter Druck gesetzt, daß ihm nichts anderes übrigblieb, als »das Schicksal des tschechischen Volkes und Landes vertrauensvoll in die Hände des Führers des Deutschen Reiches« zu legen. Am 15. März 1939 wurde die Tschechei von Truppen der deutschen Wehrmacht besetzt. Am selben Abend noch traf Hitler auf der Prager Burg, dem Hradschin, ein. Am 16. März verkündete er eine Proklamation über die Errichtung des »Reichsprotektorates Böhmen–Mähren«; erstmals hatte er über die deutschen Volkstumsgrenzen hinausgegriffen. Chamberlain, der in München noch den Bestand der Tschechoslowakei garantiert hatte, erklärte, daß nun, da die Tschechoslowakei zerfallen sei, auch diese Garantieverpflichtung nicht mehr bestehe. Dennoch war man jetzt in England nicht mehr bereit, weitere Gewalttaten Hitlers zu dulden. Der deutsche Botschafter in London bekam die neue Haltung deutlich zu spüren: »Ich verstehe, daß Herrn Hitlers Appetit auf unblutige Siege wächst, aber es kommt der Tag, da er sich irrt und da es nicht ohne Blutvergießen gehen wird.«

Um diesen Appetit zu zügeln, gab Chamberlain am 31. März im Unterhaus bekannt, England werde in voller Übereinstimmung mit Frankreich Polen Beistand leisten, sollte das Land in seiner Unabhängigkeit bedroht werden. England erkenne zwar Deutschlands berechtigte Interessen gegen Polen in der Danzig- und Korridorfrage an, doch habe sich Hitler nun an die friedlichen Spielregeln des Verhandelns zu halten. Diese englisch-französische Garantieerklärung für Polen wiederum trug nicht gerade dazu bei, die selbstbewußte polnische Führung unter Oberst Beck verhandlungsbereit zu stimmen. Selbst Hitlers »maßvolle« Forderungen wurden von Warschau abgelehnt.

Da Hitler aber zum Krieg gegen Polen entschlossen war und sich einen Zweifrontenkrieg nicht leisten konnte, suchte er – das von Englands Gnaden großgewordene »Bollwerk gegen den Bolschewismus« – sich mit eben diesem Bolschewismus gegen alle bisherigen »Todfeindschafts«-Erklärungen zu arrangieren. Ein Bündnis mit Rußland würde ihm den Zweifrontenkrieg ersparen. Ja, mit diesem Bündnis würden es die schwächlichen Demokratien nicht einmal wagen, ihren Pflichten Polen gegenüber nachzukommen.

Stalin dagegen dachte ganz anders, als er sich für das von Hitler angestrebte Bündnis entschied und die entsprechenden Angebote Englands und Frankreichs ablehnte. In einer Geheimsitzung des Politbüros vom 19. August 1939 begründete er den führenden Genossen seine Haltung.

»Krieg oder Frieden: Diese Frage ist nun in ihre kritische Phase eingetreten. Ihre Lösung hängt vollkommen von der Stellungnahme ab, die von der Sowjetunion eingenommen werden wird. Wir sind absolut überzeugt, daß Deutschland, wenn wir einen Bündnisvertrag mit Frankreich und Großbritannien abschließen, sich gezwungen sehen wird, vor Polen zurückzuweichen und einen Modus vivendi mit den Westmächten zu suchen. Auf diese Weise könnte der Krieg vermieden werden. Und die schließliche Entwicklung wird bei diesem Zustand der Dinge einen für uns gefährlichen Charakter annehmen. Auf der anderen Seite wird Deutschland, wenn wir das euch bekannte Angebot Deutschlands eines Nichtangriffspaktes annehmen, sicher Polen angreifen, und die Intervention Frankreichs und Englands in diesem Krieg wird unvermeidlich werden.

Unter solchen Umständen werden wir viel Chancen haben, außerhalb des Konfliktes zu bleiben, und wir können mit Vorteil abwarten, bis die Reihe an uns ist. Das ist genau das, was unser Interesse erfordert.

Daher ist unsere Entscheidung klar, wir müssen das deutsche Angebot annehmen und die französisch-englische Mission mit einer höflichen Ablehnung in ihre Länder zurückschicken. Ich wiederhole, daß es in eurem Interesse ist, wenn der Krieg zwischen dem Reich und dem anglo-französischen Block ausbricht. Es ist wesentlich für uns, daß dieser Krieg so lange wie möglich dauert, damit die beiden Gruppen sich erschöpfen. Aus diesem Grund müssen wir den von Deutschland vorgeschlagenen Pakt annehmen und darauf hinarbeiten, daß dieser Krieg, wenn er einmal erklärt ist, so lange als möglich dauert. In der Zwischenzeit müssen wir die politische Arbeit in den kriegführenden Ländern intensivieren, damit wir gut vorbereitet sind, wenn der Krieg sein Ende nehmen wird.«

16. März 1939, auf dem Hradschin, der Prager Burg. Hitler tritt ans Fenster und zeigt sich der Menge. Für die Tschechen war das Ende ihres Staates gekommen, für London das Ende der Appeasementpolitik.

Als lachender Dritter wollte Stalin zusehen, wie sich die kapitalistisch-faschistischen Mächte gegenseitig zerfleischten, um dann seine eigenen Interessen voranzutreiben.

Wie Stalin richtig kalkulierte, beseitigte der am 23. August 1939 in Moskau unterzeichnete deutsch-sowjetische Nichtangriffspakt für Hitler die letzte Hürde für den geplanten Überfall auf Polen.

Der für den 26. August angesetzte Angriff wurde zwar noch einmal verschoben, da England Polen drängte, mit Hitler zu verhandeln, und Hitler einerseits London nicht verärgern und sich andererseits in der Öffentlichkeit nochmals als »Friedenskanzler« präsentieren wollte. In Wirklichkeit aber, hatte er seinen Militärs schon klargemacht, gehe es eigentlich gar nicht mehr um Danzig oder den Korridor, sondern um die »Vernichtung Polens«. Außerdem versprach er ihnen, für einen »propagandistischen Anlaß zur Auslösung des Krieges« zu sorgen, so daß Deutschland in der Öffentlichkeit nicht als der Angreifer dastehen würde.

Nachdem die von London angeregte, weder von Warschau noch von Berlin gewollte Friedensvermittlung gescheitert war, sorgte Hitler für diesen propagandistischen Anlaß. Ein fingierter Überfall als Polen verkleideter SS-Männer auf den Sender Gleiwitz an der deutsch-polnischen Grenze und die von Beck angeordnete polnische Generalmobilmachung ermöglichten Hitler, zumindest in den Augen der deutschen Öffentlichkeit, die Schuld am Krieg den Polen in die Schuhe zu schieben.

Am 1. September 1939 verkündete Hitler vor dem Deutschen Reichstag: »Ich habe mich nun entschlossen, mit Polen in der gleichen Sprache zu reden, die Polen uns gegenüber seit Jahren anwendet... Ich habe mich deshalb entschlossen, das Schicksal des deutschen Volkes wieder in die Hände seiner Soldaten zu legen... Seit 5.45 Uhr wird zurückgeschos-

sen... Von nun an wird Bombe mit Bombe vergolten...«

An ein Eingreifen Englands und Frankreichs wollte Hitler auch jetzt noch immer nicht glauben. Bislang hatte er jedesmal recht behalten. Jedesmal hatten ihn die Militärs und Diplomaten vor einem militärischen Eingreifen der Westmächte gewarnt – und nie war etwas geschehen. Weder die Wiederbewaffnung noch die Rheinlandbesetzung, weder der Anschluß Österreichs noch die Besetzung der Tschechei hatten zum Krieg geführt. Warum sollten die Westmächte jetzt wegen Polen den Krieg riskieren? Doch diesmal irrte sich Hitler. Zwei Tage nach dem deutschen Angriff auf Polen traf das englische Ultimatum in Berlin ein. »Wenn die Regierung Seiner Majestät nicht vor 11 Uhr britischer Sommerzeit befriedigende Zusicherungen über die Einstellung aller Angriffshandlungen gegen Polen und die Zurückziehung der deutschen Truppen aus dem Lande erhalten hat, so besteht von diesem Zeitpunkt ab der Kriegszustand zwischen Großbritannien und Deutschland.« Nachdem Chefdolmetscher Schmidt dieses Ultimatum vorgetragen hatte, »saß Hitler wie versteinert da und blickte vor sich hin. Er war nicht fassungslos, wie es später behauptet wurde, er tobte auch nicht, wie es wieder andere wissen wollten. Er saß völlig still und regungslos an seinem Platz.« Nach einer Weile wandte er sich Ribbentrop zu: »Was nun?«

»Mit leiser Stimme antwortete ihm der Außenminister: ›Ich nehme an, daß die Franzosen uns in der nächsten Stunde ein gleichlautendes Ultimatum überreichen werden.‹« Am 3. September 1939, erfolgten die offiziellen Kriegserklärungen Englands und Frankreichs. Der große europäische Krieg, den Hitler zwar riskierte, aber ebensowenig wollte wie Frankreich und England, war ausgebrochen. Die Zeit des »Friedenskanzlers« war vorbei, nun hatte sich Hitler als Kriegsherr zu behaupten.

Am 23. August 1939 unterzeichnete der deutsche Außenminister Joachim von Ribbentrop (hinter ihm Molotow und Stalin) in Moskau den Nichtangriffspakt zwischen Deutschland und der Sowjetunion. »Prost auf die neue Freundschaft«, sagte Stalin bei der Feier hinterher. Das Zweckbündnis der ideologischen Todfeinde sollte indes keine zwei Jahre halten. Rechte Seite: Karikatur des Engländers David Low auf den Hitler-Stalin-Pakt.

Ein geheimes Zusatzprotokoll zum
deutsch-sowjetischen Nichtangriffspakt
legte die Aufteilung Polens fest.
Der Weg für den Angriff auf Polen war frei.

Die nationalsozialistische Politik der Gleichschaltung

Durch die Annahme des Ermächtigungsgesetzes am 24. März 1933 wurde die Regierung auf vier Jahre ermächtigt, ohne Beteiligung des Reichstags und des Reichsrates Gesetze zu erlassen. Das Parlament verlor seine Beschließungs- und Kontrollfunktion und wurde bald, wie es der Volksmund ausdrückte, zum »teuersten Gesangsverein«. Die Abgeordneten hatten nur noch zuzustimmen und aufzustehen, um mit erhobenem Arm das Horst-Wessel-Lied zu singen.

Das Wort stammt aus der Elektrotechnik. Es wurde von der NS-Propaganda entliehen zur Bezeichnung der Ausrichtung von Verbänden, Organisationen, Parteien und schließlich des einzelnen Bürgers auf die Ziele der nationalsozialistischen Politik.

Am 30. Januar 1934, genau ein Jahr nach seinem Regierungsantritt, unterzeichnete Hitler das »Gesetz über den Neuaufbau des Reichs«. Folge dieses Gesetzes: Die Länderparlamente wurden aufgelöst, die Länderregierungen der Reichsregierung unterstellt, die Hoheitsrechte der Länder gingen auf das Reich über, und die Reichsregierung konnte neues Verfassungsrecht setzen. Nachdem der Reichsrat derart überflüssig geworden war, wurde er am 14. 2. 1934 aufgelöst.

Das »Neuaufbaugesetz« und die Aufhebung des Reichsrats signalisierten den vorläufigen Abschluß einer Entwicklung, in der innerhalb von 12 Monaten das Reich und die Länder, Parteien und Verbände und schließlich auch der Einzelmensch dem Willen einer Partei und den Zielen eines Mannes unterworfen wurden. Sie wurden nach dem Sprachgebrauch des Nationalsozialismus »gleichgeschaltet«. Der Prozeß der Gleichschaltung zeigt eindringlich, mit welchen Mitteln und Praktiken der Nationalsozialismus seine absolute Vorherrschaft in Deutschland sicherte. Bei Bildung des Kabinetts Hitler schienen die Aussichten für die Nationalsozialisten nicht erfolgversprechend. Mit einiger Berechti-

gung konnte Vizekanzler v. Papen frohlockend ausrufen: »In zwei Wochen haben wir Hitler in die Ecke gedrückt, daß er quietscht.« Die konservativ-bürgerlichen Kreise hatten jedoch die revolutionäre Dynamik der NSDAP, die taktische Geschicklichkeit Hitlers im Kabinett und die von den Nationalsozialisten bedenkenlos praktizierten Mittel des Terrors und der Propaganda unterschätzt. Bereits am 4. Februar 1933 setzte Hitler eine »Notverordnung« durch, wonach politische Versammlungen und Druckschriften aller Art verboten werden konnten. Nach dem Reichstagsbrand folgte am 28. Februar die Verordnung »zum Schutz von Volk und Staat«, die der Polizei die Möglichkeit gab, in die persönlichen Rechte jedes einzelnen Staatsbürgers einzugreifen. Nach den für die NSDAP erfolgreichen Reichstagswahlen vom 5. März beschleunigte Hitler die Verabschiedung eines »Ermächtigungsgesetzes«. Es gestattete der Regierung, ohne Mitwirkung des Reichstages Gesetze zu erlassen und dabei von der Reichsverfassung abzuweichen. Der Reichstag und der Reichsrat sollten allerdings in ihrer Existenz nicht berührt werden. Nachdem das »Ermächtigungsgesetz« am 23. März durch den Reichstag gepeitscht worden war, konnte die Herrschaft des Nationalsozialismus als verfassungsrechtlich gesichert gelten.

Sofort nach den Wahlen vom 5. März kam es in den Ländern, die noch keine NSDAP-geführten Regie-

rungen besaßen, zu heftigen Unruhen. SA- und SS-Gruppen gingen auf die Straße und forderten die Umbildung der Länderkabinette. In schneller Folge kapitulierten die Länder vor dem Druck der Straße und den Warnungen aus Berlin, wo Reichsinnenminister Frick wegen »Nichteinhaltung der öffentlichen Ruhe und Ordnung« die Entsendung von »Reichskommissaren« androhte. Innerhalb von sieben Tagen erhielten alle Länder des Reichs nationalsozialistische Regierungen. In kurz aufeinander folgenden »Gleichschaltungsgesetzen« wurden die Parlamente der Länder entsprechend den Wahlen vom 5. März umgebildet; die Länder erhielten »Reichsstatthalter«, die in den Landesregierungen für die Beachtung der Politik der Reichsregierung zu sorgen hatten. Das eingangs erwähnte »Neuaufbaugesetz« räumte dann den Rest an Selbständigkeiten, der den Ländern verblieben war, hinweg. Gleichzeitig dokumentierte die Aufhebung des überflüssig gewordenen Reichsrats, der nach dem Ermächtigungsgesetz nicht angetastet werden durfte, welchen Wert der Nationalsozialismus seinen eigenen Gesetzen beimaß.

Wenn etwas dem Selbstverständnis des Nationalsozialismus am heftigsten widersprach, dann die Existenz anderen Werten und Überzeugungen verpflichteter politischer Parteien. Die NSDAP ging dennoch gegen die einzelnen Parteien sehr differenziert vor. Wenig Umstände machte man sich mit der KPD. Nachdem ihre Presseorgane verboten worden waren, ließ Göring noch in der Nacht des Reichstagsbrands alle Mitglieder, deren er in Preußen habhaft werden konnte, verhaften. Die KPD durfte zwar noch zu den Wahlen am 5. März kandidieren, doch die errungenen Mandate in den Länderparlamenten und im Reichstag wurden ihr kurzerhand gesetzlich abgesprochen, ihr Vermögen vom Reich beschlagnahmt. Etwas mehr Zeit ließ man sich mit der SPD. Ihre standhaf-

te Haltung gegen das »Ermächtigungsgesetz« war dennoch ihre letzte parlamentarische Aktion. Eines Großteils ihrer Mitglieder durch Verhaftungen oder Flucht ins Ausland beraubt, ohne Organisation und politische Zielvorstellungen, wurde sie am 22. Juni kurzerhand verboten. Kaum besser erging es den bürgerlichen Parteien. Ihre Mitglieder liefen in Scharen zur NSDAP über, ihre Parteibüros wurden durchsucht, Akten beschlagnahmt und Mitglieder willkürlich verhaftet. Da sie keine Überlebenschancen mehr sahen, lösten sie sich gegen Ende Juni/Anfang Juli 1933 selbst auf. Einen Schlußstrich unter die Betätigung politischer Parteien zog dann am 14. Juli 1933 das »Gesetz gegen die Neubildung von Parteien«: Als einzige Partei galt fortan die NSDAP. Die Neugründung weiterer Parteien wurde verboten und unter Strafe gestellt.

Im Sog der nach dem 30. Januar 1933 ausbrechenden »nationalen Revolution« war unter dem Trommelfeuer der Propaganda für die Vielfalt der Meinungen und der sie tragenden Einrichtungen kein Raum mehr. Begriffe und Parolen wie »Volksgemeinschaft« und »Säuberung des deutschen Volkskörpers« dienten einzig der Absicht, den politischen oder weltanschaulichen Gegner auszuschalten und die berufsständischen Organisationen und sonstigen Spitzenverbände der Kontrolle der NSDAP zu unterwerfen. In den ersten Aprilwochen wurden durch gesetzliche Regelungen jüdische, kommunistische oder sonstwie unzuverlässige Beamte, Hochschullehrer und Richter aus ihren Ämtern entfernt. Die Eroberung der einzelnen Berufsverbände erfolgte nach immer dem gleichen Schema: Auf den Druck von NSDAP-Mitgliedern wurden die Vorstände umgebildet und Nationalsozialisten aufgenommen. Diese »säuberten« sodann die Vorstände und überführten die Verbände in die NSDAP. Bei den Gewerkschaften bedurfte man eines Gewalt-

»Wenn sie sagen, da und dort sei einer abgeholt und mißhandelt worden, so kann man nur erwidern: Wo gehobelt wird, fallen Späne … Lieber schieße ich ein paarmal zu kurz oder zu weit, aber ich schieße wenigstens.«

Hermann Göring, preußischer Ministerpräsident

Ganz Deutschland hört den Führer mit dem Volksempfänger

Durch die Propagierung des Volksempfängers, eines billigen Radioapparates von großer Leistungsfähigkeit, stieg die Anzahl der Rundfunkhörer nach 1933 rapide. Im Friede wie im Krieg war der zentralisierte Reichsrundfunk unter Propagandaminister Goebbels ein wirkungsvolles Mittel der Meinungsbeeinflussung.

Über eine Massenveranstaltung der Hitler-Jugend im Berliner Olympia-Stadion berichtete der französische Botschafter in Berlin: »Als Hitler erscheint, schüttelt eine Art mystische Verzückung die Menge, und die ersten Rufe, in die sie ausbricht, bevor sie ihr Glaubensbekenntnis ablegt, klingen wie ein Schluchzen. Diese fanatisierte Jugend wird zum Angriff über die Maas gegen uns antreten.«

aktes. Nach einer von Goebbels großartig inszenierten 1.-Mai-Feier, die die Einheit der arbeitenden Bevölkerung mit der NSDAP dokumentieren sollte, wurden am 2. Mai schlagartig alle Gewerkschaftshäuser besetzt und die Gewerkschaften in »Deutsche Arbeitsfront« (DAF) umbenannt. Die Bauernorganisationen und alle, die mit agrarischen Erzeugnissen zu tun hatten, wurden in den riesigen Apparat des »Reichsnährstandes« übergeführt. Die gewerbliche Wirtschaft und die Großindustrie konnten sich dank ihres Einflusses länger behaupten, wurden dann jedoch im August 1934 enger an den Staat gekoppelt, indem sie in Reichsgruppen und nachgeordnete Wirtschafts- und Fachgruppen strukturiert wurden, die unter maßgeblichem Einfluß des Reichswirtschaftsministers standen.

Sofort nach dem 30. Januar 1933 hatte Goebbels, der als einer der ersten die gewaltigen Möglichkeiten erkannte, die im geballten Einsatz der Massenmedien steckten, den Rundfunk voll in den Dienst der politischen Propaganda gestellt. Nachdem er am 10. März Reichspropagandaminister geworden war, zog sein Ministerium polypenartig alle Bereiche der Presse, des Rundfunks und der Kunst an sich. Theater, Literatur und die bildenden Künste wurden von »artfremder« Kunst gesäubert, Bücherverbrennungen wurden inszeniert, jüdische Künstler diffamiert und vertrieben, die Presse nach einheitlichen »Sprachregelungen« ausgerichtet. Im September 1933 konnte Goebbels befriedigt den Aufbau seines umfassenden Imperiums abschließen. Jeder Deutsche, der irgendwie mit der Erzeugung, Wiedergabe oder Vermittlung von »Kulturgut« befaßt war, mußte Mitglied der für seine Berufsgruppe errichteten Kammer sein.

Die sieben Kammern waren zusammengefaßt in der »Reichskulturkammer«, als deren Präsident Goebbels wirkte.

Nach dem Sommer 1934 gab es kaum einen Deutschen mehr, der nicht auf dem Umweg über seinen Beruf, sein Amt, seine Stellung oder seine Tätigkeit in irgendeiner Weise mit der NSDAP verbunden war. Die Partei kontrollierte über ihre Organisationen den Staat, sie lenkte alle und beaufsichtigte mit ihrer perfekten Gliederung noch den letzten »Volksgenossen«. Hilflos war man der hämmernden Maschinerie der Propaganda ausgesetzt, die Partei begegnete einem in allen Lebensbereichen. Die Einbeziehung des Einzelmenschen in den totalen Erfassungsanspruch der NSDAP konnte endgültig genannt werden, nachdem die allgemeine »Wehrpflicht« und die »Reichsarbeitsdienstpflicht« eingeführt worden waren und jeder Jugendliche vom 10. Jahr an dem »Jungvolk« und vom 14. Lebensjahr an der »Hitlerjugend« angehören mußte. Der einzelne war nicht mehr Individuum, sondern nur ein willenloses Objekt zur Verfügung eines Mannes. Hitler malte seine Vorstellungen 1938 in einer Rede vor Kreisleitern aus, und diese Vorstellungen waren keine Utopie mehr: ». . . wenn diese Knaben mit zehn Jahren in unsere Organisation hineinkommen . . ., dann kommen sie vier Jahre später vom Jungvolk in die Hitlerjugend, und dort behalten wir sie vier Jahre . . . Dann nehmen wir sie sofort in die Partei, in die Arbeitsfront, in die SA oder SS, in das NSKK und so weiter. Und wenn sie dort zwei Jahre sind . . . und noch nicht ganze Nationalsozialisten geworden sind, dann kommen sie in den Arbeitsdienst und werden dort wieder sechs Monate geschliffen . . . Und was dann nach sechs oder sieben Monaten noch da sein sollte, das übernimmt die Wehrmacht zur weiteren Behandlung auf zwei Jahre. Und wenn sie zurückkehren, dann nehmen wir sie, damit sie auf keinen Fall rückfällig werden, sofort wieder in die SA, SS und so weiter, und sie werden nicht mehr frei ihr ganzes Leben.«

»Wer die Jugend hat, hat die Zukunft«, hieß
eine wichtige Devise des Nationalsozialismus. Gerade die Jugend wurde von
Hitler besonders umworben. Nach seinen
Worten sollte die deutsche Jugend sein:
»Schlank und rank wie Windhunde, zäh
wie Leder und hart wir Krupp-Stahl.«

Als »nationalsozialistischer Orden
nordisch bestimmter Männer« verstand sich
die SS, der eigentliche Machtfaktor des
Dritten Reiches. »Ich weiß«, so Reichsführer
SS Heinrich Himmler, »daß es manche
Leute in Deutschland gibt, denen es
schlecht wird, wenn sie den schwarzen Rock
sehen: wir haben Verständnis dafür...«

Der Friedensheuchler

In seiner ersten außenpolitischen Rede als Reichskanzler beschwor Hitler am 17. Mai 1933 vor dem Reichstag die ausschließlich friedlichen Absichten der neuen Regierung. »Wir haben aber keinen sehnlicheren Wunsch als den, beizutragen, daß die Wunden des Krieges und des Versailler Vertrages endgültig geheilt werden, und Deutschland will dabei keinen anderen Weg gehen als den, der durch die Verträge selbst als berechtigt anerkannt wird. Die deutsche Regierung wünscht, sich über alle schwierigen Fragen politischer und wirtschaftlicher Natur mit den anderen Nationen friedlich und vertraglich auseinanderzusetzen.«

Und wenn Hitler seine außenpolitischen Erfolge bis hin zur Zerschlagung der Rest-Tschechei auch tatsächlich mit friedlichen Mitteln erreicht hatte, so war doch bereits die erste Friedensrede sowie alle weiteren öffentlichen Friedensbeteuerungen eine rein taktisch bedingte Heuchelei. Die Dokumente, von »Mein Kampf« ausgehend, belegen eindeutig, daß Hitlers Politik bewußt zum Krieg führen sollte.

»Die Forderung nach Wiederherstellung der Grenzen des Jahres 1914« (die Revision des Versailler Vertrages), schreibt Hitler in »Mein Kampf«, »ist ein politischer Unsinn von Ausmaßen und Folgen, die ihn als Verbrechen erscheinen lassen. Ganz abgesehen davon, daß die Grenzen des Reiches im Jahre 1914 alles andere eher als logische waren. Denn sie waren in Wirklichkeit weder vollständig in bezug auf die Zusammenfassung der Menschen deutscher Nationalität noch vernünftig in Hinsicht auf ihre militärgeographische Zweckmäßigkeit.«

Nach Hitlers Auffassung habe eine Außenpolitik zu einer »Grenzregelung« zu führen, in der er seinen angestrebten absoluten Souveränitätsanspruch gesichert sah. Das wiederum war nach Hitler nur möglich, wenn diese Grenzen ein Gebiet umfassen würden, aus dem sich das Volk ernähren ließ, und das darüber hinaus den notwendigen militärgeographischen Schutz des Staates garantierte. Das wiederum lief auf die entsprechende Größe des Raumes und der Bevölkerungszahl hinaus, mit der man sich – und nichts weniger strebte Hitler an – als Weltmacht etablieren und behaupten konnte.

»Die Außenpolitik des völkischen Staates hat die Existenz der durch den Staat zusammengefaßten Rasse auf diesem Planeten sicherzustellen, indem sie zwischen der Zahl und dem Wachstum des Volkes einerseits und der Größe und Güte des Grund und Bodens andererseits ein gesundes, lebensfähiges, natürliches Verhältnis schafft.«

Als erster Schritt zur Wiedergewinnung verlorener Gebiete müsse »jenes Maß an politischer Macht« errungen werden, das die notwendige Voraussetzung für eine »Korrektur des Willens feindlicher Sieger« sei. »Denn unterdrückte Länder werden nicht durch flammende Proteste in den Schoß eines gemeinsamen Rei-

»Die besten Waffen der Welt – für die besten Soldaten der Welt! Rundgang durch eine deutsche Waffenschmiede.« Das oberste Ziel der gesamten nationalsozialistischen Wirtschaftspolitik war die Wiederaufrüstung Deutschlands. Ohne diese ungeheuerlich forcierte Aufrüstung hätte das deutsche Volk einen weitaus größeren Nutzen aus den unbestreitbaren Erfolgen der nationalsozialistischen Wirtschaftspolitik ziehen können.

ches zurückgeführt, sondern durch ein schlagkräftiges Schwert.

Dieses Schwert zu schmieden, ist die Aufgabe der innerpolitischen Leitung eines Volkes; die Schmiedearbeit zu sichern und Waffengenossen zu suchen, die Aufgabe der außenpolitischen.«

Da Hitler sich nach Abwägung verschiedener Möglichkeiten gegen eine deutsche Kolonial- und Handelspolitik entschieden hatte, womit er glaubte, in England den gewünschten »Waffengenossen« zu finden, blieb für seine Vision vom Lebensraum nur mehr der Osten übrig.

Damit aber »ziehen wir Nationalsozialisten bewußt einen Strich unter die außenpolitische Richtung unserer Vorkriegszeit. Wir setzen dort an, wo man vor sechs Jahrhunderten endete. Wir stoppen den ewigen Germanenzug nach dem Süden und Westen Europas und weisen den Blick nach dem Land im Osten. Wir schließen endlich ab die Kolonial- und Handelspolitik der Vorkriegszeit und gehen über zur Bodenpolitik der Zukunft. Wenn wir aber heute in Europa von neuem Grund und Boden reden, können wir in erster Linie nur an Rußland und die ihm untertanen Randstaaten denken.« Daß dieser Raum im Osten nur durch Gewalt und auf Kosten anderer Völker zu erobern war, bereitete Hitler weder moralische noch rechtliche oder politische Skrupel. »Der Grund und Boden, auf dem dereinst deutsche Bauerngeschlechter kraftvolle Söhne zeugen können, wird die Billigung des Einsatzes der Söhne von heute zulassen, die verantwortlichen Staatsmänner aber, wenn auch von der Gegenwart verfolgt, dereinst freisprechen von Blutschuld und Volksopferung.«

»So wie unsere Vorfahren den Boden, auf dem wir heute leben, nicht vom Himmel geschenkt erhielten... so wird auch uns in Zukunft den Boden und damit das Leben für unser Volk keine göttliche Gnade zuweisen, sondern nur die Gewalt eines siegreichen Schwertes.«

Schon gleich seine erste geheime Ansprache vor Generalen der Reichswehr am 4. Februar 1933 zeigte, daß Hitlers in »Mein Kampf« dargelegte Außenpolitik keine »Jugendsünde« war, sondern blutiger Ernst werden sollte. »Ziel der Gesamtpolitik allein: Wiedergewinnung der politischen Macht...«

Daher: »Im Innern: Völlige Umkehrung der gegenwärtigen innenpolitischen Zustände in Deutschland. Keine Duldung der Betätigung irgendeiner Gesinnung, die dem Ziel entgegensteht. Wer sich nicht bekehren läßt, muß gebeugt werden... Nach außen: Kampf gegen Versailles. Gleichberechtigung in Genf; aber zwecklos, wenn Volk nicht auf Wehrwillen eingestellt. Sorge für Bundesgenossen... Aufbau der Wehrmacht wichtigste Voraussetzung für Erreichung des Ziels: Wiedererringung der politischen Macht. Allg. Wehrpflicht muß wieder kommen...

Wie soll pol. Macht, wenn sie gewonnen ist, gebraucht werden? Jetzt noch nicht zu sagen. Vielleicht Erkämpfung neuer Exportmöglichkeiten, vielleicht – und wohl besser – Eroberung neuen Lebensraumes im Osten und dessen rücksichtslose Germanisierung...

Gefährlichste Zeit ist die des Aufbaus der Wehrmacht. Da wird sich zeigen, ob Frankreich Staatsmänner hat, wenn ja, wird es uns Zeit nicht lassen, sondern über uns herfallen, vermutlich mit Osttrabanten...«

Während die Proklamation zum ersten Vierjahresplan vom 1. Februar 1933 noch ganz im Zeichen der Überwindung der Weltwirtschaftskrise stand – »Binnen vier Jahren muß der deutsche Bauer der Verelendung endgültig entrissen sein. Binnen vier Jahren muß die Arbeitslosigkeit endgültig überwunden sein« –, rückte Hitler in seiner Proklamation zum zweiten Vierjahresplan am 9. September 1936 bereits ein anderes Motiv in den Vordergrund seiner Ausführungen: »Und ich stelle dies nun

Am 20. April 1939 feierte Hitler seinen 50. Geburtstag. Vom »unbekannten Soldaten« war er zum Führer des »Großdeutschen Reiches« geworden, vom Führer einer kleinen unbedeutenden Partei zum mächtigsten Herrscher Europas. Die große Parade in Berlin sollte dem Ausland und dem eigenen Volk die »riesige militärische Stärke des Dritten Reiches« vor Augen führen, eine »militärische Stärke«, mit der er sich und Deutschland zugrunde richtete.

»*Adolf Hitler! Wir sind Dir allein verbunden! Wir wollen in dieser Stunde das Gelöbnis erneuern: Wir glauben auf dieser Erde allein an Adolf Hitler!*«, bekundete Reichsorganisationsleiter Robert Ley am 20. April 1939.

In den Stellungnahmen des Auslands zu Hitlers Friedensrede vom 17. Mai 1933 fehlten nicht die kritischen Einschätzungen, wie sie die Karikatur der New Yorker Zeitschrift »Nation« widergibt. Die Friedensbeteuerungen des »Führers und Reichskanzlers« sind Grüße aus einem qualmenden Kanonenrohr, vor denen die Taube mit dem Ölzweig davonflattern muß.
Das Sterben der deutschen Soldaten und die Leiden der Zivilbevölkerung durch den alliierten Bombenterror kümmerten Hitler herzlich wenig. Wenn er in den letzten Kriegsmonaten überhaupt einmal reiste, dann fuhr er im verhängten Eisenbahnwagen durch sein so rapide schrumpfendes Reich.

heute als das neue Vierjahresprogramm auf: In vier Jahren muß Deutschland in allen jenen Stoffen vom Ausland völlig unabhängig sein, die irgendwie durch die deutsche Fähigkeit, durch unsere Chemie und Maschinenindustrie sowie durch unseren Bergbau selbst beschafft werden können!«

In seiner geheimen Denkschrift über die Aufgaben dieses Vierjahresplans kommt klar zum Ausdruck, was Hitler in Wahrheit dachte und plante: »Die endgültige Lösung liegt in einer Erweiterung des Lebensraumes bzw. der Rohstoff- und Ernährungsbasis unseres Volkes ... ich halte es für notwendig, daß nunmehr mit eiserner Entschlossenheit auf all den Gebieten eine 100prozentige Selbstversorgung eintritt, auf denen dies möglich ist ... Ich stelle damit folgende Aufgabe:

1. die deutsche Armee muß in vier Jahren einsatzfähig sein; 2. die deutsche Wirtschaft muß in vier Jahren kriegsfähig sein.«

In einer ebenfalls geheimen Rede vor der deutschen Presse vom 10. November 1938 ließ Hitler noch deutlicher die Friedensmaske fallen: »Die Umstände haben mich gezwungen, jahrzehntelang fast nur vom Frieden zu reden. Nur unter der fortgesetzten Betonung des deutschen Friedenswillens und der Friedensabsichten war es mir möglich, dem deutschen Volk Stück für Stück die Freiheit zu erringen und ihm die Rüstung zu geben, die immer wieder für den nächsten Schritt als Voraussetzung notwendig war. Es ist selbstverständlich, daß eine solche jahrzehntelang betriebene Friedenspropaganda auch ihre bedenklichen Seiten hat; denn es kann nur zu leicht dahin führen, daß sich in den Gehirnen vieler Menschen die Auffassung festsetzt, daß das heutige Regime an sich identisch sei mit dem Entschluß und dem Willen, den Frieden unter allen Umständen zu bewahren. Das würde aber nicht nur zu einer falschen Beurteilung der Zielsetzung dieses Sy-

stems führen, sondern es würde vor allem auch dahin führen, daß die deutsche Nation, statt den Ereignissen gegenüber gewappnet zu sein, mit einem Geist erfüllt wird, der auf die Dauer als Defaitismus gerade die Erfolge des heutigen Regimes nehmen würde und nehmen müßte. Der Zwang war die Ursache, warum ich jahrelang nur vom Frieden redete. Es war nunmehr notwendig, das deutsche Volk psychologisch allmählich umzustellen und ihm langsam klarzumachen, daß es Dinge gibt, die, wenn sie nicht mit friedlichen Mitteln durchgesetzt werden können, mit Mitteln der Gewalt durchgesetzt werden müssen. Dazu war es aber notwendig, dem deutschen Volk bestimmte außenpolitische Vorgänge so zu beleuchten, daß die innere Stimme des Volkes selbst langsam nach der Gewalt zu schreien begann. Das heißt also, bestimmte Vorgänge so zu beleuchten, daß im Gehirn der breiten Masse des Volkes ganz automatisch allmählich die Überzeugung ausgelöst wurde: Wenn man das eben nicht im Guten abstellen kann, dann muß man es mit Gewalt abstellen; so kann es aber auf keinen Fall weitergehen. Diese Arbeit hat Monate erfordert, sie wurde planmäßig begonnen, planmäßig fortgeführt, verstärkt. Viele haben sie nicht begriffen, meine Herren; viele waren der Meinung, das sei doch alles etwas übertrieben. Das sind jene überzüchteten Intellektuellen, die keine Ahnung haben, wie man ein Volk zu der Bereitschaft bringt, geradezustehen, auch wenn es zu blitzen und zu donnern beginnt ...«

Als es dann tatsächlich zu »blitzen und zu donnern« begann, hatte Hitler sein Propagandaziel, das Volk dazu zu bringen, nach »Gewalt zu schreien«, bei weitem verfehlt. Auf den Ausbruch des Krieges mit Polen reagierte die deutsche Öffentlichkeit eher gedrückt und ängstlich.

Hitler hatte den »Friedenskanzler« zu gut gespielt. Einen Krieg wollte in Deutschland niemand haben.

Der Kriegsherr

Als »erstem Soldaten des Deutschen Reiches« gelang Hitler
zunächst Erstaunliches: Polen brach in
drei Wochen unter den Schlägen der Wehrmacht zusammen,
Dänemark und Norwegen wurden handstreichartig
besetzt, Frankreich fiel in sechs Wochen, Blitzsiege über
Griechenland und Jugoslawien sicherten die
europäische Südflanke. Doch als der »erste Soldat«
zum eigentlichen Schlag ausholte, der den
immer beschworenen »Lebensraum im Osten«
bringen sollte, da versagte nach Anfangserfolgen das Genie
des »Gröfaz«, wie Hitler nach dem Keitel-Wort vom
»größten Feldherrn aller Zeiten« im Landserjargon bitter-
ironisch genannt wurde.

Polen wurde in nur drei Wochen im ersten »Blitzkrieg« der Geschichte vernichtend geschlagen. Zwar kämpften die polnischen Soldaten äußerst tapfer, doch waren sie der deutschen Wehrmacht ausrüstungs- und zahlenmäßig weit unterlegen. Der deutschen Taktik überfallartiger Luftangriffe und des Einsatzes schneller, großer Panzerverbände hatte die technisch veraltete polnische Armee nichts entgegenzusetzen, zumal die in Warschau erwartete Entlastung durch einen französisch-englischen Angriff im Westen ausgeblieben war. Zu den deutschen Angreifern gesellten sich vielmehr die Soldaten der Roten Armee, die am 17. September »ihren« Teil Polens besetzten. In einem geheimen Zusatzprotokoll zum deutsch-sowjetischen Nichtangriffspakt vom 23. August nämlich hatten Stalin und Hitler ihre gegenseitigen Interessensphären in Osteuropa abgesteckt. Nun, nach der polnischen Niederlage, teilten sich die beiden Diktatoren die Beute. Der russische Teil wurde annektiert, die vor dem Versailler Vertrag zu Deutschland gehörenden Gebiete dem Deutschen Reich wieder eingegliedert und der Rest zu einem von Deutschland beherrschten »Generalgouvernement« gemacht. Der polnische Staat hatte trotz der englisch-französischen Garantieerklärung damit aufgehört zu existieren. Sollte Hitler abermals recht behalten?

Um die Absichten der Gegner zu sondieren, machte Hitler am 6.

»Flieger und Panzer begegnen sich.« Der kombinierte Einsatz der Panzer- und Luftwaffe war Grundlage der Hitlerschen Blitzkriegsstrategie. Rechts: Aus einem Hohlweg heraus erfolgt der geschlossene Einsatz einer Panzereinheit.

Heinz Guderian war einer der eifrigsten
Befürworter des massiven Einsatzes der
Panzerwaffe. Sein markiges Wort »Klotzen,
nicht kleckern!« ging in die deutsche
Umgangssprache ein.

Am 22. Juni 1940, 43 Tage nach dem Angriff, mußte ein geschlagenes Frankreich im historischen Salonwagen Marschall Fochs in Compiègne die Waffenstillstandsbedingungen unterzeichnen. Hitler selbst hatte als Ort dieses historischen Aktes jenen Salonwagen befohlen, in dem 1918 die deutsche Waffenstillstandsdelegation nach dem Ersten Weltkrieg das Diktat des Siegers annehmen mußte.

Oktober 1939 in einer Rede vor dem Reichstag den Westmächten ein »großzügiges« Friedensangebot: Nichts stünde zwischen England und Frankreich einerseits und Deutschland andererseits. Wofür den Krieg nun eigentlich noch fortführen, da Deutschland weder früher noch heute irgendwelche Forderungen an Frankreich oder England zu stellen habe und stets um ein friedliches – England gegenüber sagte er sogar freundschaftliches – Verhältnis bemüht gewesen sei? Die Frage Polen aber sei erledigt und könne nur noch von Deutschland und der Sowjetunion in diesem oder in jenem Sinne entschieden werden.

Aus Paris und London erhielt Hitler auf dieses Friedensangebot ein unmißverständliches »Nein« zur Antwort. Man hatte dort zwar nicht für Polen kämpfen wollen, der Krieg aber gegen Deutschland sollte weitergehen, und zwar nicht zu Hitlers, sondern zu den eigenen Bedingungen. In Paris glaubte man hinter der »uneinnehmbaren« Maginot-Linie einen deutschen Angriff in Ruhe abwarten zu können. In London wollte man, sich durch die Insellage in Sicherheit wähnend, zunächst einen Propaganda- und Wirtschaftskrieg führen in der Hoffnung, daß Deutschland innerlich zusammenbrechen würde. Eine Seeblockade wie im vorigen Krieg könne das wirtschaftlich vom Ausland abhängige Deutschland auf längere Sicht zum Einlenken zwingen.

Suchte aber die britische Admiralität im Blockade- und Zufuhrkrieg die Entscheidung, so kamen zwangsläufig die beiden Königreiche Dänemark und Norwegen ins Spiel. Schon im September 1939 hatte man in London den Plan diskutiert, durch eine Intervention im befreundeten Norwegen die für die deutsche Kriegswirtschaft lebenswichtigen Erzzufuhren über Narvik abzuschneiden. Jetzt, da dieser Plan verwirklicht werden sollte, kam Hitler mit dem am 9. April ausgelösten »Unternehmen Weserübung«, der Besetzung Dänemarks und Norwegens, den Engländern zuvor.

Während sich das völlig überraschte Dänemark widerstandslos ergab, waren die Norweger, der angekündigten französisch-englischen Hilfe sicher, zur Verteidigung ihres Landes bereit. Die heftigsten Kämpfe entbrannten um den norwegischen Erzhafen Narvik. Die Stadt wurde zunächst von deutschen Truppen besetzt, dann aber landeten die Briten am 14. April mit einem Expeditionskorps nördlich der Stadt. Nach dem Angriff der Wehrmacht im Westen sahen sich die Alliierten dann aber einen Monat später gezwungen, ihr Norwegenunternehmen abzubrechen. Der wichtige Erzhafen Narvik wie ganz Norwegen blieben bis Kriegsende in deutscher Hand.

Der insgesamt 29mal verschobene Angriff im Westen erfolgte am 10. Mai 1940 nach dem sogenannten »Sichelschnittplan« des Generals von Manstein. Von Manstein, zweifellos einer der begabtesten strategischen Köpfe der hohen Generalstabsoffiziere, hatte diesen Plan zum Mißfallen des Oberkommandos des Heeres (OKH) ausgearbeitet. Der Plan war den Verantwortlichen zu kühn, ja geradezu »verrückt« erschienen. Dann aber hatte Hitler, nachdem frühere Aufmarschweisungen in die Hand der Belgier gefallen waren, die Brauchbarkeit des Planes erkannt und ihn gegen seine Generalstäbler durchgesetzt.

Deutsche Panzer – darin lag die besondere Überraschung für den Gegner – brachen am Morgen des 10. Mai durch die unwegsamen Ardennen, wo niemand einen Panzerangriff vermutete. Die für unüberwindlich gehaltene Maginot-Linie wurde so im Norden umgangen. Die deutschen Armeen stießen quer durch Holland und durch Nordfrankreich. Ziel war, die Hauptstreitmacht der Gegner vom französischen Hinterland zu trennen: Deshalb der erst später geprägte Begriff »Sichelschnitt«. Die in

»Der ehemalige Agitator, der 1920 zur Masse
gesagt hatte, er werde nicht eher ruhen,
bis der Vertrag von Versailles zerrissen sei,
hatte sein Versprechen gehalten:
Die Demütigung von 1918 war gerächt.«

Alan Bullock

WO DER
·DEUTSCHE·
SOLDAT
STEHT/
KOMMT
KEIN
ANDERER
HIN

ADOLF   HITLER

Um markige Worte war Hitler bis zum Kriegsende nicht verlegen. Stets suggerierte eine raffinierte Propaganda den kommenden Endsieg, für den das deutsche Volk aufopferungsvoll zu kämpfen hätte. Daß diese Opferbereitschaft für ungeheure Verbrechen mißbraucht wurde, ist die Tragik der Generation, die Hitlers Krieg ausfechten mußte und am Ende vor den Trümmern ihres Vaterlandes stand.

Holland und Belgien stehenden alliierten Streitkräfte waren dann eingeschlossen und sollten zwischen den Richtung Kanal vorstoßenden Panzertruppen und den nördlich über Holland angreifenden deutschen Armeen zermahlen werden.

Der Plan gelang. Am 14. Mai bereits kapitulierte Holland. Die französische Nordarmee und das britische Expeditionskorps wurden eingekesselt. Am 24. Mai gab Hitler den verhängnisvollen Befehl, die vor Dünkirchen angekommenen Panzer zu stoppen. Nach seiner Ansicht hätten sie in diesem Raum vor der Kanalküste in die »flandrischen Sümpfe« geraten können, die bei Dünkirchen gar nicht existierten, sondern in jenem Flandern um Ypern, wo Hitler 1914 als deutscher Kriegsfreiwilliger an die Front gekommen war. Erst am 26. Mai wurde der Haltebefehl vor Dünkirchen wieder aufgehoben. Hitler hatte einen großen Sieg verschenkt.

Die eingekesselten Engländer konnten in dieser Verschnaufpause ihre Verbände und auch einige französische Einheiten, insgesamt 338 000 Mann, vom Strand von Dünkirchen auf die britische Insel evakuieren, wobei sie allerdings das gesamte schwere Material zurücklassen mußten. Der Kern der kommenden Invasionsarmee konnte jedoch gerettet werden.

Am 28. Mai kapitulierte die belgische Armee. Am 5. Juni begann der »Fall Rot«, die Schlacht um Frankreich. In einem unglaublichen Siegeszug wurde das moralisch bereits tief erschütterte Frankreich förmlich überrannt. Am 14. Juni marschierten deutsche Truppen in Paris ein, das nicht mehr verteidigt wurde. Am gleichen Tag setzte die Aufrollung der Maginot-Linie ein. In dieser Stunde der Not wurde der greise Marschall Pétain zum französischen Regierungschef berufen. Der »Retter von Verdun« im Ersten Weltkrieg, in Frankreich eine so legendäre Figur wie in Deutschland Generalfeldmarschall von Hindenburg, konnte aller-

dings nur noch um Waffenstillstand nachsuchen.

Am 22. Juni 1940 wurde zwischen Frankreich und dem »Großdeutschen Reich« der Waffenstillstand geschlossen. Hitler ließ dafür eigens den Salonwagen des Marschalls Ferdinand Foch aus dem Museum in den Wald von Compiègne bringen, wo die deutsche Delegation am 11. November 1918 im gleichen Wagen die harten Bedingungen des Waffenstillstandes im Ersten Weltkrieg unterschreiben mußte.

Für Hitler war dieser schnelle Sieg ein ungeheurer Triumph. Er war es, der sich gegen die führenden Militärs für den Manstein-Plan entschieden hatte. Er hatte sich intensiv für alle Einzelheiten dieses Feldzuges interessiert. Nicht die Führer der Wehrmacht, sondern er habe diesen unglaublichen Sieg errungen. Er selbst sei der Feldherr, der Frankreich in nur 43 Tagen geschlagen habe.

Nach den Erfolgen gegen Polen, gegen Norwegen« und Dänemark und jetzt gegen Frankreich war man auch in Deutschland, wo der Kriegsausbruch keineswegs begeistert aufgenommen worden war, erleichtert und siegessicher. Ein Ende des Krieges schien in Sicht zu sein, denn nach dieser Niederlage Frankreichs würde England unmöglich noch lange aushalten können und sich schließlich zum Frieden mit Deutschland bereit erklären.

Doch Englands neuer Premierminister Winston Churchill, er hatte Chamberlain am 10. Mai 1940 abgelöst, hatte schon am ersten Tag seiner Regierungsübernahme dem Volk nichts als »Blut, Schweiß und Tränen« in Aussicht gestellt. Er war zu keinem Kompromiß bereit. Er wollte den Sieg um jeden Preis. Als Hitler am 19. Juli erneut mit einem »großzügigen Friedensangebot« an London herantrat, stieß er auf Churchills unbeugsamen Widerstand. Was Hitler »großzügig« nannte, hörte sich im Klartext nämlich so an: England habe die deutsche Vorherrschaft in Europa anzuerkennen, Deutschland sei dafür bereit, das britische Weltreich zu garantieren.

Schon drei Tage zuvor hatte Hitler die »Führerweisung Nr. 16« erlassen: »Da England trotz seiner militärisch aussichtslosen Lage noch keine Anzeichen einer Verständigungsbereitschaft zu erkennen gibt, habe ich mich entschlossen, eine Landungsoperation gegen England vorzunehmen und, wenn nötig, durchzuführen...« Die Aktion erhielt den Namen »Seelöwe«, kam aber niemals zur Ausführung.

Immerhin wurde zu ihrer Vorbereitung der Luftkrieg gegen Großbritannien geführt, der schließlich deutscherseits als Sieg bezeichnet wurde, in Wahrheit aber die erste große Niederlage der deutschen Luftwaffe und mit ihr der deutschen Wehrmacht war. Den Sieg errangen die britischen Jäger über Görings »Adler«, die deutschen Bomber und Jäger.

Damit mußte die gesamte Vorbereitung für das Unternehmen »Seelöwe« abgeblasen werden, weil ohne eindeutige deutsche Luftüberlegenheit keine Invasionsflotte landen und Truppen nach England hinüberbringen konnte.

Hitler selbst hatte das ganze Unternehmen ohnehin nur halbherzig verfolgt. Seine Gedanken kreisten bereits um den Krieg gegen die Sowjetunion, den einzigen Krieg, den er wirklich und von Anfang an gewollt hatte. Der deutsch-russische Nichtangriffspakt vom 23. August 1939 war von beiden Seiten nur aus taktischen Gründen geschlossen worden. Hitler wartete nur auf seine Chance, und für Stalin arbeitete die Zeit.

Während Hitlers Wehrmacht Sieg auf Sieg errungen hatte, war Stalin nicht untätig geblieben. Nach der Eingliederung Ostpolens wurden die baltischen Staaten Estland, Lettland und Litauen von der Roten Armee besetzt. Finnland mußte nach tapferer, aber vergeblicher Gegenwehr im »Winterkrieg« 1939/40 Gebiete an

Rußland abtreten. Bessarabien und die zu Rumänien gehörende Bukowina wurden ebenfalls besetzt. Nun war Rumänien unmittelbar bedroht. Das rumänische Erdöl aber war für die deutsche Kriegswirtschaft absolut lebensnotwendig.

In dieser schwierigen Situation entschied sich Hitler zur Flucht nach vorn. Ein weiterer Blitzkrieg, diesmal gegen die Sowjetunion, sollte die endgültige militärische Entscheidung bringen: »Englands Hoffnung ist Rußland und Amerika«, erklärte er am 31. Juli seinen auf dem Berghof versammelten Generalen. »Wenn Hoffnung auf Rußland wegfällt, fällt auch Amerika weg..., ist aber Rußland zerschlagen, dann ist Englands letzte Hoffnung getilgt. Der Herr Europas und des Balkans ist dann Deutschland.«

In dieser Absicht, Rußland zu zerschlagen, wurde Hitler durch den Besuch des russischen Außenministers Molotow am 12. und 13. November 1940 in Berlin noch bestärkt. Für seine Vorschläge, die Welt im großen Maße aufzuteilen – Deutschland sollte Mittelafrika, Italien Nord- und Nordostafrika, Japan Südostasien und Sowjetrußland die südlich angrenzenden Gebiete »in Richtung Indischer Ozean« bekommen – zeigte Molotow kein Interesse. Statt dessen kam er immer wieder auf seine Interessen in Europa, am Baltikum und Bosporus zu sprechen.

Am 18. Dezember 1940, Hitler hatte sich endgültig entschieden, erging die »Führerweisung Nr. 21« für das »Unternehmen Barbarossa«:

»Die deutsche Wehrmacht muß darauf vorbereitet sein, auch vor Beendigung des Krieges gegen England, Sowjetrußland in einem schnellen Feldzug niederzuwerfen. Vorbereitungen sind bis zum 15. 5. 1941 abzuschließen.« Im Mai 1941 also sollte das »Unternehmen Barbarossa«, der Angriff auf die Sowjetunion, beginnen. Aber ein unvorhergesehenes Ereignis kam dazwischen. Am 28. Oktober 1940 griffen italienische Trup-

Ob siegreich im Vormarsch oder die Niederlage vor Augen, vom glorreichen Beginn bis zum bitteren Ende erfüllten die deutschen Landser tapfer und gehorsam ihre harte Pflicht. Daß ihre Einsatzfreude, ihre Tapferkeit und Pflichterfüllung von Hitler betrügerisch mißbraucht wurden, ändert nichts an der Tatsache, daß die deutschen Soldaten im guten Glauben an die Gerechtigkeit ihrer Sache für »Führer und Vaterland« kämpften.

Zur Kampfkraft des Gegners gesellten sich in Rußland die Weite des Raumes und die extremen klimatischen Bedingungen. Regenfälle verwandelten die sandigen Straßen in schlammigen Morast. Ein Vorwärtskommen verlangte den Einsatz letzter Kraftreserven. »General Winter« wiederum ließ Straßen, Menschen, Fahrzeuge und Waffen im wahrsten Sinne des Wortes erstarren und machte den Kampf in Rußland zu einer furchtbaren Qual.

pen vom 1939 annektierten Albanien aus Griechenland an. »Wir sind überall auf dem siegreichen Vormarsch, Führer!« beruhigte Mussolini Hitler, den er in seine Pläne nicht eingeweiht hatte. Doch dieser siegreiche Vormarsch wurde von den Griechen schnell gestoppt, die ihrerseits zur Offensive übergingen. Statt des schnellen italienischen Sieges setzten sich jetzt die Engländer auf der griechischen Mittelmeerinsel Kreta fest und schickten ein Expeditionskorps nach Griechenland.

Damit waren die für Deutschland lebenswichtigen rumänischen Erdölgebiete in Reichweite feindlicher Flugzeuge. Noch bevor er gegen Rußland losschlagen konnte, sah Hitler sich jetzt gezwungen, auf dem Balkan »Ordnung zu schaffen«. Zwar wurden Jugoslawien und Griechenland im April/Mai 1941 rasch besiegt, doch mußte durch diesen Balkanfeldzug der Angriff auf Rußland verschoben werden. Später als ursprünglich geplant, um fünf bedeutsame Wochen zu spät, konnte das »Unternehmen Barbarossa« erst beginnen.

Hinzu kam, daß Mussolini auch in Afrika in Schwierigkeiten geriet. Aus seiner Kolonie Libyen hatte er die Briten in Ägypten angegriffen. Seine Truppen erlitten vernichtende Niederlagen. Hitler mußte Kräfte nach Afrika abzweigen, um seinen Verbündeten zu retten.

Im Morgengrauen des 22. Juni 1941 überschritten deutsche Truppen die deutsch-sowjetische Grenze. Zwei Großmächte waren zum Kampf auf Leben und Tod angetreten, die blutige, brennende Front reichte quer durch Europa, vom Nordkap bis zum Schwarzen Meer, bald auch bis zum Kaukasus. So wie bisher in jedem Feldzug seit dem 1. September 1939 stürmte auch jetzt die deutsche Wehrmacht wieder sieggewohnt voran. Es schien fast, als hätte Hitler recht gehabt, als er bei der Besprechung im Führerhauptquartier am 14. Juni zu den Militärs gesagt hatte:

»Was ich von Ihnen verlange, ist nur eins: die Tür mit einem kräftigen Stoß einzutreten. Das Haus fällt dann von ganz allein zusammen!«

In Ostpolen, in Weißrußland, in der Ukraine und vor allem in den erst kürzlich von den Bolschewisten besetzten Ländern Estland, Lettland und Litauen wurden die deutschen Soldaten von der Bevölkerung jubelnd als Befreier begrüßt. Erst als sich die braune Bürokratie als Besatzer breitmachte, schlug die Stimmung wieder um, denn man merkte nun, daß man nur einen Unterdrücker gegen den anderen, noch schlimmeren eingetauscht hatte.

Am 22. Juni hatte Molotow vormittags über den Rundfunk zum sowjetischen Volk gesprochen. »Der große Stalin«, der »weise Vater der Völker«, der »geniale Führer der Werktätigen der ganzen Welt« aber ließ nichts von sich hören und sehen. Erst am 3. Juli hörten die Russen seine wenig ermutigende Stimme. Zu dieser Zeit waren schon mehr als eine Million Rotarmisten in deutscher Gefangenschaft, waren Tausende von sowjetischen Flugzeugen und Panzern abgeschossen, standen die deutschen Truppen schon tief in Stalins Land.

Unaufhaltsam schien die Flucht der Roten Armee zu sein, die nur dort gestoppt wurde, wo deutsche Panzer noch schneller als die flüchtenden Feindarmeen waren und sie einkreisten. Stalin befahl den »totalen Krieg«. Jedes sowjetische Dorf sollte in Brand gesteckt werden, bevor die Deutschen kamen. Kolchosen und Staatsgüter wurden angezündet, Elektrizitätswerke gesprengt, Versorgungsbetriebe in die Luft gejagt, Lebensmittellager unbrauchbar gemacht, Eisenbahnschienen herausgerissen.

Es half nichts, der Siegeszug der deutschen Soldaten schien unwiderstehlich.

Am 9. Oktober 1941 sprach Hitler in Berlin zur Eröffnung des Winterhilfswerkes und erklärte dabei, daß

»Wir zogen über gefrorene Sümpfe, die aufbrachen, so daß das eisige Wasser in die Stiefel lief. Meine Handschuhe waren so naß, daß ich sie nicht mehr ertrug. Ich wickelte ein Handtuch um die zerstörten Hände. Brüllen, heulen hätte man können.«

Brief eines deutschen Soldaten aus dem Rußlandfeldzug.

der Feind vernichtend geschlagen worden sei und sich nie mehr erheben werde. Wieder einmal schien es, als stünde der Friede dicht bevor. Aber nun machte sich die Verzögerung bemerkbar, die durch Mussolinis griechisches Abenteuer eingetreten war. Jetzt fehlten genau die fünf Wochen, die die Wehrmacht wegen des »dazwischengekommenen« Balkanfeldzuges später zum Kampf gegen das bolschewistische Riesenland angetreten war. Die deutsche Offensive vor Moskau war im Herbstschlamm steckengeblieben. Panzer, Geschütze, Lastkraftwagen, Verpflegungskolonnen versanken im unermeßlichen Dreck des weiten russischen Landes.

Aber es ging noch einmal weiter. Nach einigen Tagen setzte vor Moskau Kälte ein. Der grundlose Morast gefror und wurde wieder fest. Die deutschen Panzer und Fahrzeuge rollten wieder. Doch diesmal nicht lange. Den Sowjets kam der General zu Hilfe, der vor fast genau 130 Jahren den unbesiegbar scheinenden Kaiser Napoleon zum Rückzug zwang: der »General Winter«.

Die zunächst als Rettung gegen Schlamm und Morast begrüßte Kälte wurde immer grimmiger. Die Schlösser der Gewehre, Maschinengewehre und Maschinenpistolen froren ein. Die Verschlüsse der Geschütze ließen sich nicht mehr bewegen. Das Öl in den Panzermotoren wurde fest, die Motoren sprangen nicht mehr an. Die Funkverbindungen der kämpfenden Truppe zu den Kommandostellen brachen ab – die Verstärker versagten den Dienst, die Akkumulatoren barsten in der Kälte. Am 5. Dezember kam die große Wende in der Entscheidungsschlacht um Moskau. Das Thermometer zeigte 37 Grad Kälte. Ein Schneesturm tobte, der alle blind machte, jede Wegmarkierung auslöschte. Generalfeldmarschall von Bock, Oberbefehlshaber der Heeresgruppe Mitte, die in einem dreihundert Kilometer langen Halbkreis um Moskau lag, mußte dem Führer-

Nach seiner Kriegserklärung an die USA am 11. Dezember 1941 verkündete Hitler vor dem Reichstag: »Wenn die Vorsehung es so gewollt hat, daß dem deutschen Volk dieser Kampf nicht erspart werden kann, dann werde ich ihr dafür dankbar sein, daß sie mich mit der Führung eines historischen Ringens betraute, das für die nächsten fünfhundert oder tausend Jahre nicht nur unsere deutsche Geschichte, sondern die Geschichte Europas, ja der ganzen Welt entscheidend gestalten wird.«

hauptquartier melden, daß ein weiterer Vormarsch unmöglich wäre.

Der Oberbefehlshaber des Heeres, Generalfeldmarschall von Brauchitsch, erklärte Generalstabschef Halder, er wolle zurücktreten. Am Tag darauf griffen erstmals die Sowjets an. In der Morgenfrühe des 6. Dezember stürmten Elitedivisionen auf die vordersten deutschen Stellungen los. Elitedivisionen – nicht die bisher vor Moskau zur Verteidigung eingesetzten Arbeiterbataillone aus Männern, Frauen und Kindern! Es waren in der Mehrzahl sibirische Divisionen, die Stalin aus dem Fernen Osten herangeholt hatte. Denn wie Hitler sich 1939 bei seinem Pakt mit Stalin nicht um den Antikominternpakt mit Japan gekümmert hatte, so hatten die Japaner im April 1941 mit Stalin einen Nichtangriffspakt geschlossen. So hatte Stalin den Rükken frei und konnte seine wenigen noch vorhandenen Eliteeinheiten bedenkenlos in die Schlacht um Moskau werfen. Die Sibriaken waren hervorragend ausgerüstet, sie waren frisch und ausgeruht, sie waren vor allem erfahren in Kälte, Schnee und Eis. Die am weitesten vorgedrungenen deutschen Truppen mußten weichen.

Hitler in seinem Führerhauptquartier war entsetzt. Die Front mußte halten! Wenn die Soldaten einmal ins Laufen kamen, dann war alles verloren, dann gab es kein Halten mehr. Generalfeldmarschall von Bock war bereits durch Generalfeldmarschall von Kluge abgelöst worden, weil Hitler Kluge mehr Standfestigkeit zutraute.

Aber auch Kluge war angesichts der Gesamtlage für einen Rückzug. Hitler beschwor den Marschall, keinen Rückzug zuzulassen, und verwarf jedes andere Argument. Die Kälte? Weiter hinten herrscht die gleiche Kälte, dagegen hilft kein Rückzug. Wie weit soll der Rückzug gehen? Es gab keine Auffangstellungen, in die die Soldaten sich weiter rückwärts hätten retten können. In dem metertief gefrorenen Boden konnten auch keine solchen Stellungen angelegt werden. Überlegener Feind? Na bitte: Dann mußte man erst recht Front gegen ihn machen; denn wenn man flüchtete und dem Feind den Rücken zukehrte, dann würde er noch überlegener. Die Überlegenheit des Gegners konnte man nur dadurch verringern, daß man sich ihm entgegenstellte und versuchte, ihm soviel Verluste wie möglich beizubringen. Auf der Flucht konnte man das nicht.

Hitler setzte sich schließlich durch. Brauchitsch hatte inzwischen schon zweimal seinen Rücktritt als Oberbefehlshaber des Heeres angeboten. Am 19. Dezember stimmte Hitler endlich zu. Der letzte Oberbefehlshaber des deutschen Heeres ging. Der letzte – denn Hitler setzte keinen Nachfolger ein, sondern übernahm die Führung des Heeres unmittelbar selbst.

Es gelang nach einigen geplanten und von Hitler bewilligten großräumigen Frontverkürzungen, die Stellung vor Moskau den Winter über zu halten. Bis zum Frühjahr 1942 gab es keinen deutschen Vormarsch mehr, aber auch keinen so katastrophalen Rückzug, wie ihn die Grande Armée Napoleons hatte antreten müssen. Erstmals in diesem Kriege aber, der die deutschen Soldaten bisher stets als Sieger gesehen hatte, wurden bei Demjansk und Cholm deutsche Truppen eingekesselt. Sie hielten sich monatelang und wurden im Frühjahr schließlich durch die wieder vorstürmenden eigenen Truppen befreit.

Inzwischen war der Krieg zum Weltkrieg geworden. Die USA waren nun auch offiziell im Krieg mit Deutschland, nachdem sie schon lange Monate einen Wirtschafts- und Seekrieg gegen Deutschland geführt hatten, ohne je offen den Krieg zu erklären. Am 7. Dezember hatte Japan mit Flugzeugen den amerikanischen Flottenstützpunkt Pearl Harbor auf den Hawaii-Inseln angegriffen, und Hitler hatte darauf am 11.

Dezember seinerseits den USA den Krieg erklärt.

Zunächst wirkte sich die Teilnahme Amerikas am Krieg noch nicht sichtbar aus, noch kämpften nirgendwo in Europa amerikanische Soldaten.

Im Frühsommer 1942 begann die neue Offensive der deutschen Wehrmacht in Rußland. Ziel war die Besetzung der für die Kriegführung lebenswichtigen Erdölfelder am Kaspischen Meer. Am 8. Mai erfolgte zunächst der Angriff auf die Halbinsel Krim. Es ging zügig vorwärts. Aber dann standen die deutschen Soldaten vor der mächtigsten Seefestung der Welt, vor Sewastopol. Die Festung hielt sich wochenlang. Hitler mußte alles an schweren Waffen vor Sewastopol auffahren lassen, was er hatte. Stuka-Geschwader stürzten sich Tag und Nacht auf die rauchende und feuerspeiende Krim-Festung der Sowjets. Das schwerste Geschütz der Welt, das 80-cm-Eisenbahngeschütz »Dora« – zu dessen Bedienung mehrere hundert Mann erforderlich waren –, schickte seine Riesengranaten von über 7 Tonnen Gewicht in die tapfer verteidigte Festung. Die sowjetische Besatzung wehrte sich mit einem Mut und einer Aufopferung, wie sie sowjetische Soldaten in diesem Krieg noch nicht gezeigt hatten. Erst am 2. Juli 1942 ergaben sich die letzten Verteidiger von Sewastopol.

Damit war der Weg zur Fortsetzung der deutschen Offensive frei. Zwischen Taganrog und Kursk wurde die sowjetische Front auf einer Breite von 500 Kilometern durchbrochen. Es schien, als würden sich die Siege des vergangenen Jahres wiederholen. Im Süden der Front ging es sogar noch schneller vorwärts als je zuvor. Der Vorstoß in Richtung auf den Kaukasus brauste wie ein Sturmwind über die russische Steppe. Schon am 8. August wurde das Erdölgebiet von Maikop erreicht, die ersten Hänge des Kaukasus wurden bezwungen. Am 21. August wehte auf dem höch-

Ihren Einsatz im Kaukasus nutzte eine Gruppe von Gebirgsjägern zu einer sportlichen Extratour: Sie bestieg am 21. August 1942 den höchsten Gipfel dieses Gebirges, den 5629 Meter hohen Elbrus – und zog dort die Reichskriegsflagge auf. Doch während diese Flaggenhissung um die ganze Welt ging, geriet Adolf Hitler in Wut. Seine Armeen, so schrie er, sollten den Ehrgeiz haben, die Russen zu schlagen, nicht aber den Ehrgeiz, auf die höchsten Berge zu klettern.

sten Gipfel des Kaukasus, dem 5629 Meter hohen Elbrus, die Reichskriegsflagge. Weiter im Norden war inzwischen die Wolga erreicht. Die deutschen Truppen schickten sich an, Stalingrad zu erobern. Am 8. November glaubte Hitler behaupten zu können, die Industriestadt sei schon gefallen. Doch elf Tage später, am 19. November, brach eine sowjetische Offensive von ungeahnter Wucht los.

Zunächst nördlich von Stalingrad, am nächsten Tag auch südlich durchbrachen sowjetische Gardetruppen die Stellungen der an der Seite der Wehrmacht kämpfenden Rumänen und Italiener und stießen bis weit in den Rücken der Deutschen vor. Die sowjetische Führung wandte endlich die Taktik an, die Hitler in den bisherigen Feldzügen vorexerziert hatte und die der Schöpfer der deutschen Panzertruppen, General Guderian, auf die einprägsame Formel gebracht hatte: »Nicht kleckern, klotzen!« Die Sowjets warfen alle verfügbaren Kräfte auf die beiden Durchbruchstellen südlich und nördlich von Stalingrad, und so betrug dort ihre Überlegenheit allein an Menschen das Zehnfache. Ihre zahlenmäßige Überlegenheit an Artillerie und an Panzern war sogar noch größer. Schon vier Tage nach Beginn der Offensive trafen sich die Truppen der nördlichen sowjetischen Front – der »Donfront« – mit dem südlichen Angriffskeil der »Stalingradfront« bei Kalatsch. Damit hatte sich um die deutschen und die verbündeten Truppen in der Stadt Stalins ein stählerner Ring gelegt, der nicht zu zerbrechen war.

Die deutschen Truppen aus dem Kaukasus mußten kampflos zurückweichen, um einem ähnlichen Schicksal zu entgehen. Hitler befahl dem eingeschlossenen General Paulus auszuhalten. Die 6. Armee in Stalingrad würde aus der Luft versorgt und im Frühjahr entsetzt werden.

Doch der Ring um die Stadt zog sich immer enger zusammen. Bald waren die beiden einzigen Flugplätze im Kessel, auf denen die Luftwaffe noch landen und Versorgungsgüter heranbringen konnte, in der Hand der Sowjets – Pitomnik und Gumrak. Jetzt war klar, daß es mit der 6. Armee zu Ende gehen würde, denn ein Ausbruch aus dem Kessel war erst recht unmöglich, zu weit war die deutsche Front nach dem erzwungenen Rückzug durch die sowjetische Großoffensive schon von Stalingrad entfernt. Diesen Weg über Hunderte von Kilometern durch ein vor Kälte starrendes, eisklirrendes, von einem überlegenen Feind kontrolliertes flaches Land könnte selbst eine wohlausgerüstete, ausgeruhte Truppe nicht schaffen.

Es kam, wie es kommen mußte. Die Munition wurde knapper, es gab immer weniger Verpflegung, Soldaten erfroren zu Hunderten, Seuchen brachen aus. Von der noch vor wenigen Wochen über eine Viertelmillion Mann starken Armee lebten nur noch 100 000. Die anderen waren im Kampf gefallen, erfroren, verhungert oder in Gefangenschaft geraten. Paulus bat Hitler um die Genehmigung zur Kapitulation, aber der Funkspruch, mit dem der »Führer und Oberste Befehlshaber« antwortete, lautete:

»Verbiete Kapitulation. Die Armee hält ihre Position bis zum letzten Soldaten und zur letzten Patrone und leistet durch ihr heldenhaftes Aushalten einen unvergeßlichen Beitrag zum Aufbau der Abwehrfront und zur Rettung des Abendlandes. Adolf Hitler.« Hitler beförderte Paulus am 30. Januar 1943 noch zum Generalfeldmarschall. Wie er später sagte, hatte er das deshalb getan, weil ein deutscher Marschall nicht kapitulieren und in Gefangenschaft gehen könne. Ein Marschall in Kriegsgefangenschaft? Eine unmögliche Vorstellung! Doch schon am nächsten Tag funkte Paulus seine letzte Botschaft an das Führerhauptquartier und unterzeichnete die Übergabe. 92 000 Soldaten von einst 250 000 der 6. Armee, halbverhungert, halberfroren,

Berliner Ausgabe

„Freiheit und Brot"

Berliner Ausgabe

...usg. / 56. Jahrg. / Einzelpreis 15 Pf. / Auswärts 20 Pf.

Berlin, Donnerstag, 4. Februar 1943

VÖLKISCHER BEOBACHTER

Kampfblatt der nationalsozialistischen Bewegung
Großdeutschlands

Der Kampf der 6. Armee um Stalingrad zu Ende

Sie starben, damit Deutschland lebe

Getreu ihrem Fahneneid

Zweimal die Aufforderung zur Übergabe stolz abgelehnt

Aus dem Führerhauptquartier, 3. Februar

Oberkommando der Wehrmacht gibt bekannt:

Kampf um Stalingrad ist zu Ende. Ihrem Fahnen... ...is zum letzten Atemzuge getreu, ist die 6. Armee ...der vorbildlichen Führung des Generalfeldmar... ...s Paulus der Übermacht des Feindes und der Un... ...der Verhältnisse erlegen. Ihr Schicksal wird von ...flakdivision der deutschen Luftwaffe, zwei rumäni... ... Divisionen und einem kroatischen Regiment ge... ...die in treuer Waffenbrüderschaft mit den Kamera... ...en deutschen Heeres ihre Pflicht bis zum Äußersten ... haben.

...ch ist es nicht an der Zeit, den Verlauf der Opera... ...zu schildern, die zu dieser Entwicklung geführt ... Eines aber kann schon heute gesagt werden: daß ... ...ierte Armee war nicht umsonst. Als ...erk der historischen europäischen Mission hat sie ... ...Wochen hindurch den Ansturm von sechs sowjeti... ...n Armeen gebrochen. Vom Feinde völlig einge... ...lossen, hielt sie in weiteren Wochen schwerste... ...wie und härteste Entbehrungen starke Kräfte des ...ten gebunden.

...e gaben damit der deutschen Führung die Zeit und ...Möglichkeit zu Gegenmaßnahmen, von deren Durch... ...rung das Schicksal der gesamten Ostfront ...

...für diese Ausgabe gestellt, hat die 6. Armee schließlich ...h durchgehalten, als mit der Dauer der Einschließung ...dem Fortgang der Operationen die Luftwaffe trotz ...sterster Anstrengungen und schwerster Verluste außer... ...ande war, eine ausreichende Luftversorgung sicherzu... ...llen und die Möglichkeit des Entsatzes mehr und mehr ... schließlich ganz dahinschwand. Die zweimal vom ...gner verlangte Übergabe fand stolze Ableh... ...ung. Unter der Hakenkreuzfahne, die auf der höch... ...höhe von Stalingrad weithin sichtbar gehißt wurde, ...der letzte Kampf. Generale, Offiziere, Unter... ...ziere und Mannschaften fochten Schulter an Schulter ... letzten Patrone. Sie starben, damit ...utschland lebe. Ihr Vorbild wird sich aus... ...is in die fernsten Zeiten, trotz unwahren bol... ...stischer Propaganda um Trug. Die Divisionen der ... ...aber sind bereits in engen Fäusten begriffen.

Arno Breker, „Vergeltung". Entwurf für ein Relief in Stein

Unser Schwur: Vergeltung!

Die Helden der 6. Armee

Von Alfred Rosenberg

Wer die großen Heldensagen der Völker sich heut... ...vor Augen führt, der wird besonders tief empfinden, daß ...sie entstanden sind nicht aus dem Hintergrund eines all... ...heitsgleichen Lebens, sondern daß sie Gleichnisse sind ...schwerster, einer ungeheuren großen Schicksals... ...Das Blut ist ein Sang des Siegers, aber zugleich verein... ...gen sich in ihr Erinnerungen jahrhundertelanger Kämpf... ...der Hellenen gegen die damaligen Völker Kleinasien... ...Aus nationaler Prüfung ist die Seele eines ganz Großen... ...ein Werk entsprungen, das im dritten Jahrtausend gehend ...noch alle bewegt, die für wirkliche Größe Sinn und ...für wahrhafte Kunst ein Gemütleben des kampferfüllten ...Lebens ein Herz haben.

Das Epos des deutschen Volkes ist nicht nur in der ...Erzählung von der Nibelungen Not. Ein sich gestal... ...tende deutsche Volk hat hier seine Stimme gefunden... ...und die Helden der Völkerwanderungszeit schreiten ...durch unsere Seelen, d.h. durch unser Leben, so ein... ...und so ewig lang, weil das Sterbende der Deutsch... ...heyn in ihnen für immer verkörpert erscheint.

Das, was schwer errungen, wird auf dieser Welt, ...ist erst wahrhaft geboren und geprüft. Wer durch all... ...Tiefen mutig vorwärtsgeschritten, ist kann und zu ...hohen Gipfel überschossen.

Wie die Könige, Ritter und Recken der Burgunder, t... ...der freieren Königsräube sich bis zum letzten ges... ...Hunnen wehrten, so stand die 6. Armee in Stalin... ...vor den ansturmenden Millionenmassen des Befehlemus... ...mus. Sie kämpften, fielen oder wurden wund, rund a... ...inmitten überwältigt in einer Stadt, die ebenfalls den ...Namen unseres Feindes trägt, wie damals ein Teil d... ...Nibelungengeschlecht.

Aus den Kämpfen, Niedergängen und Siegen der Ger... ...manen über das Reich der Deutschen ent... ...stiegen. Nicht infolge eines Vertrages nicht infolge ...einer sogenannten „Entwicklung", sondern in sich... ...nachfolge der Ausrichteinigung auf den vielseitige... ...herrschenden Kräften der Geschichte. So wasche schwere ...Stunden hatten die deutschen Kaiser, Feldherren z... ...Staatsmänner durchzustehen gehabt, ehe sie einen Tei... ...dessen verwirklichen konnten, was ihnen vor schwebte ...So mancher sing ins Grab ohne jede Erfüllung, un... ...wollte nur die Folge weitergereicht. In dem gro... ...Kampf des deutschen Volkes um sein Lebe stehen wir... ...alle in diesem Kriege. Viele Symbole gültiger Feldher... ...seine tapferst stiller Hingabe konnten wir — wir hatte... ...konnten wir noch nichts wissen Als größten Symbol... ...aber wir für alle Zeiten tief Kampf der Gewalttäte... ...empfinden, der dort weit weit im Osten an der Wolga ge... ...führt worden ist. Das ist ein Heiligtum, das Gewalt... ...heit, seine ganzen Armee, die, wie schon heute auch... ...Ehrfurcht nennen, das Franse falschgläubig schild... ...verteite, wie nur je viel einem geschichtlichen Kamp... ...einem großer Nation geworden wäre.

Aber wir Menschen, wie anderen Zeitaltern hab... ...schon jetzt die Möglichkeit ein großes Schicksal ge... ...nossen zu empfinden. Wenn weiter die Sänger vo... ...großen Kampfes erst monate in Jahrelang später be... ...dichten konnten, so galt der Nachwelt über ein Ereigni... ...heute in Sekunden aber den Erlebt. In einem welter... ...gleichgültigen gewordenen Erleben stehen wir. Dem... ...schen mit viel Welt, gleich ob sie sie große, gel... ...sie in ihre Franse werden, oder wie sie optimes. Großen... ...vonat ihre Freiheit bewahrt von dem Opfer deutsche... ...schließen auch für die haben. Auf diesen Voraussetzung... ...der „Gerissen Alter" sind eine ungeheure Kraft an... ...Deutschen erblichen. Ein Beispiel würde stärker geg... ...gehen ein Maßstab aufgestellt, an dem auch die Erscheinung... ...beute in Sekunden aber den Erlebt... ...ganze Größe ihre Aufgabe sichtbar, ihre genaue Ver... ...richtlichung deutlich wird. Unsere Stunden genauesten... ...Vermittlung wird aber, ist dahinter Ansicht hier nicht kampfe... ...der die Schwäche, sondern Zwischen der geworden eben... ...den Rhek Aus noch Tat so auch annee sind ist nicht ent... ...ergeben um. .... Sein Botschaft der verwundet oder von Krankheiten ausgezehrt, gaben sich den Siegern gefangen. Nicht einmal jeder zehnte von ihnen sollte jemals die Heimat wiedersehen.

Die Katastrophe von Stalingrad überschattete alles andere. In Deutschland wurden vier Tage Nationaltrauer angeordnet. Der Krieg hatte seinen sichtbaren Wendepunkt erreicht, wenn auch das Erscheinen der Amerikaner auf dem europäi-

vollends hoffnungslos. Am 12./13. Mai 1943 mußte die »Heeresgruppe Afrika« kapitulieren. 250 000 Soldaten gingen in Gefangenschaft.

Trotz aller Tapferkeit der deutschen Soldaten an allen Fronten wurde die von Goebbels nun propagierte »Festung Europa« immer kleiner. Vor allem aber: Die Festung Europa hatte kein Dach mehr. Seit 1942 hatten nach den Engländern auch die Amerikaner in den Luftkrieg gegen

Seinem populärsten General, Erwin Rommel, überreicht Adolf Hitler am 17. März 1943 die Brillanten zum Ritterkreuz. Nach der Landung der Alliierten in der Normandie drängte Rommel, Hitler solle aus der ausweglosen militärischen Lage die Konsequenzen ziehen. Als Mitwisser des 20. Juli wurde der Generalfeldmarschall am 14. Oktober 1944 zum Selbstmord gezwungen.

schen Kriegsschauplatz wohl mehr Bedeutung hatte. Der Fall von Stalingrad setzte den Wegweiser, der Deutschland in zwei Jahren zur totalen Niederlage und bedingungslosen Kapitulation führen sollte, denn auch in Afrika zeichnete sich das Ende ab.

Eilten die Soldaten des Afrika-Korps unter Erwin Rommel zunächst von Sieg zu Sieg, so waren sie jetzt ihrem Gegner weit unterlegen. Am 23. Oktober 1942 begann bei El Alamein die große britische Offensive mit frischen Truppen, neuen Waffen und einer gut organisierten Versorgung. Durch die Anfang November 1942 erfolgten Landungen amerikanischer und englischer Truppen in Algier und Marokko wurde die Lage der deutsch-italienischen Truppen

Deutschland eingegriffen. Die amerikanische Rüstungsindustrie produzierte pausenlos Flugzeuge über Flugzeuge. Und wenn auch die Tag- und Nachtjäger der »Reichsverteidigung« die amerikanischen und britischen Bomberflotten mehrmals in Bedrängnis bringen konnten, so versank dennoch eine deutsche Stadt nach der anderen in Schutt und Trümmern, ohne freilich die immer neue Rekordmarken erreichende deutsche Rüstungsproduktion entscheidend zu treffen.

Nach dem strategischen Konzept des alliierten Oberkommandos, von Winston Churchill entworfen, galten die Bombenangriffe nämlich in erster Linie der Zivilbevölkerung. Bombardierungen militärisch wichtiger Ziele, von Rüstungsbetrieben oder Verkehrsknotenpunkten traten dahinter zurück. Churchill hatte gemeint, wenn möglichst viele Menschen zu Schaden kämen, wenn möglichst viele Wohnhäuser, Dörfer und Städte in Schutt und Asche versänken, dann würde das deutsche Volk demoralisiert, dann würde es so mutlos werden, daß Hitler mit diesem entmutigten Volk den Krieg nicht mehr weiterführen könne. Das Gegenteil trat ein, wie schon 1940/41 bei der deutschen Nachtoffensive gegen britische Städte. Selbst Leute, die den Naziparolen mißtrauisch gegenübergestanden hatten, wurden jetzt geneigt, der Goebbels-Propaganda zu glauben: Die Alliierten kämpfen nicht gegen die Nazis, sondern sie kämpfen gegen das deutsche Volk.

Die auf der Konferenz von Casablanca zwischen Churchill und Roosevelt beschlossene Forderung nach der »bedingungslosen Kapitulation« und der im September 1944 bekanntgewordene »Morgenthau-Plan« bestärkten diese Auffassung noch. Der Plan des Bankiers und Finanzministers Roosevelts sah vor, Deutschland nach dem Krieg in ein reines Agrarland zu verwandeln – in eine »Ziegenweide« –, jegliche Industrieproduktion sollte den Deutschen verboten werden.

Die Alliierten konnten sich so siegessicher geben, waren sie doch schon am 10. Juli 1943 auf Sizilien und am 3. September 1943 in Italien gelandet. Wann sie in Frankreich die von Stalin so dringlich geforderte zweite Front errichten würden, war nur noch eine Zeitfrage. Churchills Plan einer Balkanlandung zur Bremsung auch des russischen Vordringens nach Mitteleuropa war an Roosevelts Widerstand gescheitert.

Im Morgengrauen des 6. Juni 1944 tauchte vor der Küste der Normandie die größte Flotte auf, die die Welt je sah, und setzte Truppen und Waffen an Land. Schnell war ein Brückenkopf gebildet, den die Deutschen nicht mehr eindrücken konnten, ebensowenig wie sie auf Dauer den

Durchbruch der alliierten Verbände auf Paris zu vereiteln vermochten.

Angesichts der aussichtslosen Lage und des sich steigernden NS-Terrors in den besetzten Gebieten und daheim entschlossen sich mutige Offiziere um Oberst von Stauffenberg, den Diktator zu beseitigen. Doch ihr Attentat vom 20. Juli 1944 schlug fehl, der Widerstand wurde rücksichtslos gebrochen. Nur die militärische Niederlage konnte Deutschland vom Tyrannen befreien, und sie war unausweichlich, wenn sie auch langsamer kam als erhofft.

Deutsche Truppen standen Gewehr bei Fuß in Südfrankreich, wo eine zweite Invasion erwartet wurde, die auch tatsächlich am 15. August bei Toulon begann. Die deutschen Kräfte waren hoffnungslos überdehnt. In Belgien, in Holland, in Dänemark, in Norwegen bis nördlich des Polarkreises wachten Truppen der Wehrmacht. Sie kämpften an der 2000 Kilometer langen Ostfront von Lappland im Norden bis zum Schwarzen Meer im Süden, sie kämpften mit dem Mut der Verzweiflung in Italien, wo eben zum Zeitpunkt der Invasion – am 4. Juni – die italienische Hauptstadt Rom geräumt wurde, um die ehrwürdige Metropole der Christenheit zu schonen. Nach verlustreichen Schlachten mußte Paris aufgegeben werden. Die absolute alliierte Luftherrschaft machte organisierten Widerstand fast unmöglich. Am 25. August 1944 zog de Gaulle, Führer der »Freifranzosen«, die den Widerstand nach der Niederlage 1940 von außen mit alliierter Hilfe fortgesetzt hatten, in die Hauptstadt Frankreichs ein.

An der Ostfront hatte sich inzwischen eine noch schlimmere Katastrophe ereignet. Genau drei Jahre nach dem Beginn des »Unternehmens Barbarossa«, des deutschen Angriffs auf die Sowjetunion, am 22. Juli 1944, begann die bis dahin größte Offensive der Kriegsgeschichte. Die deutsche Heeresgruppe Mitte wurde sofort von den sowjetischen Armeen durchbrochen. Binnen weniger Tage

Anfangs ein Anhänger Hitlers und des Nationalsozialismus, kam Claus Graf Schenk von Stauffenberg zu der Erkenntnis: »Wir haben uns vor Gott und unserem Gewissen geprüft, es muß geschehen, denn dieser Mann ist das Böse an sich.« Stauffenberg, der 1933 Hitlers Machtergreifung demonstrativ begrüßt hatte, starb elf Jahr später vor einem Exekutionskommando mit den Worten: »Es lebe Deutschland!«

»Von Stettin bis nach Triest ist ein eiserner
Vorhang über den Kontinent
niedergegangen«, mußte Winston Churchill
resigniert feststellen. Statt Frieden brachte
Jalta die Spaltung der Welt, war Jalta
Ausgangspunkt des Kalten Krieges.

gab es sie nicht mehr, sondern nur noch versprengte Divisionen, Regimenter, Bataillone, Kompanien und kleine Trupps von Landsern, die auf eigene Faust versuchten, sich zwischen den unaufhaltsam vorwärtsstürmenden Rotarmisten nach Westen durchzuschlagen.

Die Rote Armee näherte sich erstmals der deutschen Grenze in Ostpreußen. Schon hatten die Sowjets den Teil Polens zurückerobert, den sie sich im September 1939 durch das Geheimbündnis mit Hitler angeeignet hatten. Die deutsche Wehrmacht stand wieder dort, wo sie drei Jahre zuvor den Marsch nach Osten in das Riesenreich Stalins angetreten hatte.

Am 16. Oktober 1944 hatten die Sowjets bereits einen Teil Ostpreußens erobert, und am 21. des gleichen Monats marschierten die Amerikaner in Aachen ein. Während die Alliierten im Westen von der deutschen Bevölkerung zumindest als Befreier von den Schrecken des Krieges begrüßt wurden, kam es im Osten zur großen Flucht. Man wußte nur zu gut, was von der Roten Armee zu erwarten war, deren Rachedurst nach den jahrelangen deutschen Greueln in ihrer Heimat ins Ungemessene gestiegen war.

Ende Januar 1945 waren die meisten Bahnlinien aus dem Osten ins Innere Deutschlands schon unterbrochen. Die Kämpfe zwischen deutschen und sowjetischen Truppen tobten mitten zwischen den Flüchtlingskolonnen. Keiner weiß, wie vie-

Von links nach rechts: die »großen Drei« auf der Konferenz von Jalta (4. – 11. 2. 1945): Churchill, Roosevelt und Stalin. So einig man sich war, den Gegner, Hitler und den Nationalsozialismus, vernichtend zu schlagen – über die zukünftige Ordnung der Welt gingen die Meinungen grundsätzlich auseinander. Glaubten Roosevelt und Churchill an einen Frieden der Freiheit, hatte Stalin nichts anderes im Sinn, als den sowjetischen Machtbereich möglichst weit auszudehnen.

Je länger der Krieg dauerte, desto stärker verfiel Hitlers Gesundheit. Gegen Ende seines Lebens, schrieb Werner Maser, ist er »körperlich ein Greis und psychisch total erschöpft, er bietet ein Bild des Jammers und des Grauens, hat mit dem Hitler von 1933 nichts mehr zu tun und ist, wie sein Reich: total am Ende«.

le solcher Kolonnen im Hagel von Panzergranaten, im Feuer der Artillerie oder in den Garben der Bordwaffen russischer Schlachtflieger für immer im Osten Deutschlands geblieben sind. Hunderttausende der Flüchtlinge wurden von der Front überrollt. Mit denen, die freiwillig zurückgeblieben waren, weil sie ihre schlesische, pommersche und ostpreußische Heimat nicht verlassen wollten, waren es rund drei Millionen Menschen, die sich nun wehrlos in der Hand der Sowjets und der Polen befanden.

Angesichts der ausweglosen militärischen Situation wollte Hitler noch immer das wahrmachen, was er zu Beginn des Krieges vor dem Reichstag verkündet hatte: »Ein Wort habe ich nie kennengelernt, es heißt Kapitulation.« Auf einen Zerfall des Bündnisses zwischen der Sowjetunion und den Westmächten hoffend, wollte er den Krieg bis zum bitteren Ende fortführen.

Durch eine verstärkte Anwendung derjenigen Mittel, die schon immer Hitlers Macht ausgemacht hatten, durch Terror und Propaganda, wollte er auch jetzt noch die Bevölkerung zu einer bis zum Letzten kämpfenden Gemeinschaft zusammenschweißen.

Mit den in den feindbedrohten Reichsbezirken eingerichteten Standgerichten und der Einführung der Sippenhaft erreichte der Terror gegen die kämpfende Truppe, gegen den »Volkssturm«, der alle Männer von 16 bis 60 umfaßte, und gegen die Zivilbevölkerung seine letzte Stufe.

Daneben lief die Propagandamaschine des Dritten Reiches ununterbrochen auf Hochtouren weiter. Sie behielt das Volk im Griff und forderte es unermüdlich dazu auf, an das Genie des Führers und an den Endsieg zu glauben: »Die Geschichte bietet kein Beispiel dafür, daß der bis zur letzten Stunde ungebrochene Mut eines Volkes am Ende doch von der rohen Gewalt überwältigt werden konnte. Im entscheidenden Augenblick schaltet sich immer rechtzeitig

jene den Menschen unerklärliche Macht der Vorsehung ein, die es nicht zuläßt, daß die ewigen Gesetze der Geschichte außer Kurs gesetzt werden«, schrieb Dr. Goebbels am 1. März 1945 in seiner Zeitschrift »Das Reich«. Und die überall propagierte Aufforderung zum Endkampf las sich in der gleichgeschalteten Presse zum Beispiel so: »Nutzt daher jede freie Minute zur Waffenausbildung und Pflege der Waffen! Die Waffe ist euer Leben! Sie zu beherrschen ist euer Sieg! Wer seine Waffe oder Panzerfaust im Stich läßt und vor dem Feinde aus der Hand legt, ist ein Verräter und muß sterben! Nutzt jede Minute zum Ausbau und Verbessern der Stellungen! Jeder Spatenstich tiefer in die Erde kann euch das Leben retten! Grabt euch stets sofort ein und krallt euch an jedes Stück Heimaterde. Schweiß spart Blut! Kämpft wie die Indianer, schlagt euch wie die Löwen! Seid listig! Schießt bis zur letzten Patrone!

Der Führer sagte: Das letzte Bataillon auf dem Schlachtfeld wird ein deutsches sein. Wir wollen die Kraft und den Stolz besitzen, uns zu diesem Bataillon zählen zu dürfen...«

Aber weder die von Goebbels beschworenen, angeblichen »ewigen Gesetze der Geschichte« noch die zahllosen Durchhalteparolen oder die Partisanenbewegung »Werwolf« und die bewußt ausgestreuten Gerüchte von den »Wunderwaffen« konnten die Niederlage Deutschlands aufhalten.

Am 30. April 1945, die Russen kämpften bereits im Stadtkern von Berlin, machte Hitler auch das wahr, was er zu Beginn des Krieges vor dem Reichstag prophezeit hatte: Entweder werde er den »Sieg« erringen, »oder dieses Ende nicht mehr erleben«.

Im Bunker der Berliner Reichskanzlei nahm sich der Kriegsherr Hitler das Leben. Am 7. und 8. Mai 1945 mußte die großdeutsche Wehrmacht vor den alliierten Siegern bedingungslos kapitulieren.

Hitler privat

Eva Braun konnte Hitlers Schäferhündin Blondi nicht leiden und verbot ihr den Zutritt zum Salon auf dem Obersalzberg. Doch in gelöster abendlicher Stimmung konnte es geschehen, daß der Hundebesitzer höflich fragte: »Evi, erlaubst du, daß die arme Blondi für ein halbes Stündchen zu uns kommt?« Mitunter lächelte sie dann großmütig und gab dem Diener einen entsprechenden Wink.

Das war dieselbe Eva Braun, die verschwenderisch Lippenstift und Puder benutzte, obwohl Hitler abfällig von »Kriegsbemalung« sprach; die mit Vorliebe hohe Absätze trug, obgleich er sie lächerlich fand, und die beim Klang einer amerikanischen Schallplatte, die er aufhorchend lobte, unverzüglich mit der Bemerkung nachsetzte: »Ja, und sowas hat dein Freund Goebbels gerade verboten.«

Wie würde jemand, der gar nichts von Hitler weiß, ihn einschätzen, wenn er lediglich diese Beiläufigkeiten aus dem Privatleben erführe? Er würde ihn, sofern das Wort Pantoffelheld zu hart erscheint, doch mindestens als sehr nachgiebig gegenüber Frauen – oder dieser einen Frau – beurteilen, als einen Mann, der sich nicht gerade als »der Herr im Haus« benimmt.

Daß derselbe Mensch ein Volk von sechzig Millionen mit harter und brutaler Hand regiere, würde keiner vermuten, obwohl es historische Vorbilder gibt. »Augustus«, so wird aus der Antike kolportiert, »beherrschte die Welt, aber Livia beherrschte Augustus.«

Tatsache ist, daß Hitler privat ganz anders war, als die Öffentlichkeit ihn kannte. Dort erschien er als schreitendes Denkmal, in gereckter Staatsmannpose mit rechtwinklig vorschießendem Arm, als aufputschender Redner und als der erste Junggeselle der Nation, der, aufgezehrt von Staatspflichten, sich kein Eigenleben leisten konnte. Alles wirkte erstarrt, gefroren, stilisiert bis zur Perfektion und wurde schließlich wohl auch zur zweiten Natur – vielleicht zur ersten.

Erst recht, wenn man sich nicht nur die offizielle Erscheinung vergegenwärtigt, sondern dazu die dahinterstehenden Taten – von der Niederknüppelung der Opposition über die Beherrschung halb Europas bis zur Massentötung von Juden –, rundet sich das Bild eines Diktators, den der geballte Haß der halben Welt verfolgte. Demgegenüber ist es dann schon erstaunlich, in einer Beschreibung des Tagesablaufs auf dcm Obersalzberg den Satz zu lesen: »Eine gute Viertelstunde des Abends verbrachte er damit, Komplimente zu machen und Hände zu küssen.«

So schreibt der Amerikaner Nerin Gun in seinem Buch »Eva Braun – Hitlers Mätresse« (1968). Der Diktator hatte also unter seinen vielen Gesichtern auch das des charmanten Frauenbewunderers, der sich von ihnen, sofern sie hübsch waren, sogar erstaunlich tolerant Wahrheiten sagen ließ.

Da gibt es die bezeichnende Episode von Eva Brauns Wiener Freundin

Lebenslustig, sportlich, stets elegant und modisch gekleidet, war Eva Braun im Gegensatz zu ihrem »Herrn und Gebieter« eine leidenschaftliche Tänzerin und Raucherin, Vergnügungen, die von Hitler entschieden abgelehnt wurden. Das Verhältnis zu Eva Braun, die seit Januar 1932 seine Geliebte war, wurde vor der Öffentlichkeit verborgen gehalten.

125

Marion Schönemann, die bei einem Besuch auf dem Berghof sonntags zur Messe ging. Bei der Rückkehr fragte Hitler spöttisch: »Es waren sicher viele Leute da, um Ihren Hut zu bewundern.« Marion ungerührt: »Es war brechend voll. Das Gedränge wird immer größer, seit die Partei den Leuten sagt, sie sollten nicht mehr in die Kirche gehen.« Sie hatte auch künftig immer Zutritt zu Hitlers quirligem Domizil, dem »Grand-Hotel«.

Frauen haben eine weit größere Rolle im Leben des braunen Imperators gespielt, als nach außen gedrungen ist. Eva Braun war nur die letzte und längste enge Beziehung. Keine hat ihn so tief berührt wie diejenige zu seiner Nichte Geli, Tochter der Halbschwester Angela. Geli Raubal, 1908 geboren, begegnete ihrem »Onkel Adi«, dem Parteiführer, 1925 nach der Festungshaft. 1928 holte er sie nach München und lebte mir ihr zusammen. 1931 hat das Mädchen aus ungeklärten Gründen in der gemeinsamen Wohnung Selbstmord begangen – vielleicht, weil Hitlers Eifersucht zu einengend war oder weil sie umgekehrt unter Eva Braun litt, deren Nähe er damals schon suchte. Ein eindeutiges Motiv für den Freitod fand selbst Werner Maser nicht, der wie kein anderer Hitlers Privatleben durchforscht hat. Das Ereignis traf den fast zwanzig Jahre Älteren schwer. Mit ihr, gestand er noch lange später ein, habe er die glücklichsten Stunden seines Lebens verbracht.

Eva Braun ist dann nichtsfordernd und unaufdringlich in Gelis Rolle hineingewachsen, eine Frau ohne Bedeutung, wenngleich intelligent, schlagfertig und hilfsbereit auch da, wo es unbequem war: zum Beispiel zugunsten von Ilse Heß nach dem bestürzenden Englandflug ihres Mannes. Knappe 13 Jahre blieb sie die Frau an Hitlers Seite, solange überhaupt von Privatleben oder von Resten privater Existenz die Rede sein konnte. Sie wurde nicht gerade ver-

steckt – viele kannten sie –, aber auch nicht zum Repräsentieren vorgezeigt, wohl um das Image des einsamen Staatslenkers nicht zu gefährden. In Amerika ist ein Politiker ohne seine fortwährend sichtbare Ehefrau nur ein halber Mensch, in Deutschland waren öffentliche Auftritte des weiblichen Anhangs immer eher störend, jedenfalls entbehrlich.

Hitler selber sagte: »Eva ist zu jung, zu unerfahren, um eine ›Erste Dame‹ zu sein. Sie ist jedoch die einzige Frau in meinem Leben, und wenn ich mich nach dem Krieg nach Linz zurückziehe, wird sie meine Frau.« Mit Linz wurde es nichts, aber geheiratet hat er seine Geliebte am Ende doch, in der dumpfen Bunkeratmosphäre des sterbenden Imperiums, unter den Granateneinschlägen russischer Geschütze, kurz vor dem gemeinsamen Selbstmord. Irgendwie war das schwül und makaber, ein schlechter Roman, diese Trauungszeremonie mit der Giftampulle. Und doch, um gerecht zu sein: Es war eine Art bürgerlicher Hausbestellung, ein Verhältnis wurde legitimiert, einer Frau, die es schwer gehabt hatte, wurde eine letzte Genugtuung zuteil.

Schon die Namen Geli Raubal und Eva Braun zeigen: Hitlers Beziehung zum anderen Geschlecht erschöpfte sich nicht darin, daß heilrufende Frauen begeistert ihre Hände zu ihm reckten. Nur die eigene machtpolitische Zwecklegende zauberte den Bereich Liebesleben aus der öffentlichen Vorstellung fort.

Um die weiblichen Hauptstützen seines Privatlebens rankten sich noch Ornamente – allerlei Liebschaften und Flirts, angefangen mit Mademoiselle Loret, einer Handwerkerstochter aus der Nähe von Lille, von der angeblich ein unehelicher Sohn, Jean-Marie, Geburtsjahr 1918, stammt; Werner Maser hat ihn ausfindig gemacht. Später haben Unity Mitford, Gretl Slezak, Leni Riefenstahl, Mady Rahl, Maria Reiter, Inga Ley und manche andere seinen Lebensweg flüchtig oder länger be-

Der »Führer« inmitten oberbayerischer Landschaft, den Blick bedeutungsschwer ins Weite gerichtet – dieses Kitschfoto, geschossen von Hitlers Leibfotograf Heinrich Hoffmann, sollte dem Betrachter signalisieren, daß er einen kraftvoll-visionären, von Heimatliebe erfüllten Mann vor sich hat, in dessen Händen Deutschlands Zukunft bestens aufgehoben sei.

rührt. Hitler war sich seiner Wirkung auf Frauen bewußt, spätestens, als hochreife Damen, »mütterliche Freundinnen« wie Helene Bechstein, ihm in der Kampfzeit außer Wohlwollen auch Schmuckstücke als Sicherheit für Darlehen übereigneten. Seine forcierte Männlichkeit – mit Hundepeitsche, auch ohne Hund – verstand sich auf die Rolle des Salonlöwen gut.

Doch soll hier nicht nur von der Beziehung zu Frauen die Rede sein, auch wenn sein Privatleben sich darin und in der österreichischen Küß-die-Hand-Mentalität am augenfälligsten äußerte. So pflegte der Führer und Reichskanzler im privaten Bezirk legere Umgangsformen, im Gegensatz zum Hitler-Monument draußen im Land, und konnte in einer ganz hausväterlichen Art fürsorglich sein. Kinder tätschelte er nicht nur vor der Kamera, er hatte sie wirklich gern. Und er verhielt sich aufmerksam, schonend, mitfühlend gegenüber Personen im eigenen häuslichen und im Dienstbereich. Ob Sekretärinnen, Diener, Fahrer: Noch in der apokalyptischen Bunkerwelt in Berlin, wo ihm der Weltlauf gleichgültig geworden war, blieb hier ein freundliches Wort, dort eine Geste, ein Geschenk. Das war wohl die erstaunlichste Charakterseite dieses Machtmenschen, der so kaltherzig gegenüber dem anonymen Schicksal war – dem leidenden Soldaten in der Froststarre des Ostens, dem hungernden Polen, dem deportierten Juden.

Sogar seinen fanatischen Judenhaß konnte Hitler in ganz seltenen Fällen persönlichem Treuegefühl unterordnen. So wurde 1935 die »nichtarische« Herkunft des früheren Chauffeurs und Bodygard-Leiters Emil Maurice offenkundig. Himmler wollte den schwarzuniformierten Wechselbalg aus der SS entfernen. Doch Hitler verwies auf seine Verdienste »in den ersten allerschwersten Monaten der Bewegung«, auf seine »Tapferkeit und Treue«. Solange er, Hitler, lebe, werde er keinen dieser Männer hergeben. Wenigstens in diesem Punkt hielt er Wort.

127

Hitlers
Kriegsziele

In seinem Bekenntnisbuch »Mein Kampf« hat Hitler sein praktisches Programm deutlich ausgesprochen: »Grund und Boden als Ziel unserer Außenpolitik und ein neues, weltanschaulich gefestigtes, einheitliches Fundament als Ziel politischen Handelns im Innern.« Endziel: Durch Rassenhygiene zur Weltherrschaft: »Ein Staat, der im Zeitalter der Rassenvergiftung sich der Pflege seiner besten rassischen Elemente widmet, muß eines Tages zum Herren der Erde werden.«

Der britische Historiker Hugh Trevor-Roper hat 1959 eine Untersuchung über Hitlers wahre Kriegsziele veröffentlicht. Sie gilt bis heute. Hier Auszüge aus der bedeutenden Studie:

Klar und ausführlich hat Adolf Hitler seine Kriegsziele in mehreren Dokumenten niedergelegt.

Erstens beziehe ich mich auf das Buch »Mein Kampf« – Hitlers persönliches Glaubensbekenntnis; er schrieb es im Jahr 1923/24, nachdem sein erster Versuch, die Staatsgewalt an sich zu reißen, völlig gescheitert war. Zweitens stütze ich mich auf Hermann Rauschnings »Gespräche mit Hitler«, die Hitlers politische Privatunterhaltungen zwischen 1932 und 1934 wiedergeben, also während seines zweiten und diesmal erfolgreichen Griffs nach der Macht. Drittens nutze ich die amtlich zu Protokoll genommenen »Tischgespräche«, die Hitler auf dem Höhepunkt seines militärischen Triumphs (1941 und 1942) geführt hat. Und viertens dient mir ein Dokument ähnlicher Art, Tischgespräche aus dem Februar 1945, in denen Hitler erstmalig seine Niederlage zugab; dieses Dokument wurde von Martin Bormann aufgezeichnet und von ihm als »Das politische Testament Hitlers« bezeichnet. Obwohl diese Dokumente 22 Jahre umspannen, bezeugen sie ausnahmslos absolute Übereinstimmung und Folgerichtigkeit in Denken und Handeln.

Beweisstück Nummer eins, »Mein Kampf«: Nach der Bibel war es das am weitesten verbreitete, wenn auch keineswegs das meistgelesene Buch. Das Buch spiegelt eine völlig durchkonstruierte politische Philosophie wider. In ihm bezeichnet sich Hitler selbst als einen Geschichtskenner, dessen Studien ihn davon überzeugt hätten, daß die Welt am Anfang einer großen Geschichtswende stehe. Er macht völlig klar, wohin sie führen wird: Das Zeitalter der kleinen Seemächte, die mit ihren maritimen Positionen, ihren Flotten und den durch Kolonialbesitz gewonnenen Reichtümern die Welt beherrschen, geht zu Ende. Damit löst sich auch die von diesen Weltmächten errichtete Ordnung auf. In Zukunft wird politische Macht nicht mehr vom Besitz ferner Kolonialgebiete – die bedeutungslos geworden sind – abhängen, sondern von der Beherrschung großer Landmassen, die durch die heutigen technischen Hilfsmittel endlich nutzbar gemacht werden können.

Als Hitler sich die Frage stellt, welche Staaten in Zukunft ein Weltreich von Dauer zu errichten in der Lage seien, kommen für ihn nur zwei Mächte in Betracht: Deutschland und Rußland.

Wenn man ihn ans Ruder lasse, werde er aus dem deutschen Nationalsozialismus, der noch aus allen Wunden blute, eine revolutionäre Bewegung schmieden, die Deutschlands historischer Mission würdig sei; und er werde nicht etwa ferne Kolonien – die Fata Morgana des

>>Wenn wir heute in Europa von neuem
Grund und Boden reden, können wir in
erster Linie nur an Rußland und die ihm
untertanen Randstaaten denken.<<

(Adolf Hitler in: »Mein Kampf«)

Häufig wurden die einrückenden deutschen Truppen von der russischen Bevölkerung freundlich empfangen und manchmal sogar als Befreier begrüßt. »Leider«, so schreibt General Heinz Guderian in seinen Memoiren, »hielt diese günstige Stimmung der Bevölkerung gegenüber den Deutschen nur solange an, wie die wohlwollende Militärverwaltung regierte. Die sogenannten Reichskommissare haben dann in kurzer Zeit verstanden, jede Sympathie für die Deutschen abzutöten und damit dem Partisanenunwesen den Boden zu bereiten«.

Wilhelminischen Deutschlands – zu erobern suchen, sondern die riesigen Räume der hassenswerten Sowjetunion. Wenn es schon zahlreiche Leute gab, die »Mein Kampf«, also Hitlers eigenes Werk, nicht ernst nehmen wollten, wie wenig Bedeutung mußten sie dann erst den Enthüllungen Rauschnings zuschreiben. In der Tat erklärte denn auch im Jahre 1939 der in seinen Illusionen gefangene Neville Chamberlain, daß er kein Wort davon glaube. Doch Rauschnings Berichte decken sich völlig mit Hitlers Äußerungen in »Mein Kampf«:

»Vielleicht werde ich das Bündnis mit Rußland nicht vermeiden können«, sagte er. »Ich behalte es als letzten Trumpf in der Hand. Vielleicht wird dies das entscheidende Spiel meines Lebens wer-

den. Aber es wird mich nie davon abhalten, ebenso entschlossen die Wendung zurück zu machen und Rußland anzugreifen, nachdem ich meine Ziele im Westen erreicht habe.«

Ein Blick auf die Landkarte Europas zeigt, daß Hitler zur Durchführung seiner großen Politik zunächst – aber eben nur zunächst! – die auch von der alten Führungsschicht Deutschlands vertretene »kleine« Politik verfolgen mußte. Ihr Bestreben galt der Stärkung des deutschen Ansehens und Nationalstolzes durch Schaffung eines neuen Heeres, an dem viele der alten Führungsschicht übrigens auch beruflich interessiert waren; sie zielte auf die Verdrängung Frankreichs aus Osteuropa und schließlich auch darauf, die alten Ostgrenzen des Reiches auf Kosten

Polens wiederherzustellen und durch die Eingliederung der Deutsch-Österreicher und Sudetendeutschen die vom Hause Habsburg hinterlassene Lücke zu schließen. Weiter wollten die Alten nicht gehen. Aber für so begrenzte Ziele hatte Hitler nichts als Verachtung übrig, der er auch Ausdruck verlieh. Er wollte Rußland erobern, bis zum Ural, vielleicht auch noch darüber hinaus – und auf alle Zeiten besetzt halten.

Für Hitler war der Rußlandfeldzug kein kriegerischer Seitensprung, eine Teilexpedition zu wichtigen Rohstoffquellen oder ein impulsiver Zug in einer bereits remisverdächtigen Schachpartie: Mit dem Rußlandfeldzug stand oder fiel der Nationalsozialismus.

Als Hitler zu seinem letzten Schlag ausholte und an allen Fronten überwältigende Siege errang, glaubte er, seine große Stunde sei gekommen. Endlich sollte ein zwanzig Jahre lang unbeirrbar festgehaltener Traum in Erfüllung gehen. Daher meinte er, es sei wieder einmal an der Zeit, seine politischen Gedanken zu verkünden.

Hitlers »Tischgespräche« sind ein haarsträubendes Dokument, abstoßend und faszinierend zugleich; der Spiegel eines Geistes ohne Menschlichkeit, doch eines Geistes von rücksichtsloser, systematisierender, zuweilen sogar aufhellender Willenskraft. Er verkündete, ein Weltreich habe einzig und allein die Aufgabe, sich um des nationalen Ruhmes willen selbst zu erhalten. »Wer hat, der hat«: Das ist für ihn die Summe politischer Moral; ein Herrenvolk könne keine größere Torheit begehen, als irgend etwas wieder aufzugeben – oder seine Untertanen so zu behandeln, daß sie Ansprüche anmelden könnten. Daher dürften die dem deutschen Großreich unterworfenen Völker keine Waffen besitzen und keinerlei Erziehung genießen (abgesehen von ausreichenden Deutschkenntnissen für den Befehlsemp-

fang). Man müsse ihnen Geburtenverhütung beibringen und den Zutritt zu Krankenhäusern verwehren, so daß ihre Zahl sowohl durch Geburtenschwund wie durch hohe Sterblichkeit niedergehalten werde. Auf diese Weise reduziert, dürften die versklavten Russen als minderwertige Heloten-Klasse weiterleben und Holz hacken und Wasser schöpfen für die privilegierte Aristokratie deutscher Kolonisten.

So sah Hitlers Tausendjähriges Reich aus. 1941 glaubte er, den Grundstein gelegt zu haben. Im Februar 1945 war jede Hoffnung darauf geschwunden – anscheinend für immer –, und selbst Hitler mußte es zugeben. Als sich Hitler mit der Frage beschäftigte, wie es zu dieser katastrophalen Schicksalswende hatte kommen können, fühlte er sich noch einmal verpflichtet, die Nachwelt darüber aufzuklären.

Zunächst gab er zu, daß 1940 oder 1941 ein günstiger Friede mit England zu schließen gewesen wäre. Ein für beide Teile günstiger Friede, da beide über ihre degenerierten romanischen Gegner triumphiert hätten – Deutschland über Frankreich, England über Italien. Doch Hitler fügte sofort hinzu, daß dieser Friede nicht von Dauer, sondern nur zur taktischen Umorientierung des deutschen Kriegspotentials bestimmt gewesen wäre. »Deutschland, im Rücken gesichert, hätte sich nun mit Leib und Seele in seinen wahren Kampf für die heilige Mission meines Lebens, den Daseinszweck des Nationalsozialismus, stürzen können: die Vernichtung des Bolschewismus. Ostwärts, einzig und allein ostwärts, müssen sich unsere Lebensadern ausdehnen.«

Auch am Ende also bekannte sich Hitler noch immer zu seinen alten Kriegszielen. Von 1920 bis 1945 hatte für ihn die nationalsozialistische Bewegung stets nur eine Aufgabe gehabt: Ein Weltreich zu errichten, den Russen den kontinentalen Großraum ihres Landes zu entreißen.

Der größte
Feldherr aller Zeiten?

Als das Regiment List während des Ersten Weltkrieges in Flandern kämpfte, wurde erwogen, den Gefreiten Hitler zum Unteroffizier zu befördern. Am Ende aber nahm man Abstand davon, »weil wir keine entsprechenden Führereigenschaften an ihm entdecken konnten«. Ungefähr 25 Jahre später, am 22. Juni 1940, wurde dem Führer und Reichskanzler Hitler in einem belgischen Dorf nahe der französischen Grenze die Nachricht von der Kapitulation Frankreichs überbracht, und Generaloberst Keitel ließ ihn hochleben: »Mein Führer, Sie sind der größte Feldherr aller Zeiten!« Wie kann einer ohne Führereigenschaften Feldherr werden? Besaß der Gefreite vielleicht doch Führerqualitäten, die nur auf Grund besonderer Umstände nicht erkannt worden und nicht zutage getreten sind – oder ist, umgekehrt, dieser Mann später etwa gar kein Feldherr gewesen, haben ihn Hofschranzen wie »La-Keitel« nur dazu hochstilisiert?

Zum ersten Punkt: Führungskunst muß angeboren sein, doch kann sie unter bestimmten Lebensverhältnissen verborgen, ungeweckt bleiben. Bei Hitler war seit 1919, seit er politisch zu wirken begann, offenkundig, daß er Menschen beeinflussen, sich hörig machen, sich unterwerfen konnte – aber eben erst von da an. Er entdeckte nämlich eine Fähigkeit an sich, die zum Schlüssel seiner gesamten späteren Erfolge und damit der deutschen Tragödie wurde: Er konnte reden. Die Eigenschaft des Führens, Beherrschens, hat er fortan bis zum letzten Tag seines Lebens, 26 Jahre später, nicht mehr eingebüßt.

»Feldherr« jedoch ist etwas anderes, eine qualitative Größe, ein Befähigungsnachweis auf höchster militärischer Ebene. Und hier sind nun die Eindrücke so widersprechend, daß eine Antwort sich nicht als Ja oder Nein, sondern nur aus der Addition vieler Einzelbeispiele ergibt.

»Sichelschnitt« war der kühne deutsche Überraschungsvorstoß durch die als unwegsam geltenden Ardennen mit anschließendem Rechtsschwenken zum Kanal (eine Art spiegelverkehrter Schlieffen-Plan) und der Einkesselung der französischen Nordarmee und des britischen Expeditionskorps in Nordfrankreich und Belgien. Der Feldzugsplan stammte von Erich von Manstein, der wohl der fähigste militärische Kopf war, den Deutschland im Zweiten Weltkrieg gehabt hat. Durch eine Folge von Zufällen erfuhr Hitler von den Ideen des Generals, der gerade wegen seiner unkonventionellen und unbequemen Vorschläge von seinen Vorgesetzten kaltgestellt worden war, und begeisterte sich sofort dafür. Das Ergebnis ist bekannt. Jene Armee, die lange als die stärkste der Welt gegolten hatte, wurde in einem in der Militärgeschichte beispiellosen Feldzug innerhalb von sechs Wochen niedergeworfen – unbestreitbar durch Hitlers entscheidende strategische Einflußnahme, weshalb ihm Manstein denn auch in seinen Erinnerungen »eine gewisse Begabung auf operativem Gebiet« zubilligt.

Grundsätzlich ist zu sagen, daß der fachliche Hochmut der Spezialisten – obwohl in allen Lebensbereichen an der Tagesordnung – nicht angebracht ist; denn gerade der unbefangene Blick des Laien kommt mitunter zu Lösungen, die die »Gelernten« verblüffen. Gefährlich wird es, wenn nun aus dem Außenseiter-Erfolg des Laien seinerseits Hochmut erwächst und er anfängt, Expertenmeinung prinzipiell gering zu achten. Das war bei Hitler spätestens nach dem Sieg im Westen der Fall. Hatten schon die kultische Verehrung seiner Anhänger und die zurückliegenden außenpolitischen Erfolge sein Selbstgefühl immer mehr bestärkt, so wurde es durch die Feldherrnkrone nun zum Unfehlbarkeitsbewußtsein.

Schaute er auf die Generalität, so machte sich Geringschätzung breit. War sie seinen Entschlüssen nicht immer wieder mit ängstlichem Zaudern begegnet? So vor der Rheinlandbesetzung im März 1936, in der Sudeten-Krise im September 1938, beim »Sitzkrieg« im Herbst 1939, schließlich bei der Planung zum »Sichelschnitt«? Und hatte er nicht jedesmal recht behalten, auch bei dem gewagten Norwegen-Unternehmen, bei dem er das OKH gleich von vornherein ausgeschaltet hatte und dann vom Gelingen so triumphal bestätigt worden war?

Hitlers Militärglück entsprach in erster Linie dem unmilitärischen Kalkül des Politikers. Wäre er durch die generalstabsmäßige Denkschule gegangen, dann hätte er in der Zeit seines Aufstiegs auf jeder Stufe errechnen müssen, daß das Erreichen der nächsten Stufe unter seinen Voraussetzungen kaum möglich war. Dann hätte er den Versuch zur Machtergreifung überhaupt nicht unternommen. Als Revolutionär aber wußte er, daß Anfangserfolge die Aussicht auf weiteres Gelingen schaffen, weil sie die eigenen Reihen anfeuern und die Gegner lähmen.

Entsprechend hat er auch seine militärischen Ziele so weit gesteckt, daß nüchterne Berechnung sie für unerreichbar halten konnte, er aber das Überraschungsmoment, die entfachten Energien im eigenen Lager, die Lähmung des Willens auf der Gegenseite mit in die Kalkulationen einbezog und sich damit gegenüber den Skeptikern in diesem Stadium als der wahre Realist empfahl. Hier stießen also zwei Denkrichtungen aufeinander, sehr unterschiedliche Bildungs- und Erfahrungswege. Doch beruhen Hitlers Blitzkriegerfolge nicht allein auf politisch orientiertem Wagemut, sondern auch auf seinem ausgesprochen technischen Verstand und seiner frühen Einsicht, der moderne Krieg werde vom Motor beherrscht.

Keine andere Armee war 1939/40 vergleichbar motorisiert. Fortschrittliche französische Generale wie de Gaulle kämpften in ihren eigenen Reihen vergeblich für die operative Selbständigkeit der Panzerwaffe. In Deutschland dagegen setzten sich ähnliche Gedanken – von allem von Guderian verfochten – frühzeitig durch; nicht zuletzt deshalb, weil dem Gefreiten Hitler im Ersten Weltkrieg die schlachtentscheidenden Möglichkeiten der Stahlkolosse stärker bewußt geworden waren als vielen anderen.

Von wahrhaft verheerender Wirkung war aber erst das tödliche Zusammenspiel von Luft- und Panzerwaffe, das Deutschland in den ersten Feldzügen monopolartig demonstrierte. Jodl attestierte seinem Führer nach Kriegsende in Nürnberg, daß sein »erstaunlich technisch-taktischer Weitblick... ihn auch zum Schöpfer einer modernen Bewaffnung des Heeres werden (ließ)«. Hitler hatte sich lange und intensiv mit militärischer Fachliteratur beschäftigt. Seine Nachttischlektüre während des Krieges bestand aus Flottenkalendern und militärwissenschaftlichen Handbüchern. Hier war der Laie Hitler nun wirklich Fachmann geworden. Mit diesem Wissen und seinem stupenden Gedächtnis hat er immer wieder seine militärische Umgebung beeindruckt. Er kannte sich gut aus in der Militärtechnik.

Es gab freilich auch eklatante Fehlurteile bei Hitler auf diesem Gebiet. Indem er zum Beispiel die düsengetriebene Me 262 so lange als Jagdbomber konzipierte, bis es für die viel passendere Verwendung als Abfangjäger an der Heimatfront zu spät war.

Was tut eine Generalität, die in ihrer Pflicht zur Vorsicht wiederholt zu falschen Voraussagen gelangt war und ihren obersten Befehlshaber in militärischen Details obendrein als Autorität anerkennen muß, wenn er nun abermals zum Schlag ausholt? Was tun die Generale, wenn er nun gegen ein Land zu Felde ziehen will, in dem Karl XII. und Napoleon einst gescheitert waren? Antwort: Sie wagen nicht erneut zu widersprechen und machen alle mit.

Der Kriegslenker Hitler hatte aus der Geschichte so wenig gelernt, daß der britische Militärschriftsteller Irving (»Hitler und seine Feldherren«, 1975) urteilt: »Wahrscheinlich ist noch nie ein Feldzug mit solcher Überheblichkeit begonnen worden.« Damit meint er das Unternehmen »Barbarossa«. Die Militärs waren nicht klüger als Hitler. Gibt es doch die denkwürdige Tagebucheintragung des Generalstabschefs Halder vom 3. Juli 1941: »Es ist also wohl nicht zuviel gesagt, wenn ich behaupte, daß der Feldzug gegen Rußland innerhalb 14 Tagen gewonnen wurde.« Wahrhaft bescheiden fügt er hinzu: »Natürlich ist er damit noch nicht beendet.«

Die ungeheuren Anfangserfolge nährten die Fehleinschätzung noch bis in den Winter hinein. Von da an wurde aus der Erfolgsstrategie eine Durchhalte- und schließlich Illusionsstrategie, deren tragische Etappen jeder kennt.

Jetzt, wo das Überraschungsmoment nicht mehr zählte, die ehemals übersehbaren Schlachtfelder zur Unendlichkeit ausgeweitet waren, die Kampfmethoden auf der Gegenseite gelehrige Schüler gefunden hatten, jetzt hätte aus autodidaktischer Inspiration konventionelles Kriegshandwerk werden müssen. Doch Hitler traute keinem seiner Generäle zu, mehr zu können, als seine Befehle auszuführen. Den Armee- und Luftwaffenkommandos wurde so wenig freie Hand gelassen, daß der Feldmarschall von Richthofen in sein Tagebuch eintrug: »So wie jetzt, ist man – operativ gesehen – hochbezahlter Unteroffizier.«

Als Hitler Ende 1941 Brauchitsch entließ und zur Gesamtverantwortung der Kriegsführung auch noch in Personalunion den Oberbefehl über das Heer übernahm, machte er den Rußlandkrieg vollends zu seiner Privatangelegenheit und drängte das OKW auf die anderen Kriegsschauplätze ab – nicht ohne auch dort noch fast alle Einzelheiten zu bestimmen.

Das starre Festhalten an jedem Fußbreit Boden wurde allmählich zu Hitlers alleinigem Rezept, dem sowjetischen Massenansturm zu begegnen. Gerade daran verbrauchte sich die Truppe, weil sie zahlenmäßig unterlegen war, der Gegner also an den weitgedehnten Fronten im Osten seine Armeen immer wieder zu gezielten Durchbrüchen massieren konnte. Nur bewegliche Operationsführung wäre – nach Manstein – das geeignete Gegenmittel gewesen.

Zu leicht machten es sich allerdings diejenigen, die nach dem Kriege allein seinem ständigen Dazwischenreden und Besserwissen die Niederlagen ankreideten. Diese Ansicht setzt nämlich voraus, die Fachleute hätten im Gegensatz zu ihrem obersten Chef alles richtig gesehen.

Wie irrig diese Meinung ist, zeigen schon die grotesken Fehlurteile über die Rote Armee in den ersten Monaten von »Barbarossa«. Doch auch im weiteren Verlauf des Ostkrieges häuften sich die Irrtümer der Experten, etwa jener Abteilung »Fremde

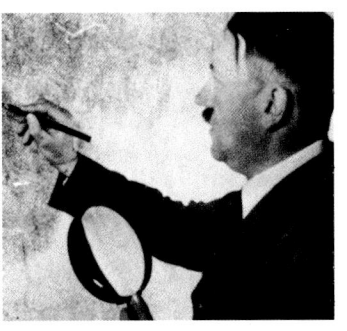

»Er kümmert sich um jeden Dreck«, stöhnten die Generalstabsoffiziere und charakterisierten damit treffend Hitlers Angewohnheit, sich mit den kleinsten Details zu beschäftigen. Selbst in schwierigen Lagen konnte er es nicht lassen, sich über Stellungen einzelner Bataillone zu informieren.

Am frühen Nachmittag des 6. Juni 1944 läßt sich Hitler von General Jodl die alliierten Landeköpfe in der Normandie auf einer Landkarte markieren. Die Umstehenden (Ribbentrop, Korten, Warlimont, Göring, Keitel u. a.) hörten dabei die Worte: »Die Nachrichten könnten gar nicht besser sein! Solange sie in England waren, konnten wir sie nicht fassen. Jetzt haben wir sie endlich dort, wo wir sie schlagen können.«

Heere Ost« unter General Gehlen, die aus allen erreichbaren Nachrichtenquellen die »Feindlage« zu beurteilen hatte (Zahlenstärken, Angriffsziele usw.). Sie hat den sowjetischen Großangriff bei Stalingrad ebensowenig vorausgesehen wie die Sommeroffensive 1943 gegen die Heeresgruppen Mitte und Süd, die Stoßrichtung im Januar 1944 ebenso falsch berechnet wie den Ansturm, der im Sommer 1944 zum Zusammenbruch der Heeresgruppe Mitte führte. Der Angriff auf Rumänien im August 1944 galt dem Gehlen-Stab noch fünf Tage vor Beginn als »nach wie vor unwahrscheinlich«.

Übertroffen wurde diese Kette von Fehlspekulationen noch von Denkschriften Gehlens. Da gibt es eine vom 31. Dezember 1944, worin er die Ostfront noch immer für stabilisierbar hält. Zuvor im Oktober hatte er gegenüber Hitler die Ansicht vertreten, in amerikanischen Augen könne allein Deutschland »dem sowjetrussischen Anspruch auf Europa militärisch und politisch Einhalt gebieten«. Die daraus abgeleitete Utopie, die Westmächte könnten mit uns gemeinsame Sache machen gegen Stalin, die Kriegskoalition gegen das Dritte Reich könne jeden Augenblick zerfallen, spukte seitdem wortgetreu in Hitlers Kopf herum, wie Gesprächsnotizen belegen.

An solche Illusionen klammerte dieser sich so lange noch, bis mit dem Pistolenschuß vom 30. April, 15.30 Uhr, das unwiderrufliche Ende der Hitlerschen Befehlsgewalt kam.

136

»Die Bilder gefallener Kameraden ziehen
vor meinem Auge vorüber mit den
furchtbaren Wunden. Vom grauen Mantel
zugedeckt, in der Kälte frühzeitig erstarrt,
stumm und leblos liegen sie da, mit den
vom Frost zerfallenen Gesichtern und
lichtlosen Augen.«

Aus dem Brief eines Rußlandkämpfers vom 9. März 1942

Der Judenmörder

»Die Endlösung der jüdischen Frage bedeutete die vollständige
Ausrottung aller Juden in Europa. Ich hatte
den Befehl, Ausrottungserleichterungen in Auschwitz im
Juni 1942 zu schaffen. Zu jener Zeit bestanden schon
drei weitere Vernichtungslager im Generalgouvernement:
Belzec, Treblinka und Wolzek.
Wir sollten diese Vernichtungen im geheimen ausführen,
aber der faule und Übelkeit erregende Gestank,
der von der ununterbrochenen Körperverbrennung ausging,
durchdrang die ganze Gegend, und alle Leute,
die in den umliegenden Gemeinden lebten, wußten, daß in
Auschwitz Vernichtungen im Gange waren.«

Rudolf Höß, Kommandant von Auschwitz 1940–1943

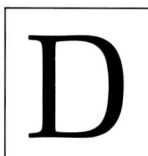

D aß Hitler, einmal zur Macht gekommen, nur seine Weltanschauung gelten lassen wollte, ist in »Mein Kampf« deutlich angesprochen: »Denn die Weltanschauung ist unduldsam und kann sich mit der Rolle einer ›Partei neben anderen‹ nicht begnügen, sondern fordert gebieterisch ihre eigene, ausschließliche ... Anerkennung.«

Ausgehend von der fixen Idee der kulturschöpferischen arischen und der kulturzerstörerischen jüdischen »Rasse«, sah Hitler den »höchsten Zweck« des Staates darin, dafür zu sorgen, »daß das Blut rein erhalten« bleibe. Mit der Rassenmischung sei nämlich eine Senkung des Rassenniveaus verbunden, die schließlich über die vom Judentum angestrebte Weltherrschaft zum Kulturverfall führen müsse. »Ein völkischer Staat wird damit in erster Linie die Ehe aus dem Niveau einer dauernden Rassenschande herauszuheben haben, um ihr die Weihe jener Institution zu geben, die berufen ist, Ebenbilder des Herrn zu zeugen und nicht Mißgeburten zwischen Mensch und Affe ... Der völkischen Weltanschauung muß es im völkischen Staat endlich gelingen, jenes edlere Zeitalter heranzuführen, in dem die Menschen ihre Sorge nicht mehr in der Höherzüchtung von Hunden, Pferden und Katzen erblicken, sondern im Emporheben des Menschen selbst.«

Während diese von Hitler in »Mein Kampf« propagierte Heraus- und Reinzüchtung des nordisch-germanisch-arischen Rassekerns über erste Ansätze nicht hinauskam, sollte die Eliminierung des jüdischen Rassefeindes schließlich zur mörderischen Wirklichkeit werden.

Der spektakuläre Boykottaufruf gegen jüdische Geschäfte, jüdische Waren, jüdische Ärzte und Rechtsanwälte vom 1. April 1933 wurde, da er in der Öffentlichkeit nur wenig Zustimmung fand, schnell wieder abgeblasen. Dennoch wurde die systematische Ächtung und Entrechtung der deutschen Juden konsequent ins Werk gesetzt.

Mit dem »Gesetz zur Wiederherstellung des Berufsbeamtentums« vom 7. April 1933 wurden Beamte »nichtarischer Abstammung« zwangsweise in den Ruhestand versetzt (Arierparagraph). In der im September 1933 von Goebbels gegründeten »Reichskulturkammer«, der Schriftsteller, Musiker, Maler, Bildhauer, Schauspieler und Regisseure beitreten mußten, wenn sie sich öffentlich betätigen wollten, waren Juden nicht zugelassen. Seit Oktober 1933 durfte kein Jude und kein mit einer Jüdin verheirateter »Arier« mehr Redakteur oder ständiger Mitarbeiter von Zeitungen und Zeitschriften sein. Das sogenannte »Schriftleitergesetz« machte Tausende jüdischer Journalisten arbeitslos. Selbst aus den Sportvereinen mußten die Juden ausgeschlossen werden.

Diese gesetzgeberischen Maßnahmen wurden durch eine entsprechende antisemitische Hetze begleitet. Alle menschlichen Beziehungen zwischen Juden und anderen Bürgern sollten bewußt zerstört werden. Kurverwaltungen stellten auf Betreiben lokaler Parteiführer Schilder auf: »Juden sind hier unerwünscht!« Vor Badeanstalten gab es beleidigende Tafeln: »Hunden und Juden ist der Zutritt verboten!«

Mit den am 15. September 1935 auf dem »Reichsparteitag der Freiheit« verkündeten »Nürnberger Gesetzen« wurde die Ehe zwischen Juden und Ariern verboten, der Geschlechtsverkehr zwischen Juden und Ariern zum Verbrechen der Rassenschande deklariert. Dieser lautstark proklamierten Diskriminierung folgte ein Verbot nach dem anderen.

Juden durften nicht mehr sein: Wirtschaftsprüfer, Bücherrevisoren, Gastwirte, Lehrer für nichtjüdische Kinder an Privatschulen (aus dem öffentlichen Schulwesen waren sie ohnehin schon entfernt), Sachverständige an Handelskammern, Apothe-

»Ich bin am Ort das größte Schwein und laß mich nur mit Juden ein.« Eine »Rassenschänderin« wird öffentlich zur Schau gestellt. Nach den Nürnberger Gesetzen von 1935 waren die Eheschließung und der Intimverkehr zwischen Deutschen und Juden verboten. Ein neues Vergehen, die »Rassenschande«, wurde von nun an in Deutschland strafrechtlich verfolgt.

ker, Vermessungsingenieure, Versteigerer, Viehhändler, Trauzeugen bei »arischen« Eheschließungen, Universitäts-Gasthörer, Patentanwälte, Bademeister, Krankenpfleger, Hebammen, Fahrlehrer.

Juden durften nicht: Jagdscheine erwerben, promovieren, Kinder adoptieren, Vormundschaften übernehmen, Steuerermäßigungen beantragen, Mietbeihilfen oder Kindergeld beziehen, an der Börse tätig sein, Archive zu Forschungszwecken benutzen.

Juden durften sich nicht mehr betätigen als: Hausierer, Schausteller, Vertreter, Aufkäufer, Straßenhändler, Privatdetektive, Heiratsvermittler, Fremdenführer, Grundstücks-, Immobilien- und Darlehensmakler, Haus- und Grundstücksverwalter.

Trotz dieser Ächtung und Entrechtung, trotz eines Trommelfeuers von Kränkungen und Belästigungen hatte bis Ende 1938 erst ein Drittel der insgesamt 500 000 deutschen Juden ihre Heimat verlassen oder mangels Mittel oder Einreisevisa verlassen können.

Um den Terror gegen die Juden zu intensivieren, nahm Goebbels das Attentat des 17jährigen Juden Herschel Grynszpan vom 7. November 1938 auf einen Angehörigen der deutschen Botschaft in Paris zum Anlaß, gegen die Juden loszuschlagen.

Die Tat eines Einzelgängers wurde umfunktioniert zu einer »großangelegten Verschwörung des Weltjudentums«, die deutscherseits nicht ohne »Antwort« bleiben könne. Ohne daß die Partei in Erscheinung treten dürfe, wurde den lokalen Stellen befohlen, »spontane Aktionen« zu organisieren. Überall brannten in der Nacht zum 10. November 1938 die Synagogen, wurden Geschäfte und Gemeindehäuser zerstört, wurde geplündert und zerschlagen, wurden Juden geprügelt, durch die Straßen gejagt, erschlagen oder in KZs verschleppt. Wegen der Tausende von Scherben der eingeschlagenen Schaufenster

wurde dieser erste Pogrom in Deutschland seit dem späten Mittelalter vom Volksmund »Reichskristallnacht« genannt.

Bei Kriegsausbruch im September 1939 waren die Juden in Deutschland bereits völlig isoliert. Sie lebten in einer Atmosphäre, die bestimmt war von Feindschaft, Verachtung und Bedrohung. Der Pogrom hatte sie ihres letzten Schutzes beraubt, sie ausgestoßen und geächtet. Sie waren – so wollte es die NS-Führung – Parias, auf eine Stufe gestellt mit Schädlingen und Ungeziefer.

Schon vor Kriegsausbruch hatte Hitler am 30. Januar 1939 vor dem Reichstag verkündet, daß im Falle einer kriegerischen Verwicklung dies nicht zum »Sieg des Judentums«, sondern zur »Vernichtung der jüdischen Rasse in Europa« führen werde. Mit dem am 22. Juni 1941 erfolgten Angriff auf die Sowjetunion sollte diese allseits als Propagandaphrase mißdeutete Drohung Wirklichkeit werden, nachdem schon im besiegten Polen Massenerschießungen von Juden und Deportationen durchgeführt worden waren.

Hinter dem Rücken der kämpfenden Wehrmacht fielen Hitlers Einsatzgruppen in Rußland ein. Ihr Auftrag: die Vernichtung der »jüdisch-bolschewistischen Intelligenz«, die Vernichtung von »Bolschewistenhäuptlingen«, Kommissaren, vor allem aber aller Juden, die die »Sicherheit der Truppe durch ihre Existenz gefährden«. So hatte Hitler die Umrisse seines Befehls schon im März 1941 festgelegt. Die Mordkommandos legten den Befehl so großzügig aus, daß die jüdische Bevölkerung ganzer Städte und Dörfer, einschließlich Frauen und Kindern, als sicherheitsgefährdend in Massen umgebracht wurde.

Das Judentum Rußlands ging unter in einem Meer von Scheußlichkeiten. Die einzelnen Einsatzgruppen versuchten sich gegenseitig mit ihren Erfolgsberichten auszustechen. Beispiele: »Arbeitsbereich der Teilkommandos judenfrei gemacht. Gesamtsumme: 79 276.« »Sonderkommando 4 a hat bis zum 6. 9. 41 insgesamt 11 328 Juden erledigt.« Oder: »Insgesamt wurden 34 289 Juden (Männer, Frauen, Jugendliche) in der Berichtszeit erfaßt und liquidiert.«

Hinter diesen kalten, nüchternen Zahlen stehen grauenvolle Bilder: Leichengruben, nackte Menschen vor Maschinengewehren, Kleinkinder und Säuglinge auf den Armen der Mütter, Todesangst, Schreie und Blut. Die Opfer wurden mit Schlägen angetrieben, bettlägerige Kranke und gehunfähige Greise auf Tragbahren an die Hinrichtungsgruben geschafft.

Trotz der Massenabschlachtungen der jüdischen Bevölkerung in Rußland war der Entschluß zu einer planmäßigen Ausrottung aller Juden seitens der höchsten NS-Führung bis Ende 1941 noch nicht endgültig gefallen. Zwar tauchte der Begriff »Endlösung« schon seit Anfang des Jahres in verschiedenen Korrespondenzen auf, es ist aber nach neueren Untersuchungen sehr fraglich, ob damit bereits die planmäßige physische Vernichtung gemeint war.

Die anfänglichen Erfolge im Rußlandfeldzug ließen viele Naziführer wie Göring, Goebbels, Frank und Rosenberg, selbst Himmler und Heydrich unter »Endlösung« folgendes verstehen: Abschiebung aller Juden – aus Deutschland, Österreich, dem »Reichsprotektorat« und Polen »nach Osten«, und zwar möglichst weit »nach Osten« ins ehemalige Herrschaftsgebiet der sicher bald niedergeworfenen Sowjetunion.

Nach einer sehr sorgfältigen Untersuchung des Historikers Martin Broszat kann man heute als nahezu sicher annehmen: Den Entschluß zur planmäßigen, institutionalisierten Ausrottung des Judentums hat Hitler nicht vor dem Spätherbst des Jahres 1941 gefaßt. Die Ende 1941 festgelaufene Ostoffensive hat zu einer Verlangsamung und Reduzierung der ursprünglichen Deportationspläne geführt. Trotzdem wollte Hitler den Plan der »großen Evakuierung« nicht stoppen. Jetzt erhielt die »Endlösung« ihren eigentlichen Akzent: den des geplanten, generalstabsmäßig vorbereiteten Völkermordes, der nicht mehr wie bisher durch »Sicherheitserwägungen« oder »Partisanenbekämpfung« kaschiert werden mußte. Broszat: »Die Judenvernichtung entstand, so scheint es, nicht nur aus vorgegebenem Vernichtungswillen, sondern auch als ›Ausweg‹ aus einer Sackgasse, in die man sich selbst manövriert hatte.« Eine neue Phase des Massenmordes begann. Aus den mobilen Mörderkommandos der Einsatzgruppen wurden jetzt stationäre Todesfabriken. Die grausige Herrschaft der Gaskammern setzte ein.

Den Anstoß gab SS-Gruppenführer Arthur Greiser, Gauleiter und Reichsstatthalter des westpolnischen »Warthegaus«, der 1939 vom Deutschen Reich annektiert worden war. Im äußersten Zipfel des Warthegaus lag Lodz, das in Litzmannstadt umbenannt worden war und nun – obgleich eine rein polnische Stadt – nicht zum Generalgouvernement, sondern zum Reichsgebiet gehörte. In Lodz aber befand sich ein großes Getto mit mehr als 100 000 Juden. Greiser wollte seinen Gau »judenfrei« machen und bat Himmler und Heydrich, ihm bei der Lösung seines Problems zu helfen. SS-Hauptsturmführer Lange traf Ende des Jahres mit einer Reihe von Gaswagen, die schon bei den Einsatzgruppen benutzt worden waren, in einem alten Schloß bei Kulmhof (Chelmno), 60 Kilometer nordwestlich von Lodz, ein. Im Dezember 1941 begann das Kommando Lange mit drei Gaswagen seine Vernichtungsarbeit.

Die Juden aus dem Getto von Lodz – darunter etwa 20 000, die aus deutschen Städten dorthin gebracht worden waren – wurden mit der Bahn nach Chelmno verfrachtet, dort in Lastwagen abgeholt und zum Schloß gebracht. Dort mußten sie sich völlig ausziehen und einen Lkw besteigen,

Die Ächtung und Diskriminierung der deutschen Juden geschah in aller Öffentlichkeit. Eine möglichst absolute Rassentrennung aller Lebensbereiche wurde von Hitler zum offiziellen Programm erhoben. Selbst auf Parkbänken durften Juden nicht mehr neben »Ariern« sitzen.

143

Überall im besetzten Europa fanden während des Krieges Judenrazzien und -deportationen statt, wie hier in Amsterdam 1942, wo holländische Juden zur Sammelstelle gescheucht werden zwecks »Arbeitseinsatz«. Daß dieser »Arbeitseinsatz im Osten« mit ihrer Vernichtung enden sollte, ahnten nur wenige.

der sie angeblich zum Duschen bringen sollte. Kaum waren die Türen des Wagens zugeschlagen, leitete ein Schlauch Auspuffgase in den Laderaum und tötete die Opfer. Ein Sonderkommando ausgewählter Juden, die sich damit das Privileg erkauften, etwas länger leben zu dürfen, stand bereit und beförderte die getöteten Juden in ein vorbereitetes Massengrab.

Doch die primitive Vergasungsanlage funktionierte nicht immer so schnell wie geplant. Manchmal dauerte der Todeskampf Stunden. Einige Male waren Opfer sogar noch am Leben, wenn die Türen geöffnet wurden. Die Massentorturen von Chelmno, die entsetzlichen Quälereien waren für die Todesspezialisten der SS ein »Experiment«. Zwar war dem Judenreferenten Adolf Eichmann übel geworden, als er einmal Zeuge einer Vergasung wurde, aber die Leiden der Menschen interessierten die SS-Beamten nicht so sehr. Für sie war das Experiment ein Fehlschlag, weil diese Vernichtungsmethode zu zeitraubend war. Man müßte eine Möglichkeit finden, sie zu beschleunigen.

Techniker der SS und deutsche Spezialfirmen wurden aufgefordert, auf der Grundlage des Vergasungsprinzips schneller und zuverlässiger arbeitende Einrichtungen zu entwickeln. Himmler schwebte bereits folgendes vor: Auf dem Territorium des ehemaligen polnischen Staates sollte sich eine ganze Kette von Todesfabriken erheben, um in mehreren Jahren sämtliche Juden Europas schnell, reibungslos und wohlorganisiert auszurotten. Der Begriff »Endlösung« hatte seinen endgültigen Inhalt gefunden. Diese Aktionen müßten natürlich getarnt werden und streng geheim bleiben. Die Wörter »Tötung«, »Vernichtung«, »Ausrottung« usw. durften niemals in offizieller Korrespondenz auftauchen. Sie mußten umschrieben werden. In Frage kamen Begriffe wie »Evakuierung«, »Aussonderung«, »Umsiedlung«, vor allem aber

das berüchtigte Wort »Sonderbehandlung«.

Am 20. Januar 1942 eröffnete SD-Chef Heydrich im Kripo-Gebäude am Großen Wannsee 56–58 in Berlin jene entscheidende Konferenz, die unter dem Namen »Wannsee-Konferenz« in die Geschichte eingehen sollte. Das Außenministerium war ebenso vertreten wie die Ministerien für Justiz, Inneres, das Amt für den Vierjahresplan, die Reichskanzlei und die Funktionäre der einzelnen SS-Dienststellen. Zunächst betonte Heydrich, die »Federführung bei der Bearbeitung der Endlösung der Judenfrage liege ohne Rücksicht auf geographische Grenzen zentral beim Reichsführer SS und Chef der deutschen Polizei«.

Heydrichs Sprache war anfänglich sehr verschleiert. Nach der Auswanderungspolitik der vergangenen Jahre gäbe es nunmehr als Lösungsmöglichkeit der Judenfrage die Evakuierung nach dem Osten. Hier habe man bereits jene praktischen Erfahrungen gesammelt, die im Hinblick auf die kommende Endlösung der Judenfrage von wichtiger Bedeutung seien. Nach Schätzungen des Reichssicherheitshauptamtes kämen für »die Endlösung der europäischen Judenfrage« rund 11 Millionen Juden in Betracht. (Interessant ist, daß die SS bei ihren Berechnungen auch die Juden in England, Irland und der Türkei mitgezählt hatte.)

Dann kam Heydrich zum entscheidenden Punkt: »Unter entsprechender Leitung sollen im Zuge der Endlösung die Juden in geeigneter Weise im Osten zum Arbeitseinsatz kommen. In großen Arbeitskolonnen, unter Trennung der Geschlechter, werden die Juden straßenbauend in diese Gebiete geführt, wo zweifellos ein Großteil durch natürliche Verminderung ausfallen wird. Der allfällig endlich verbleibende Restbestand wird, da es sich bei diesem zweifellos um den widerstandsfähigsten Teil handelt, entsprechend behandelt werden müssen, da dieser, eine

natürliche Auslese darstellend, bei Freilassung als Keimzelle eines neuen jüdischen Aufbaus anzusprechen ist.«

Auch die regionale Zeitfolge der Endlösung kam am Wannsee zur Sprache. Die Juden aus dem Gebiet des »Generalgouvernements« sollten den Anfang machen. Da sei die Mehrzahl ohnehin arbeitsunfähig, andererseits würden sie in den Gettos eine Seuchengefahr bilden. Die freiwerdenden Plätze in den Gettos könnten dann mit Juden aus Deutschland, Österreich, dem »Protektorat« und anderen Teilen Europas »allfällig« aufgefüllt werden, und der Prozeß könnte dann von vorn beginnen. Schließlich sollten die Gettos dann nur noch als Transitlager für die Endlösung dienen.

Außer dem beschriebenen »Experiment« Chelmno gab es noch ein weiteres Modell, auf das Himmler bei der Verwirklichung seiner Ausrottungspläne zurückgreifen konnte: das »Projekt T 4« zur sogenannten »Euthanasie lebensunwerten Lebens«. Unter dem Deckmantel des Gnadentodes für unheilbar Kranke waren bei dieser Aktion bis Ende 1941 schon rund 100 000 geistig und psychisch Erkrankte und Behinderte in Deutschland ermordet worden, und zwar mit Kohlenmonoxydgas. Das Projekt war auf Befehl Hitlers abgebrochen worden, nachdem Unruhe in der Bevölkerung entstanden war und die Kirchen protestiert hatten.

Danach waren die dortigen Experten beschäftigungslos. Ein führender Spezialist war Kriminaloberkommissar Christian Wirth. Auf Himmlers Befehl meldete sich Wirth bei dem Lubliner SS- und Polizeiführer Odilo Globocnik, der mit der Liquidierung des polnischen Judentums beauftragt war. Den ganzen Bug entlang konstruierte Wirth eine Reihe von Lagern mit ortsfesten Gaskammern, in die er mittels Schläuchen die Abgase von Dieselmotoren hineinpumpte. Die Gaskammern sahen aus wie Badehäuser, im Vorgarten Geranien, dann ein Treppchen, links und rechts von einem Gang drei Räume, je 5 mal 5 Meter, 1,90 Meter hoch, mit Holztüren wie Garagen. An der Rückwand große hölzerne Rampentüren. Auf den Dächern ließ Wirth kleine Davidsterne anbringen.

Am 17. März 1942 nahm das erste Wirth-Lager seine Vernichtungsarbeit auf: Belzec an der Bahnstrecke Lublin–Lemberg. In Belzec konnten sechs Gaskammern jeden Tag 15 000 Menschen töten. Im April folgte Sobibor an der ukrainischen Grenze mit einer »Kapazität« von 20 000 pro Tag. Dann Treblinka, 120 Kilometer nordöstlich von Warschau, das täglich 25 000 Menschen töten konnte, und schließlich im Herbst 1942 die dem Konzentrationslager Lublin angeschlossenen Gaskammern, die unter dem Namen Maidanek bekannt wurden.

Wirth hatte Konkurrenten, die es noch besser machen wollten: Einer von ihnen war Karl Fritzsch, Lagerkommandant von Auschwitz und Vorgänger des berüchtigten späteren Kommandanten Höß. Fritzsch hatte ein neues Tötungsmittel gefunden: das Blausäure-Zyklon-B, ein von der Hamburger Degussa- und IG-Farben-Tochter DEGESCH (Deutsche Gesellschaft für Schädlingsbekämpfung mbH.) hergestelltes und vertriebenes Mittel zur wirksamen Vertilgung von Ungeziefer. (Es paßte zur Ideologie der Nazis, die die Juden ja immer als »Ungeziefer« darstellten.) Tests hatten die Überlegenheit der Zyklon-B-Methode über die Kohlenmonoxyd-Tötung von Wirth erwiesen. Es war leicht zu handhaben – man brauchte, geschützt durch eine Gasmaske, nur die Dose zu öffnen und den Inhalt in ein Zuleitungsrohr zu schütten –, und es wirkte fast sofort. Bei Wirth dauerte der Todeskampf wesentlich länger. Wirth hatte sein Monopol verloren, sein Auschwitzer Konkurrent Rudolf Höß steigerte die Mord-Leistung um ein Vielfaches. Im Frühsommer 1942 begann die konzen-

»Jud verrecke« – daß diese Parole des verbalen Vulgärantisemitismus im Dritten Reich grauenvolle Wirklichkeit werden sollte, konnte kaum einer ahnen. Denn was sich tatsächlich hinter dem Begriff der »Endlösung« verbarg, nämlich die systematische Vernichtung des jüdischen Volkes, wurde von den NS-Machtinhabern sorgfältig geheimgehalten.

trierte Vernichtung der Juden in Polen. Ordnungspolizei, polnische, litauische und ukrainische Hilfsmilizen und der von den Deutschen aufgestellte eigene jüdische Ordnungsdienst trieben die Juden systematisch aus den Gettos, verluden sie in Güterwagen und deportierten sie in eines der sechs Vernichtungslager. Die Endlösung im großen Stil war angelaufen. Versuche, Juden wenigstens als Arbeitskräfte für die Rüstungsindustrie zu retten, stießen bei Hitler auf heftigste Ablehnung: »Ich habe Anweisung gegeben, gegen alle diejenigen, die glauben, hier mit angeblichen Rüstungsinteressen entgegentreten zu müssen, die in Wirklichkeit aber lediglich die Juden schützen wollen, vorzugehen.«

Ungehindert konnten die Henker, unterstützt von ihren einheimischen Hilfstruppen aus Polen, Ukrainern und Litauern, sich austoben. Die Statistiken, die von den Mordfabriken geliefert wurden, sind für menschliches Begriffsvermögen kaum zu fassen. In Chelmno wurden über 150 000 Juden ermordet, in Belzec 600 000, in Sobibor 250 000, in Treblinka 700 000, in Maidanek 200 000, in Auschwitz-Birkenau weit über eine Million. Auch für zügellose und perverse Sadisten wurden die Vernichtungslager zum Tummelplatz. In Sobibor pflegte ein SS-Mann die Schädel der Juden, die schon auf dem Transport erkrankt waren, mit einer eisernen Wasserkanne zu zertrümmern. In Auschwitz versuchte ein kleines Mädchen durch die Postenkette zu schlüpfen. Ein SS-Mann nahm sein Gewehr von der Schulter und legte an. Als das Mädchen um Gnade flehte, schoß der Mann dem Kind lachend in die Füße. In Belzec vergnügten sich SS-Männer damit, die Köpfe von Säuglingen vor den Augen ihrer Mütter an Barackenwänden zu zertrümmern.

Auch vor sexuell betonten Leichenschändungen schreckten die Mörder nicht zurück. Der frühere Häftling Max Kasner aus Auschwitz,

der zum Leichenräumkommando gehörte, berichtete, daß er einmal mit seinen Kameraden 70 tote Frauen beseitigen mußte. »Es waren ausgesucht schöne Mädchen. Ihnen waren die Brüste abgeschnitten und aus den Schenkeln das Fleisch herausgeschnitten worden. Wir wateten bis über die Fußknöchel im Blut.«

In Auschwitz taten sich vor allem die SS-Führer Kaduk und Boger im Erfinden sadistischer Quälereien hervor. Der Treblinka-Kommandant Kurt Franz ließ Juden mit dem Kopf nach unten aufhängen und von Schäferhunden zerfleischen. Die Liste der Scheußlichkeiten ließe sich beliebig verlängern.

Aber Sadisten waren eigentlich für die »Endlösung« nicht typisch. In seinem Buch »Der Orden unter dem Totenkopf« schreibt Heinz Höhne: »Die eigentliche Sensation, das wahrhaft Entsetzliche der Judenvernichtung lag darin, daß Tausende biederer Familienväter dem öffentlichen Geschäft des Mordes nachgingen und sich gleichsam am Feierabend in dem Gefühl streckten, gesetzestreue, ordentliche Bürger zu sein, denen es nicht einfallen würde, einen Schritt vom Pfad privater Tugend abzuweichen... Himmler verfolgte die fixe Idee, die Massenvernichtung müsse sachlich-sauber verwirklicht werden, der SS-Mann habe auch im staatlich befohlenen Mord ›anständig‹ zu bleiben.« Manchmal ließ Himmler SS-Sadisten sogar bestrafen, weil sich sich zu »Grausamkeiten hinreißen ließen, die eines deutschen Mannes und SS-Führers unwürdig sind«, und der Reichsführer schulmeisterte: »Es ist nicht deutsche Art, bei der notwendigen Vernichtung des schlimmsten Feindes unseres Volkes bolschewistische Methoden anzuwenden!«

Die Vernichtung war für die Nazis wünschenswert, peinliche »Nebenerscheinungen« wie Grausamkeiten und Perversitäten wurden unterdrückt oder rationalisiert, indem man sie auf ein Feindbild, den Bol-

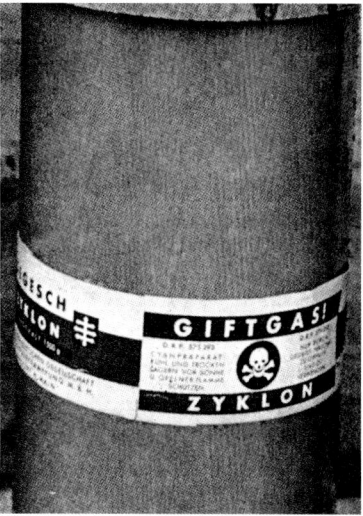

»Als ich das Vernichtungsgebäude in Auschwitz errichtete«, schreibt Rudolf Höß, »gebrauchte ich Zyklon B, eine kristallisierte Blausäure, die wir in die Todeskammern durch eine kleine Öffnung einwarfen. Es dauerte 3 bis 15 Minuten, je nach den klimatischen Verhältnissen, um die Menschen in der Todeskammer zu töten.«

schewismus, projizierte. Für den Durchschnittstyp der mit der Vernichtung der Juden befaßten SS-Beamten hat Hannah Arendt den Begriff des »Spießers« in seiner klassischen Form verwendet. Auch Himmler war die ins Maßlose gewachsene Inkarnation des Spießers, der Entsetzlichkeiten befiehlt und verübt, aber niemals die »innere Disziplin« verliert, stets »sauber« und »korrekt« bleibt.

keine Überlegungen an. Ich hatte den Befehl bekommen und hatte ihn durchzuführen. Wenn der Führer die Endlösung der Judenfrage befohlen hatte, gab es für einen alten Nationalsozialisten keine Überlegungen, noch weniger für einen SS-Führer.«

Anfang 1943 schlug auch die Stunde für jene deutschen Juden, die wegen ihrer Fachkenntnisse bisher für die Rüstungsindustrie unentbehrlich gewesen und – nicht zuletzt durch

Ein Bild erschüttert die Welt: Ein kleiner jüdischer Junge im Warschauer Getto, die Hände hilflos hochgereckt, umgeben von deutschen Soldaten mit schußbereiten Gewehren. Dem Jungen und seinen Eltern gelang noch während des Krieges die Flucht aus Polen nach England. In London besucht die Familie heute regelmäßig die Synagoge. »Wir werden es nie vergessen«, hat sich das Gettokind aus Warschau geschworen.

Der Historiker Martin Broszat hat den Charakter der SS-Endlöser so analysiert: »Die Massenvernichtung war das Werk ehrgeiziger, pflichtbesessener, autoritätsgläubiger und prüder Philister, die, im Kadavergehorsam erzogen, kritik- und phantasielos mit bestem Gewissen und Glauben sich einredeten und sich einreden ließen, die ›Liquidierung‹ Hunderttausender von Menschen sei ein Dienst für Volk und Vaterland.« Entlarvend ist, was Rudolf Höß vor seiner Hinrichtung in seinen Erinnerungen schrieb. »Ich stellte damals

den Einfluß Görings – von der Deportation verschont geblieben waren. Ende Februar wurden sie – meist am Arbeitsplatz – schlagartig festgenommen und zusammen mit ihren Angehörigen in die Vernichtungslager deportiert. Ihr Schicksal ist aus den sogenannten »Eingangsberichten« der Todesfabriken abzulesen:

»Transport aus Berlin. Eingang 5. 3. 43. Gesamtstärke 1128 Juden. Zum Arbeitseinsatz gelangten 389 Männer und 96 Frauen. Sonderbehandelt wurden 151 Männer und 492 Frauen und Kinder... Transport aus Breslau. Eingang 5. 3. 43. Gesamtstärke 1405 Juden. Zum Arbeitseinsatz gelangten 406 Männer und 190 Frauen. Sonderbehandelt wurden 125 Männer und 684 Frauen und Kinder.«

Die zur Arbeit »aussortierten« Juden hatten nur eine Galgenfrist erhalten. Sobald sie der mörderischen Arbeit in dem Zweigwerk der Buna-Gummifabriken, beim Straßenbau oder in den Steinbrüchen nicht mehr gewachsen waren, sobald sie infolge von Unterernährung, unzureichender Kleidung oder brutaler Behandlung krank wurden, traten auch sie bei einer der unregelmäßig stattfindenden »Selektionen« den Weg in die Gaskammern an. Allmählich leerten sich die Gettos in Polen. Um die Fließbänder des Todes in Gang zu halten, brauchten die SS-Strategen Nachschub. In der Wannsee-Konferenz waren alle Juden Europas ins Mordprogramm miteinbezogen worden. In der Kurfürstenstraße 116 in Berlin, der Schaltzentrale der Judenvernichtung, dirigierte Adolf Eichmann die Vernichtungsmaschinerie. Bei allen Polizeibefehlshabern in den von Deutschland besetzten Gebieten, bei allen diplomatischen Missionen der Satellitenstaaten unterhielt Eichmann »Judenreferenten«, die die Auslieferung der einheimischen Juden an die SS mit Druck oder Überredung organisierten. Nachdem das deutsche und österreichische Judentum den Marsch in die Vernichtung angetreten hatte, wandte sich Eichmann anderen Ländern zu. Mit unterschiedlichem Erfolg wurden die Juden in Holland, Belgien, Frankreich, Griechenland, Italien, Rumänien, Dänemark, Norwegen und Ungarn aufgespürt, zusammengetrieben und in die Vernichtungslager nach Polen deportiert.

Hatten die Juden ihr Schicksal in der Regel eher passiv über sich ergehen lassen, so kam es im Warschauer Getto schließlich doch noch zum Aufstand der Verzweifelten.

Kurz nach der Besetzung Warschaus war die jüdische Bevölkerung der polnischen Hauptstadt auf ein bestimmtes Wohngebiet konzentriert worden. Ende 1940 wurde dieses Wohnviertel mit einer drei Meter hohen Absperrung umgeben, und mehr als 400 000 Menschen wurden eingeschlossen. Eine Zeitlang gab es für Polen noch die Möglichkeit, geschäftliche Kontakte zu den eingeschlossenen Juden zu halten. Von den »Transit-Straßenbahnen«, die mitten durch das Getto liefen, aber nicht halten durften, wurden häufig Lebensmittel und Medikamente abgeworfen. Auch einige Waffen hatten auf diese Weise schon den Weg ins Getto gefunden.

Im August 1941 begann dann die völlige Isolierung des Gettos. Inzwischen war der Wohnbezirk so übervölkert, daß durchschnittlich 7 bis 10 Personen in einem Raum wohnten. Polen drohte die Todesstrafe, wenn sie Juden mit Lebensmitteln versorgten oder Juden außerhalb des Gettos versteckten. Juden, die das Getto verließen, konnten ohne Anruf erschossen werden.

Von wenigen Ausnahmen abgesehen (für reiche Juden, Schieber und Schwarzhändler gab es zeitweise sogar Luxusrestaurants und Bars) vegetierte die Bevölkerung am Rande des Hungertods. Die offizielle Versorgung mit Lebensmitteln lag bei 180 Kalorien am Tag. Die Sterblichkeitsziffer war enorm. Allein im Jahre 1941 starben im Warschauer Getto 45 000 Personen, viele davon Kinder, infolge von Entkräftung und Krankheit. Viele starben buchstäblich auf der Straße. Ihre Leichen blieben, mit Papier bedeckt, bis zum Abtransport einfach liegen. Schon 1940 erklärte Ludwig Fischer, der Gouverneur des Bezirks Warschau: »Die Juden werden vor Hunger und Elend krepieren, von der sogenannten Judenfrage wird nur noch ein Friedhof übrigbleiben.« Neben Hunger, Kälte und Krankheit wurde die jüdische Bevölkerung niedergedrückt von Apathie und der verlöschenden Hoffnung auf Rettung.

Höhepunkt des jüdischen Widerstandes war der Aufstand im Warschauer Getto, der am 18. April 1943 begann und bis zum 16. Mai 1943 trotz verzweifelter und tapferer Gegenwehr der jüdischen Gettokämpfer von Angehörigen der Waffen-SS unter Führung des SS-Generals Jürgen Stroop blutig niedergeschlagen wurde. »Es war nicht selten, daß die Juden in den brennenden Häusern so lange aushielten, bis sie es wegen der Hitze und aus Angst vor dem Verbrennungstod vorzogen, aus den Stockwerken herauszuspringen... mit gebrochenen Knochen versuchten sie dann noch über die Straße in die Häuserblocks zu kriechen, die noch nicht oder nur teilweise in Flammen standen.«

In der Annahme, das Schicksal der Juden am besten durch besonderes Wohlverhalten zu erleichtern, erfüllte der von den Deutschen eingesetzte Judenrat besonders diensteifrig und beflissen die Wünsche der deutschen Besatzung und des für das Getto zuständigen Kommandanten Auerswald. Der Rat erreichte dadurch einerseits die Passivität des Großteils der Gettobewohner, andererseits lag er in ständiger Opposition zu den jüngeren, aktiven und politisch geschulten Kräften der Judenschaft. Die konsequenteste Oppositionshaltung nahmen die Zionisten, die Kommunisten und die Sozialisten ein. Sie schlossen sich schließlich zu einer gemeinsamen Kampforganisation zusammen.

Immer mehr Gewehre, Handgranaten, Maschinengewehre und Munition wurden ins Getto geschafft. Eine gute Quelle für die polnischen Waffenlieferanten waren die italienischen Divisionen, die im Februar 1943 aus der Kampflinie gezogen wurden, aber in Galizien noch Dienst taten. In aller Heimlichkeit fand die Ausbildung von Juden und Jüdinnen im Waffengebrauch statt. Regelrechte Schießübungen konnten wegen der engmaschigen Überwachung nicht veranstaltet werden.

Nachdem sich das Getto immer mehr geleert hatte – Heinrich Himmler hatte im Juli 1942 den Befehl gegeben, alle Juden ohne Unterschied des Alters nach Treblinka zu schaffen –, gewannen die kämpferischen Juden auch politisches Übergewicht.

Am 13. März 1943 gelang es dem Judenrat nicht mehr, die für den Abtransport befohlene Zahl von Juden zusammenzustellen. Die Deutschen mußten sie mit Gewalt aus den Häusern holen. Der Judenrat ließ den Deutschen gegenüber durchblicken, daß er keine Autorität mehr bei der Bevölkerung besitze. Kurz darauf wurde Judenratspräsident Lichtenbaum verhaftet, das Kommando innerhalb des Gettos übernahm Polizeigeneral Jürgen Stroop, der am 17.

April mit seinen Panzern ins Getto einfuhr.

Zwei Tage später, in der Nacht vom 18. auf den 19. April, am Vorabend des Passahfestes, begann der erste bewaffnete Aufstand von Juden seit dem Kampf von Bar Kochba gegen die Römer vor 1800 Jahren.

Im Jüdischen Kampfbund waren etwa 1000 Bewaffnete organisiert. Eine Chance zum Sieg bestand nicht. Aber das eigentliche Motiv des Aufstandes liegt in den Worten von Arie Wilner, dem Verbindungsmann der jüdischen Kampforganisation zum polnischen Widerstand: »Es geht uns nicht darum, unser Leben zu retten. Wir wissen – keiner von uns kommt hier lebend heraus. Wir wollen nur die Menschenwürde retten!«

In den frühen Morgenstunden begannen SS-Leute und deutsche Polizei gemeinsam mit ukrainischen, lettischen und litauischen Hilfstrupps mit Panzern, Lastwagen und Maschinengewehren weiter ins Getto einzudringen. Mit Lautsprechern wurden die Juden aufgefordert, ihre Schlupfwinkel zu verlassen und sich zum Sammelplatz zum Abtransport zu begeben.

Die jüdischen Kämpfer empfingen die Truppen mit MG-Salven und Pistolenschüssen, einem Hagel von Handgranaten und Zündflaschen. Die Deutschen mußten sich fluchtartig zurückziehen. Über das erste Gefecht berichtete Stroop: »Beim ersten Eindringen ins Getto gelang es den jüdischen Banditen, durch einen vorbereiteten Feuerüberfall die angesetzten Kräfte einschließlich Panzer und Schützenpanzerwagen zurückzuschlagen.« Dieser Aufstand im Getto war für die Deutschen eine psychologische Überraschung. Zum ersten Male leisteten Juden bewaffneten Widerstand. Diese Möglichkeit hatte es in den Kalkulationen der Nazis bisher überhaupt nicht gegeben. Durch ihre ganze Geschichte in der Diaspora waren Juden im Angesicht von Terror, Unterdrückung und Verfolgung immer zu Duldsamkeit erzo-

Häftlinge des Konzentrationslagers Buchenwald nach ihrer Befreiung. Viele Überlebende besaßen nicht mehr die Kraft, sich zu erheben, und blieben apathisch in ihren Baracken liegen. Die wenigen Gesunden mußten helfen, ihre Kameraden zu begraben und das Lager aufzuräumen, um die Seuchengefahr einzudämmen.

gen worden. Sie hatten sich bei Pogromen nicht gewehrt und nun auch resigniert und voll Trauer, aber ohne physischen Widerstand die Züge in die Todesfabriken bestiegen.

Himmler erteilte Befehl, das Getto »mit größter Härte durchzukämmen«. Stroop begann, das Getto systematisch Block für Block mit Feuer und Sprengstoff zu zerstören. 25 000 passive, nichtbewaffnete Juden ergaben sich rasch und wurden nach Treblinka in die Gaskammern transportiert. Doch von überall, aus Kellerluken, Dachböden, Hauseingängen und Ruinen wurden die Deutschen beschossen und an ihrem Zerstörungswerk gehindert. Immer mehr Truppen mußte der erbitterte und frustrierte Stroop einsetzen. Frauen und Mädchen bedienten Maschinengewehre, Juden zerstörten Panzer mit nur behelfsmäßigen Sprengladungen. Auch als die Mauern zusammenkrachten, Qualm und Gluthitze der Brände das Getto durchzogen, setzten Juden den Kampf in Kellern und in der Kanalisation fort. Erst am 16. Mai war der Kampf zu Ende. Stroop telegrafierte: »Es gibt keinen jüdischen Wohnbezirk in Warschau mehr.«

Die Aufständischen des Warschauer Gettos sind für die ganze gequälte und gedemütigte Judenschaft Europas gestorben. Indem sie den Kampf wählten, obgleich sie von vornherein den Ausgang kannten, haben sie die Menschenwürde verteidigt und gezeigt, daß Juden sich nicht abschlachten lassen wie Vieh. Nach Warschau gab es weitere blutige Aufstände, zum Beispiel in Treblinka und Sobibór, die zwar rasch niedergeschlagen wurden, aber die Welt eine Lektion lehrten. Hier zeigte sich auch, daß eine junge, kämpferische Generation von Juden, politisch gebildet und motiviert, die duldende Generation ihrer Väter abzulösen begann.

Auch der Befehl Himmlers Ende 1944 – die militärische Niederlage Deutschlands war nur mehr eine Frage der Zeit –, mit »sofortiger Wirkung jegliche Vernichtung von Juden« einzustellen, brachte noch kein Ende der jüdischen Tragödie. Ja, die Todeswelle setzte noch einmal ein, als alliierte Truppen aus Ost und West immer weiter nach Deutschland vorstießen und schließlich Deutschland besetzten. Monatelang schleppten sich aus den evakuierten Lagern Hunderttausende in Richtung Deutschland. Zehntausende starben unterwegs, erfroren, verhungerten, wurden krank am Wege liegengelassen, wegen »Marschbehinderung« erschossen.

Die Lager in Deutschland waren durch den Zustrom solcher Menschenmassen längst überfüllt. Die Verpflegung reichte ebensowenig wie der Raum zum Schlafen und die sanitären Anlagen. Seuchen brachen aus, und so bot sich den alliierten Truppen fast in jedem Lager, das sie befreiten, das gleiche schreckliche Bild der lebenden und toten Skelette, eine Bild des Grauens.

Die schreckliche Bilanz, die der Nürnberger Gerichtshof 1946 im Prozeß gegen die Hauptkriegsverbrecher zog, nannte eine Zahl von 5 700 000 europäischen Juden, die das Opfer des Nationalsozialismus geworden waren, davon sei der größte Teil bewußt vernichtet worden.

Die Zahl wurde später oft angegriffen, und inzwischen steht auch fest, daß sie zu hoch war, weil weder die zahlreichen Auswanderungen während des Krieges noch die in der ersten Phase des Krieges im Osten in die Sowjetunion geflüchteten Juden, noch andere Faktoren berücksichtigt worden sind. Doch angesichts des für immer ungeheuerlich bleibenden Verbrechens, angesichts des unermeßlichen Leids kann man nicht um Zahlen feilschen. Es gilt voll und ganz das Wort des katholischen Schriftstellers Walter Dirks: »Es ist schimpflich, daß es Deutsche gibt, die in einer Verkleinerung der Zahl von sechs auf zwei Millionen eine Entlastung sehen.«

»*Auschwitz bleibt singulär. Es geschah im deutschen Namen durch Deutsche. Diese Wahrheit ist unumstößlich, und sie wird nicht vergessen.*«

Richard von Weizsäcker, 12. Oktober 1988

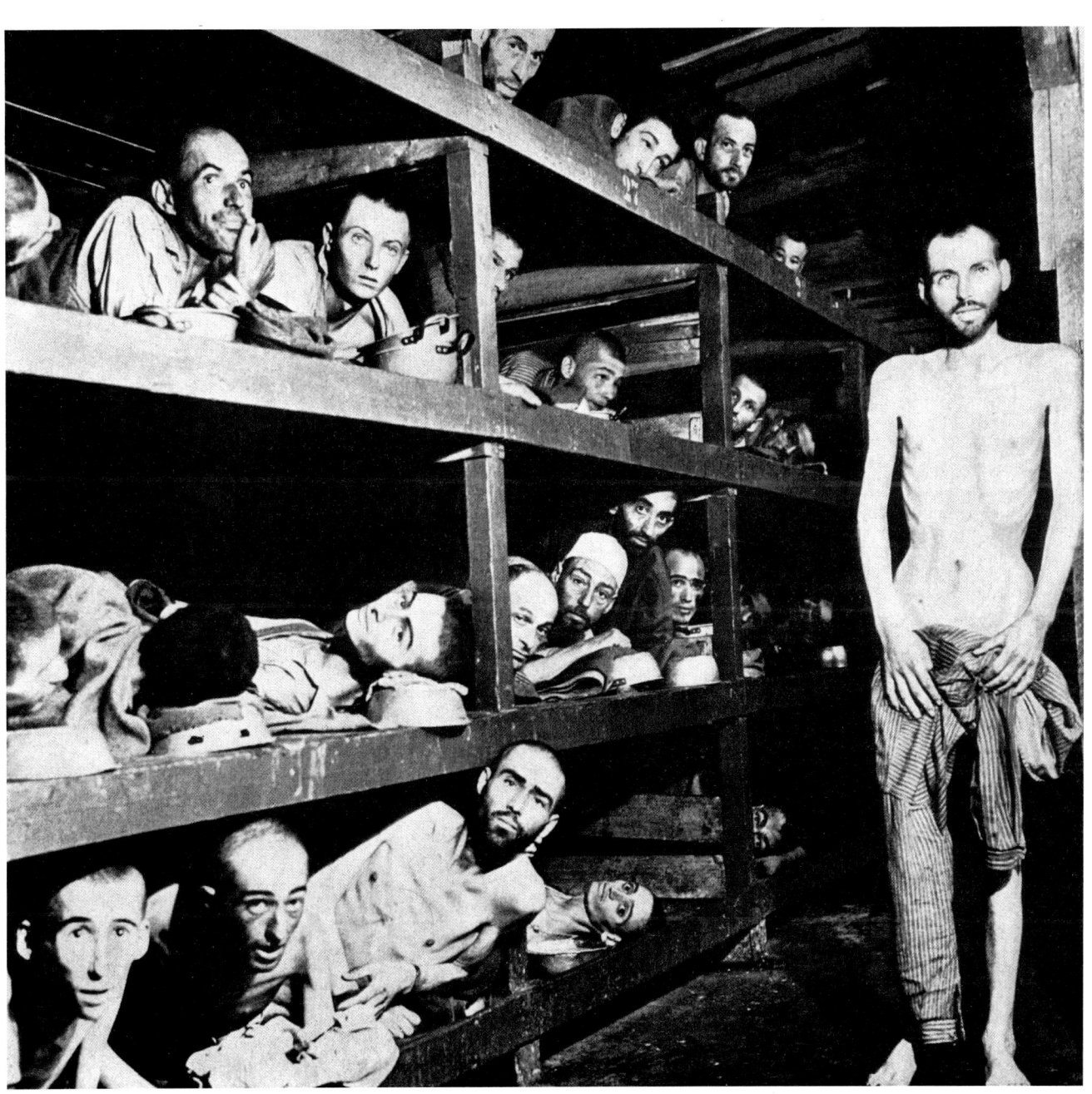

Verfälschter
Traum einer Jugend

Im Dritten Reich war Melita Maschmann BdM-Funktionärin und gläubige Anhängerin Hitlers. 18 Jahre nach Kriegsende zog sie in ihrem Buch »Fazit«, das einer jüdischen Freundin gewidmet ist, die Bilanz ihrer Jugend. Auszüge aus dem Schlußkapitel:

In dem Jahr der Reichskristallnacht war ich zwanzigjährig. Du weißt, daß ich schon lange vorher in allen Entscheidungen die Selbständigkeit eines erwachsenen Menschen beansprucht hatte. Als ich vor den Gettos in Lodz und Kutno stand, war ich drei, vier Jahre älter, und ich war in der Tat an große Selbständigkeit gewöhnt. Mit welchem Recht, so fragte ich mich jetzt, kann ich mich darauf berufen, ich sei noch zu jung gewesen, um zu durchschauen, was sich abgespielt hat? Allein mit dem Schein-Recht des schlechten Gewissens, das die Wahrheit scheut.

Ich war nicht zu jung, sondern zu hartherzig, zu feige und zu geschmeichelt von der Führungsrolle, die ich im Dritten Reich spielte, um zu erkennen, daß ich mit meiner ganzen Person half, ein menschenunwürdiges Verbrechen zu begehen.

Alle »ehrlichen Idealisten« und auch die Gleichgültigen jener Jahre haben es verschmäht, sich durch Signale wie die Nürnberger Gesetze, die Reichskristallnacht, das plötzliche spurlose Verschwinden von jüdischen, marxistischen oder wegen ihrer religiösen Einstellung als Feinde des Staats betrachteten Nachbarn aufschrecken und warnen zu lassen.

Möge sich jeder selbst fragen, was er durch seine Herzensträgheit verschuldet hat, und ob er daran festhalten darf, daß er selbst »keinem Juden ein Haar gekrümmt« habe.

Ich konnte die Zahlen in den Statistiken unmöglich nachprüfen. Was mich erschütterte, waren die belegten Schicksale einzelner Menschen, Familien oder Gruppen. Hier denke ich zum Beispiel an das Warschauer Getto, in dem 440 000 Juden ausgehungert oder verbrannt sind. Das, was ich nach dem Krieg in einem dokumentarischen Tagebuchbericht über den Untergang dieser Männer, Frauen und Kinder las, überwältigte mich so, daß ich eine halbe Nacht lang weinend auf dem Fußboden meines Zimmers lag.

Wenn ich damals in der Zeitung las, mit welcher Zähigkeit und »Frechheit« die Juden es wagten, ihre Haut so teuer wie möglich zu verkaufen, dann stimmte ich voll Überzeugung in die Empörung des Artikelschreibers ein. Als ob unsere Soldaten nicht viel nötiger an den Fronten gebraucht würden, als zur »Ausräucherung dieses Widerstandsnetzes!« Nicht eine Sekunde lang strapazierte ich meine Phantasie, um mir zu vergegenwärtigen, was das hieß: Ausräucherung dieses Widerstandsnetzes?

Immer wieder berühren mich nicht nur Trauer und Scham, sondern Grauen vor etwas Unheimlichem, wenn ich bedenke, wie dicht hinter der Fassade des scheinbar Positiven, Aufbauenden, ja Menschenfreundli-

»Langsam und unter einem Regen von Blumen fuhren wir durch die Dörfer und Städte Deutschlands«, schreibt Albert Speer in seinen Memoiren über Hitlers Popularität. »Jugendliche schlossen die Stadttore, Kinder kletterten auf die Trittbretter des Autos. Hitler mußte Autogramme geben. Dann erst gaben sie den Weg frei, sie lachten, und Hitler lachte mit. Während der Fahrt lehnte sich Hitler zu mir zurück und rief: ›So wurde nur ein Deutscher bisher gefeiert: Luther! Wenn er über das Land fuhr, strömten von weitem die Menschen zusammen und feierten ihn. Wie heute mich.‹ Nie werde ich diesen Anprall von Jubel, diesen Taumel vergessen. Mich durchschauerte die suggestive Kraft, die davon ausging.«

Auch die Mädchen sollten, nach Hitler, wie die Jungen zu »letzter Vaterlandsliebe« und »fanatischer Nationalbegeisterung« erzogen werden. Und so konnte unmittelbar nach Kriegsbeginn ein hoher Funktionär feststellen: »Diese deutschen Mädel von heute lassen sich nicht mehr durch Werthers Leiden zu Tränen rühren. Gewiß: Unsere jungen Leute können vielleicht nicht mehr die Jahreszahl der Schlacht von Salamis auswendig hersagen. Aber eines wissen sie: Was Deutschland heißt!«

chen, dem ich all meine Aufmerksamkeit geschenkt hatte –, Zynismus und Mord begann.

Während des Eichmann-Prozesses unterhielt ich mich öfter mit der siebzehnjährigen Tochter eines HJ-Kameraden, der kurz vor Kriegsende als Flugzeugführer abgeschossen wurde. Eines Tages fragte mich das Mädchen nach den besonderen Charaktereigenschaften ihres Vaters, mit dem ich befreundet gewesen war. Ich schilderte ihr wahrheitsgemäß das Bild eines humorvollen, hilfsbereiten, ein bißchen faulen und nicht gerade pedantisch ordentlichen, aber durch und durch anständigen Menschen, der eine besondere Beziehung zu Tieren gehabt hat. »Und war er ein richtiger Nazi?« fragte mich das Mädchen. »Ja«, antwortete ich, »er war ein überzeugter Nationalsozialist.« – »Aber du sagtest doch, daß er hilfsbereit und anständig gewesen sei . . .«

Für die Jugendlichen, die ihre Eltern heimlich mit der Frage betrachteten: »Du warst also ein Nationalsozialist?« ergeben sich hier Widersprüche, über die wir nicht hinweggehen sollten.

Mich stellt dieses Problem vor die folgende Frage: Hätte ich dem Mädchen antworten sollen: Ihr seht die Dinge einseitig. So grauenhaft und abgründig böse, wie es etwa der Eichmann-Prozeß zeigt, war der Nationalsozialismus nicht. Er hatte auch gute Tendenzen. Was zum Beispiel deinen Vater und mich unter anderem für ihn einnahm, war, daß er die Volksgemeinschaft verwirklichen

»Es ist meine Schuld, daß ich die Jugend erzogen habe für einen Mann, der ein millionenfacher Mörder gewesen ist«, bekannte der ehemalige Reichsjugendführer Baldur von Schirach am 24. Mai 1946 vor dem Prozeß der Hauptkriegsverbrecher in Nürnberg.

In ihrem Versteck in der Amsterdamer Prinsengracht vertraut ein junges Mädchen seinem Tagebuch, das es zärtlich »Kitty« nennt, all seine Ängste und Hoffnungen an. Im August 1944 wird die deutsch-jüdische Flüchtlingsfamilie von der Gestapo entdeckt und ins KZ deportiert ... Das »Tagebuch der Anne Frank« wurde in alle Weltsprachen übersetzt und erreichte Millionenauflagen. Die leise Stimme aus dem Amsterdamer Hinterzimmer enthüllt schmerzhafter als alle Schätzungen der zahllosen Opfer das ungeheuerliche Verbrechen, das im deutschen Namen am jüdischen Volk begangen wurde.

wollte, oder daß er uns dazu erzog, Opfer für eine Sache zu bringen, die nicht im Bereich unserer egoistischen Ziele lag.

Vermutlich hätte mir die Tochter meines Kameraden darauf geantwortet: Dann war der Nationalsozialismus also gar nicht so übel, wie wir es in den Schulen und auch sonst überall hören!

Dieses Fazit wäre nicht nur eine übereilte und grobe Vereinfachung, sondern würde einem gefährlichen Irrtum die Türe öffnen. Sollte ich also den Widerspruch, der das Mädchen beunruhigt hat, und von dem unsere Unterhaltung ausging, besser auf sich beruhen lassen? Nein, auch das wäre falsch. Es könnte nämlich eines Tages jemand, der im trüben fischen will, zu den jungen Menschen (die noch Kinder waren, als der Krieg zu Ende ging) sagen: Seht euch eure Eltern an. Findet ihr, daß sie Bösewichte oder Dummköpfe sind? Nein, das findet ihr nicht. Ihr wißt doch aber, daß sie Nationalsozialisten waren. Eure Schulen und die sogenannten Massenmedien belehren euch nun seit Jahr und Tag, der Nationalsozialismus sei eine Art Teufelsherrschaft gewesen. Ihr habt ihn selbst nicht mehr miterlebt, ihr könnt diese Behauptung also nicht nachprüfen. Aber eure Eltern kennt ihr besser als irgend etwas sonst, und ihr seid überzeugt, daß sie anständige Menschen sind. Glaubt ihr, daß sie freiwillig einer Teufelsherrschaft gedient hätten? Etwas stimmt also nicht. Es stimmt nämlich nicht, daß der Nationalsozia-

lismus eine böse Sache war. Dieses Märchen haben euch die Demokraten lange genug aufgetischt.

Eine solche Argumentation scheint eine verhängnisvolle Schlüssigkeit zu haben. Man muß also vorbeugen, indem man versucht, den Jungen genauer zu erklären, was sich im »Dritten Reich« abgespielt hat. Der Siebzehnjährigen, von der vorhin die Rede war, habe ich etwa folgendes gesagt: Dein Vater und ich und unzählige andere Deutsche haben gehofft, daß Hitler unser Volk »retten« würde. Du weißt ja, es bedurfte der »Rettung« aus der wirtschaftlichen Nachkriegsnot und einer inneren Unordnung.

Wir träumten damals von einem starken, unter den Völkern nicht aus Furcht, sondern aus Bewunderung geachteten Deutschland, und diesen Traum versprach Hitler uns zu erfüllen. Träume sind in der Politik etwas Gefährliches. Sie hindern den Träumer daran, zu sehen, was wirklich geschieht. Hitler fachte unseren politischen Sehnsuchtstraum zu einer fanatischen Leidenschaft an. Als ihm das gelungen war, folgten wir ihm blind. »Ihr seid mir verfallen«, hat er einmal gesagt. In dieser Verfallenheit hatten wir die Selbständigkeit unseres Gewissens eingebüßt. Wir waren bereit, jedes Opfer für Deutschland zu bringen, und dein Vater hat sein Leben geopfert, aber wir erkannten nicht, daß Hitler unseren Traum vom Reich verfälscht hatte.

Melita Maschmann, Fazit. Kein Rechtfertigungsversuch. Stuttgart 1963

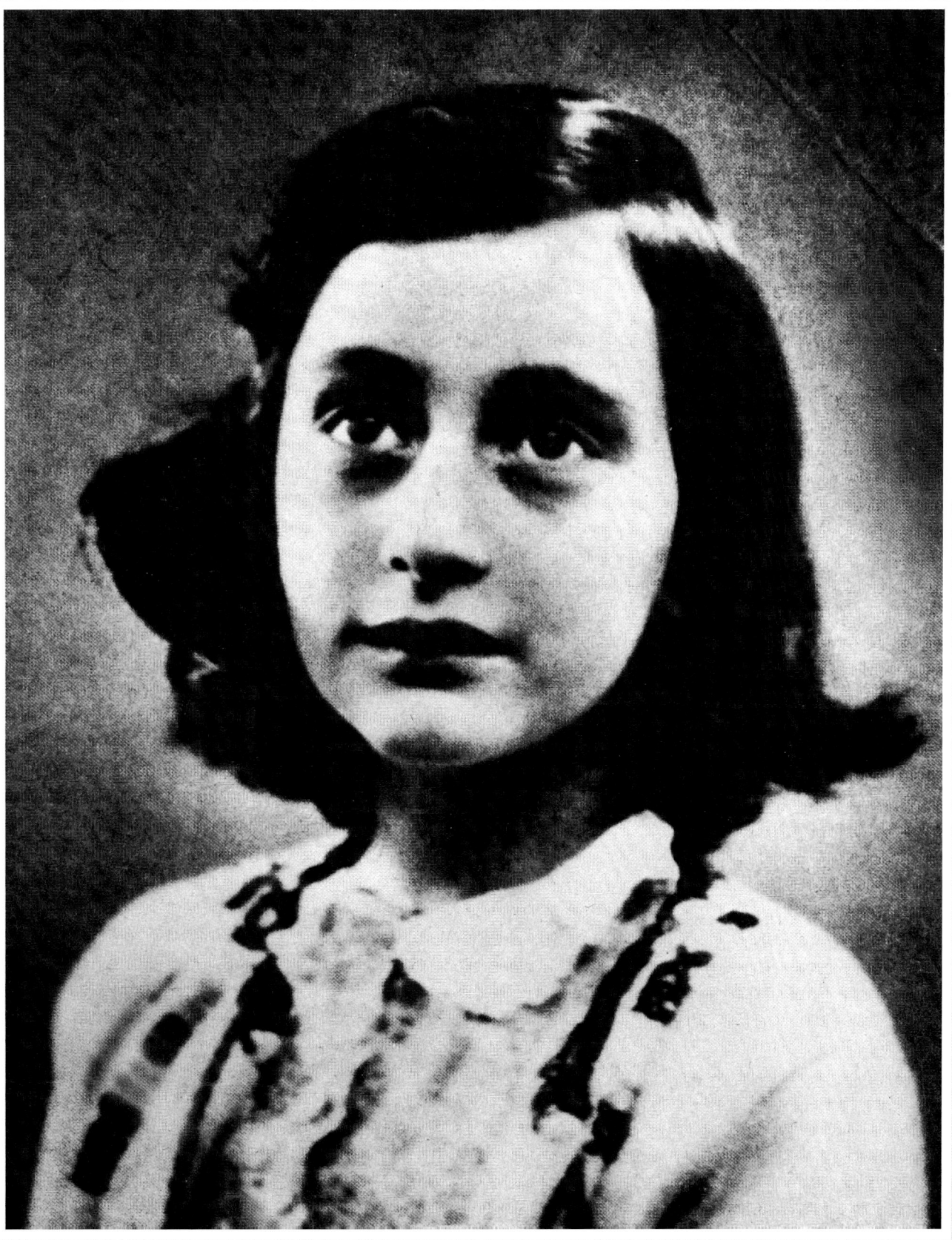

Literaturnachweis

Adler, H. G., Die Juden in Deutschland. Von der Aufklärung bis zum Nationalsozialismus, München 1960

Anschläge. Deutsche Plakate als Zeitdokumente der Zeit 1900–1960, hrsg. von Friedrich Arnold, Ebenhausen/München 1963

Bracher, Karl-Dietrich, Die Auflösung der Weimarer Republik, Villingen 1960

Bracher, Karl-Dietrich, Wolfgang Sauer, Gerhard Schulz, Die nationalsozialistische Machtergreifung. Studien zur Errichtung des totalitären Herrschaftssystems in Deutschland, Köln/Opladen 1960

Broszat, Martin, Der Staat Hitlers. München 1969

Buber-Neumann, Margarete, Von Potsdam nach Moskau. Stationen eines Irrweges, Stuttgart 1958

Bullock, Alan, Hitler. Eine Studie über Tyrannei, Düsseldorf 1960

Craig, Gordon A., Germany 1866–1945. Dt.: Deutsche Geschichte 1866–1945. München 1980

Dahlerus, Birger, Der letzte Versuch. London-Berlin 1939, München 1948

Daim, Wilfried, Der Mann, der Hitler die Ideen gab. Von den religiösen Verirrungen eines Sektierers zum Rassenwahn des Diktators, München 1958

Dallin, Alexander, Deutsche Herrschaft in Rußland 1941 bis 1945. Eine Studie über Besatzungspolitik, Düsseldorf 1958

Diels, Rudolf, Lucifer ante portas. Zwischen Severing und Heydrich, Zürich o. J.

Domarus, Max, Hitler, Reden und Proklamationen 1932 bis 1945. Kommentiert von einem deutschen Zeitgenossen. I. Band: Triumph (1932–1938). II. Band: Untergang (1939 bis 1945), Würzburg 1962 u. 1963

Eilers, Rolf, Die nationalsozialistische Schulpolitik, Köln/Opladen 1963

Fest, Joachim, Hitler. Eine Biographie. Berlin 1973

Frank, Hans, Im Angesicht des Galgens. Deutung Hitlers und seiner Zeit auf Grund eigener Erlebnisse und Erkenntnisse, München-Gräfelfing 1953

Frank, Anne, Das Tagebuch der Anne Frank. 12. Juni 1942 bis 1. August 1944. Vorwort von Albrecht Goes, Frankfurt a. M. 1955

Gilbert, Martin und Gott, Richard, Der gescheiterte Frieden. Europa 1933–1939, Stuttgart 1964

Gilbert, Martin, Auschwitz und die Alliierten. London 1981

Goebbels, Joseph, Vom Kaiserhof zur Reichskanzlei. Eine historische Darstellung in Tagebuchblättern, München 1934

Hitlers Lagebesprechungen. Die Protokollfragmente seiner militärischen Konferenzen 1942–1945, hrsg. von Helmut Heiber, Stuttgart 1962

Hillgruber, Andreas (Hrsg.), Staatsmänner und Diplomaten bei Hitler. 2 Bde. Frankfurt a. M. 1967 u. 1970

Hillgruber, Andreas, Die gescheiterte Großmacht. Düsseldorf 3. Aufl. 1982

Hitler, Adolf, Mein Kampf. 2 Bände. 1925/27, ab 1930 in einbändiger Volksausgabe

Hitler, Adolf, Hitlers zweites Buch. Ein Dokument aus dem Jahre 1928. Eingeleitet und kommentiert von Gerhard L. Weinberg. Stuttgart 1961 (Veröffentlichungen des Instituts für Zeitgeschichte)

Hofer, Walther, Der Nationalsozialismus. Dokumente 1933 bis 1945, Frankfurt a. M. 1957

Höhne, Heinz, Der Orden unter dem Totenkopf. Gütersloh 1967

Höß, Rudolf, Kommandant in Auschwitz. Autobioraphische Aufzeichnungen, eingeleitet und kommentiert von Martin Broszat, (Veröffentlichungen des Instituts für Zeitgeschichte). Stuttgart 1961

Irving, David J., Und Deutschlands Städte starben nicht. Zürich 1963

Jacobsen, Hans-Adolf, 1939–1945. Der Zweite Weltkrieg in Chronik und Dokumenten, Darmstadt 1959

Klose, Werner, Generation im Gleichschritt. Ein Dokumentarbericht, Oldenburg 1964

Kogon, Eugen, Der SS-Staat. Das System der deutschen Konzentrationslager, Frankfurt a. M. 1959

Kriegstagebuch des Oberkommandos der Wehrmacht, 1940 bis 1945. Geführt von H. Greiner und P. E. Schramm, hrsg. von P. E. Schramm in Zusammenarbeit mit H.-A. Jacobsen u. a.

Leber, Annedore, Das Gewissen entscheidet. Bereiche des deutschen Widerstandes 1933–1945, Berlin/Frankfurt a. M. 1957

Leber, Julius, Ein Mann geht seinen Weg. Reden, Schriften, Briefe, gesammelt und herausgegeben von seinen Freunden, Berlin 1952

Maschmann, Melita, Fazit. Kein Rechtfertigungsversuch, Stuttgart 1963

Maser, Werner, Die Frühgeschichte der NSDAP. Frankfurt a. M. 1965

Maser, Werner, Nürnberg – Tribunal der Sieger. Düsseldorf 1977

Maser, Werner, Adolf Hitler. München 1971

Mitscherlich, Alexander, Mielke, Fred (Hrsg.), Medizin ohne Menschlichkeit. Dokumente des Nürnberger Ärzteprozesses, Frankfurt a. M. 1962

Murawski, Erich, Der deutsche Wehrmachtsbericht 1939 bis 1945. Mit einer Dokumentation der Wehrmachtsberichte vom 1. Juli 1944 bis 9. Mai 1945, Boppard 1962

Niemöller, Wilhelm, Die evangelische Kirche im Dritten Reich. Handbuch des Kirchenkampfes, Bielefeld 1956

Nolte, Ernst, Der Faschismus in seiner Epoche. Die Action française. Der italienische Faschismus. Der Nationalsozialismus, München 1963

Picker, Henry, Hitlers Tischgespräche im Führerhauptquartier 1941–1942, neu herausgegeben von Percy Ernst Schramm

Reitlinger, Gerald, Die Endlösung. Hitlers Versuch der Ausrottung der Juden Europas 1939–1945, Berlin 1961

Schmidt, Paul, Statist auf diplomatischer Bühne 1923–1945. Erlebnisse eines Chefdolmetschers im Auswärtigen Amt mit den Staatsmännern Europas, Bonn 1953

Schoenberner, Gerhard, Der gelbe Stern. Die Judenverfolgung in Europa 1933 bis 1945, Hamburg 1961

Schramm, Percy Ernst, Hitler als militärischer Führer. Erkenntnisse und Erfahrungen aus dem Kriegstagebuch des Oberkommandos der Wehrmacht, Frankfurt a. M./Bonn 1962

Schuschnigg, Kurt von, Ein Requiem in Rot-Weiß-Rot, Zürich 1946

Toland, John, Adolf Hitler. Bergisch-Gladbach 1977

Vierteljahreshefte für Zeitgeschichte (VfZG). Im Auftrag des Instituts für Zeitgeschichte hrsg. von H. Rothfels und Th. Eschenburg, Stuttgart 1953 ff.

Wucher, Albert, Die Fahne hoch. Das Ende der Weimarer Republik, Süddt. Verlag

Zeller, Eberhard, Geist der Freiheit. Der 20. Juli, München 1952

Zentner, Christian, Anmerkungen zum Holocaust. München 1979

Zentner/Bedürftig, Das große Lexikon des Dritten Reiches, München 1985

Zentner/Bedürftig, Das große Lexikon des Zweiten Weltkriegs, München 1988